서

라는 글 모음

심우성 지음

東 文 選

전통문화를 찾아서

# 머리글

민속학을 한답시고 50년 세월을 방황하다 보니 얻은 것보다는 잃은 것이 많다. 누구보다 부모님 속 괴롭혀드려 고생 끝에 이제는 다 세상을 떠나시고 말았구나…….

더더욱 민속 자료를 분수없이 모은 끝에 부모님 땅을 팔아 공주민속극박물관을 세운 후 그 한 구석에서 여생을 지내시게 했으니 이런 불효가 없다.

팔도 탈 모은 것을 보시고 아버지께서 정성껏 만드신 탈만도 5백여 점이 넘는다. 세상 떠나신 것이 2002년인데, 그 3년 후인 2005년에 《우리나라 탈》이란 공주민속극박물관 '도록 1'을 출간했고, 어머니께서 인형 옷 입히는 데 도움을 주신 '옷본'을 만드시다 2006년 역시 노환으로 세상을 떠나셨는데, 이 해 《우리나라 인형》이란 '도록 2'를 출간하고 보니 있는 것 다 주시고 홀홀이 세상을 떠나셨다.

두 분께서 주신 박물관인데 함께 세상을 떠나시고 보니 헛헛하기만 하여 박물관 운영하기도 어렵구나 하는 참에 자식이 원하기를 할아버지께서 아버지에게 주신 것처럼 박물관을 자기에게 달라고 한다. 솔직히 마음속은 그렇지 않으면서도 도장을 찍어 주고는 고향을 떠나 자랐던 땅 서울을 방황하며 허탈해하는 참에 평소 가까이 지내는 도서출판 동문선 신성대 사장이 나의 꼴을 보면서 한마디한다.

잔뜩 써 모으신 수필이며 논문 중 일부를 골라서 책 한 권 만들어 보잔다. 허허, 반가운 일이긴 한데……. 아무쪼록 이 책 보는 젊은이들은 그냥 읽어 넘길 것이 아니라 바른 길을 찾는 데 '잘잘못의 자료'가 되었으면 싶다.

　끝으로 이 책의 잡스런 글들을 정리해 주신 윤혜경·신명진·최동규·이정민 여러분 수고가 많으셨습니다. 나의 책을 어려움을 무릅쓰고 계속 출간해 주시는 동문선 신성대 사장께 고마울 뿐입니다.

2007년 12월　심우성

# 차 례

# 1 이웃과 함께 겸허한 마음으로 한해를 연다

## '설'의 뜻

흔히 음력 정월 초하루를 설이라 알고 있지만 설이란 정월 초하루부터 대보름까지 15일간을 일컫는 말이다.

초하루 꼭두새벽에 마을 사람들은 당나무(마을을 지켜 준다고 믿는 오래된 나무) 아래나, 당집(마을의 수호신인 부군님을 모신 사당)에서 당굿을 올린다.

집집에서 추념한 비용으로 제물을 차리고, 정갈한 마음으로 새로 맞는 한해가 평안하고 풍요롭기를 기리는 의식을 올리는 것이다.

옛 풍속대로라면 당골(무당: 한 마을 또는 정해진 지역을 관장하는 무당과 박수)이 당굿의 주재자로서 먼저 마을의 안과태평(安過太平)과 집집의 무병장수(無病長壽)를 비는 기원굿을 한다. 제상 앞에 조아려 선 마을 사람들은 하나의 이웃이 되어 부군님을 정점으로 하여 모두가 공동체의 일원임을 다짐하는 것이다. 조용하면서도 간결한 무당의 굿이 끝나게 되면 집집마다 가장(家長)이 나와 소지(燒紙)를 올림으로써 치성의 순서를 마치게 된다.

요즘은 무당 대신에 촌로(村老)가 이 굿을 주재하는 경우가 많다. 굿이 끝나게 되면 차렸던 음식은 고루 마을에 나누니 이를 '반기'라 한다. 한 뼘 사방 크기의 목판을 반기그릇이라 하는데 여기에 담아 골고루 나눈다. 당굿이 끝날 무렵이면 동산 봉우리가 붉게 물들여지며 먼동이 트기 시작한다.

굿에 참례했던 사람들은 서둘러 집으로 돌아가 집안 '차례'를 준비하게 된다. 고조부모까지 4대를 모셨으나 지금은 대개 조부모까지 지내고 있다.

떡국이 주가 되는 차례상을 물리게 되면 어른께 세배 드리고 세찬(歲饌)을 먹는다.

근년에는 세뱃돈이라는 것이 분수에 넘치게 오가고 있는데 이는 고쳐야 할 일이다. 남자아이에게는 붓·먹·종이 등 문방구를, 여자아이에게는 바느질 도구로 했던 것이 돈으로 둔갑하고 있다.

아침 후에는 마을의 어른과 스승 선배도 찾아뵙고 세배를 드린다. 세배란 한마디로 새해의 설계를 웃어른께 고하여 보람 있는 한해가 되기를 약조하는 자리이다.

가는 곳마다 떡국에 부침이 과일을 먹으니 뱃속이 그득하다. 어른들도 이날만은 아침부터 술을 마시게 되니 한낮이면 벌써 너나없이 얼굴이 불그레하다. 이 세배까지가 설에 갖는 의례에 해당한다.

그러니까 맨 처음 마을의 평안과 풍요를 기리는 공동체의 의식이 있고, 다음이 각 가정의 의례, 그리고 집안 어른과 이웃 어른, 친지를 찾아뵙는 순서로 짜여 있다.

세배를 마치게 되면 어른 아이 가릴 것 없이 민속놀이를 시작한다.

1년 중 가장 다양한 놀이를 하는 때가 '설'이기도 하다. 그의 종류만을 대충 들어 본다.

널뛰기, 제기차기, 자치기, 팽이치기, 썰매타기, 연날리기 등은 혼자 또는 몇이서 어울리는 놀이이다.

많은 인원이 함께하는 집단놀이로는 지신밟기, 다리밟기, 놋다리밟기, 소싸움놀이, 동채싸움(차전놀이), 횃불싸움, 가마싸움, 편싸움 등 이루 헤아릴 수 없다. 그런데 위의 놀이들은 반드시 정월에만 노는 것이 아니라 다른 명절에서도 보이는 것이다. 이 가운데 지금은 거의 그 모습을 잃어 가는 다리밟기를 소개한다.


## 대보름 밤, 나이 수대로 다리를 밟는 풍속

정월 대보름달이 밝게 떠오르면 지금은 복개하여 제대로 볼 수 없이 된 서울의 청계천에 놓인 여러 다리에서는 남녀노소의 다리밟기가 성황을 이루었다.

설의 마지막이기도 한 대보름에는 줄다리기, 편싸움, 동채싸움, 고싸움, 연날리기에 이르기까지 민속놀이가 집중되는 날인데 다리밟기도 바로 이날 놀아 온 서울을 중심으로 한 중부 지방에 주로 전승된 민속놀이이다.

조선왕조 영조(英祖)와 정조(正祖) 시대의 문인 유득공(柳得恭)이 쓴 《경도잡지(京都雜誌)》에 다음과 같은 구절이 있다.

"…달이 뜬 뒤, 서울 사람들은 종로에 나와 종소리를 듣고는 대광통교(大廣通橋), 소광통교, 수표교(手票矯) 등에 모여 다리 밟기를 한다. (…) 이렇게 하면 다리에 병이 나지 않는다 하여 인산인해를 이루면서 피리를 불고 북을 치며 떠들썩하다….”

이러한 풍속은 우리나라에서만 있었던 것이 아니라 중국에서도 주교(走橋) 또는 주백병(走百病)이라 하여 놀아졌던 것을 보면 그의 전승 지역이 아주 넓음을 알 수가 있다.

흔히 자기의 나이대로 다리를 왕복 밟기도 하고 무리지어 다리 위에서 뛰놀며 춤추게 되면 다리병에 걸리지 않는다는 속신(俗信)도 함께 지닌 놀이다.

16세기 무렵의 기록을 보면 남녀가 다 함께 어울려 즐겼던 것인데, 풍기가 문란하다 하여 후대로 오면서 남녀가 따로 놀게 했는가 하면, 양반과 상사람을 구별해 나다니는데 양반들은 하루를 당겨서 14일 밤에 놀았다.

그러나 본디의 다리 밟기는 신분과 남녀노소에 관계없이 하룻밤을 즐겼던 대동놀이의 성격을 지니는 것이다.

대동놀이란 집단적 놀이를 통하여 평등 의식을 고취하는 것인데 봉건적 지배질서에 의하여 잘못 변질된 결과라 하겠다.

오랜 연원과 훌륭한 놀이 정신이 담겨 있는 우리의 민속놀이들이 근세에 들어오면서 왜곡·변질된 모습으로 자주 접하게 되는데 이런 것은 정직한 안목으로 고쳐져야 할 일이다. 또한 부질없는 승부 의식을 앞세운다든가 관광적 구경거리로 둔갑시키는 어리석음도 없어야 한다.

남녀노소가 손에 손을 잡고 꾸밈없는 다리밟기를 반복함으로써 얻어냈던 이웃 사랑이 아쉽기만 하다.

올해부터라도 마을 앞 다리에서 이웃이 함께 손을 잡고 춤추고 노래하는 다리밟기가 되살아날 수만 있다면 이 겨울이 그 얼마나 따스하랴….

(1989년 1-2월, 한농)

# 2 봄내음 향기로운 우리네 놀이

## 화전(花煎) 부치는 천렵(川獵)의 계절

잠시 일손을 놓고…….

겨우살이를 하던 개구리가 땅 위로 뛰어나오면 벌써 버들가지는 노랗게 물이 오른다.

젊은이들이 시냇가에 모여 물고기를 잡아 '민물 매운탕'으로 묵은 겨울 입맛을 훌훌히 턴다.

이를 '천렵'이라 하는데 우리나라 속담에 '도랑치고 가재 잡고 마른 논에 물대기'가 있다. 물고기 맛만 보는 것이 아니라 한겨울 얼었다 녹은 개울 주변까지를 깨끗이 치우는 계기도 된다.

지금도 시골에 가면 흔히 볼 수 있는 놀이로서 천렵은 인기가 있다.

이와는 달리 아녀자나 노인층의 봄철의 들놀이가 있는데 '화전놀이'라 한다.

찹쌀 반죽을 하여 10센티미터 안으로 둥글납작하게 만든 위에 진달래 꽃잎파리를 곱게 펴 붙이고 이것을 기름 발라 칠질한 것을 화전이라 하는데, 그 모양새도 좋으려니와 맛이 고소하고도 향기롭다.

이 화전놀이 때는 즉석 별미인 화전뿐만 아니라 집집에서 맛있는 음식을 장만하여 오는 것이니 아주 풍성한 들놀이가 되는 것이다.

이 계절을 노래한 민요 가운데,

제비는 날아들어 / 옛집을 찾아오고
나비들 분분하여 / 옛 빛을 자랑한다.
온 마을 소년들은 / 화류춘풍 흥에 겨워
개울가 솥을 걸고 / 화류 천렵 즐기는데
그 내음 바람타고 / 나그네를 유혹하네.

한 폭의 그림을 보는 듯하다.

그러나 이 화전놀이와 천렵도 잠시요, 본격적인 농사철로 접
어드는 것이니 이로써 농촌은 일손이 바빠진다.


## 각시놀이와 도리도리 잼잼……

어린이들의 봄철 놀이로는 풀 각시놀이를 빼놓을 수 없다.

물곳(물렁개)풀을 뜯어 작은 대나무 막대기 끝에 한쪽 풀의 끄
트머리를 실로 매어 머리 모양을 만들어 쪽까지 지게 한다. 헝
겊조각으로 노랑 저고리와 붉은 치마를 만들어 입히니 아주 훌
륭한 새각시 모습이 된다.

여기에 요, 이불, 베개, 병풍까지 차려 놓아 살림살이 놀이를
하는 것이다.

요즘처럼 완성된 인형을 사다가 노는 것이 아니라 직접 만들
어 놀았다는 데 뜻이 있다.

지금도 이처럼 어린이들이 직접 만들어 보는 것이 아주 유익하리라.

풀 각시놀이의 동요 한 수를 소개한다.

앞산에 빨간 꽃 / 뒷산엔 노랑꽃

빨간 꽃 치마 짓고 / 노란 꽃은 저고리지어

풀 꺾어 머리하고 / 게딱지 솥을 걸어

흙가루로 밥을 짓고 / 솔잎일랑 국수 말아

풀각시를 절 시키자 / 풀각시가 절을 한다.

풀각시가 절을 하면 / 망근을 쓴 신랑일랑

꼭지꼭지 흔들면서 / 밥주걱에 물마시네.

섭섭하게도 이처럼 정에 겨운 동요들을 이제는 들을 수 없이 되어 버리고 말았으니 지금이라도 서둘러 찾아내어 되살리도록 해야 할 것이다.

한편, 우리네 조상들은 아직 한 살 안팎의 아기들에게도 걸맞은 놀이를 시켰으니 누구나 기억되는 '도리도리 잼잼' '부라부라' 등이다.

이 유아의 민속놀이에 대하여 해당 전문가들에게 물어본즉, 아주 걸맞고 적절한 발육에 유익한 놀이이자 운동이 된다는 의견이다.

우리나라 사람이면 누구나 이 유년기 놀이의 경험이 있으리라…….

'부라부라'는 어른이 아기의 양손을 잡아 세운 채, 좌우로 왔다 갔다 하게 하는 놀이이자 운동이다. 울던 아기도 이 놀이를 하게 되면 생글생글 웃는다. 처음에는 좌우로만 움직이다가 그 것에 능숙하게 되면 앞뒤로도 움직이게 하니 서서 생활하는 인 간에게 있어 기본적인 운동이 아닐 수 없다.

'도리도리'는 고개를 좌우로 향하기를 반복하는 것이다. 비 단 어린이뿐만 아니라 이것을 시키고 있는 어른에게까지 이롭 다. 혈액순환에 도움이 되고 전신이 부드러워진다.

옛말에 손자 덕분에 '도리도리' 한다는 이야기가 있듯이 노 소간에 유익한 운동을 우리 조상님네는 유아의 놀이로 삼았던 것이다.

'잼잼'은 양손을 오므렸다 폈다 하는 것으로 '도리도리'만큼 이나 혈액순환은 물론이요 전신을 자극한다. 주로 누워 있는 시 간이 많은 유아들에게 이러한 운동을 시킬 때, 아이들은 즐거운 마음으로 놀이로서 받아들이게 된다.

'곤지곤지'는 왼손을 펴고 바른 손의 검지손가락으로 편 왼 손바닥의 한가운데를 꼭꼭 찌르는 것인데, 반대로 바른손바닥 을 찌르는 것을 자유롭게 반복한다.

이 놀이는 유아들에게 집중력을 주는 데 아주 유익하다고 한 다. 아직도 연만하신 할머니가 계신 댁에서는 이 유아의 놀이 들이 있지만 젊은 부부들만의 가정에서는 서서히 없어져 가고 있다.

젊은 부부들도 어렸을 때의 기억을 되살려 귀여운 자녀들과 함께 즐겨 보는 것도 좋다고 생각된다.

예로부터 전하는 세시풍속이나 민속놀이는 모두가 오랜 역사 를 살아오는 동안에 값비싸게 얻어진 슬기임을 자각할 때 헛되 이 버릴 것이 아니라는 생각이 든다.

'천렵'이 '도랑치고 가재 잡고 마른 논에 물대기'의 뜻과 통하며, '도리도리' 역시 유아 발육을 촉진하기 위한 더 없는 슬기라는 것을 깨닫자는 말씀이다.

세시풍속과 민속놀이가 올바로 전승되는 보배스런 곳으로서 우리의 농촌이 앞장서 나아가야 할 것이다.


(1988년 2-4월, 한농)

# 3 양기 왕성한 5월의 놀이들

## 손가락에 봉숭아물 들이고

5월이 되면 봉숭아꽃이 활짝 핀다. 여자어린이와 아낙들은 다투어 꽃송이와 이파리를 따 손톱에 빨간 물을 들인다. 꽃과 잎을 섞어 작은 돌확에 콩콩 짓이긴 것에 소명반(백반)가루를 넣고는 이것을 손톱위에 소복이 올려놓고 아주까리 잎사귀 등으로 감싸 실로 풀어지지 않게 챙챙 감는다.

어린이들은 직접 할 수가 없으니 할머니나 어머니께서 '봉숭아물들이기'를 해주신다.

열 손가락을 챙챙 감아 놓으니 어린이들은 불편하기도 하고, 또 이것이 빠져 버릴까 봐 양 손을 엉거주춤 들고 다닌다.

이런 모습으로 잠이 든 어린이들은 밤새 손가락을 꼼지락거리며 하늘을 훨훨 나는 아름다운 선녀가 된 꿈을 꾸는 것이다.

아직도 이 봉숭아물들이기는 전승되고 있어서 이맘때가 되면 시골이나 서울이나 봉숭아가 곤욕을 치른다. 그런데 이러한 풍속은 단순히 손톱을 붉게 물들여 아름답게 보이자는 것에 그치는 것이 아니라, 사악한 귀신을 멀리 쫓겠다는 벽사(辟邪)의 뜻도 함께하고 있다. 예로부터 귀신은 붉은 빛을 싫어한다는 속신(俗信)이 있다.

음력 4월의 관등놀이는 주로 석가모니 탄신일인 '사월 초파

일'에 치르지만 옛날에는 종교와 직접 관계없이 각 민가에서도 성행했던 시절 풍속으로 전하고 있다. 시기는 역시 같은 4월인데 8일의 며칠 전부터 시작된다. 높은 등대(燈竿)를 세우고 맨 끝에는 꿩의 꼬리와 물들인 비단으로 기를 만들어 단다. 어떤 집에서는 꿩의 꼬리대신 소나무가지를 꼽기도 한다. 세우는 수효는 집집마다 자녀의 수효에 따르니 온 마을이 등으로 환하게 장식된다.

등의 종류를 알아보면 지방에 따라 다소 다르기는 하지만 그의 형태는 비슷하여 대충 다음과 같은 것이 있었다.

수박등, 일월등, 거북등, 오리등, 배등, 북등, 연화등, 학등, 잉어등, 항아리등, 칠성등, 마늘등… 이밖에도 손재주 있는 사람에 의해서 그때그때 기발한 모양의 등이 만들어졌던 것이다.

갖가지 모양의 등불이 환히 비치는 아래에서 어린이들은 빨갛게 물든 손가락을 나풀대며 춤을 추니 가히 아름다움의 극치라 할 만하다.


## 단오 명절의 놀이들

우리 민족은 예로부터 홀수가 겹치는 날을 좋은 날로 쳤는가 싶다.

1월 1일, 3월 3일, 5월 5일, 7월 7일, 9월 9일이 다 그런 예이다. 그 가운데에서도 음력 5월 5일인 '단오'가 가장 양기(陽氣)가 왕성하니 삼라만상이 싱싱하게 부풀어 솟아나는 때다. 이 단오명절이 되면 집안 차례도 올리고 마을굿이 있는가 하면 고장마다 전승되고 있는 갖가지 민속놀이가 성행한다.

한강 이남에서 8월의 한가위가 가장 큰 명절이라면 단오는 한강 이북의 명절이었음도 《세시풍속기》에서 찾아볼 수 있다. 그러나 다소의 차이가 있을 뿐 단오나 한가위는 전국적으로 지켜오는 명절임에는 틀림이 없다.

강원도 강릉의 '단오굿'은 그 규모나 내용으로 보아 단연 으뜸이라 할 만하다. 전후 20여 일이 걸리는 강릉의 단오잔치는 의식과 놀이를 통하여 온 고을 사람을 하나로 묶어 놓는다.

지금은 가볼 수 없는 곳이지만 황해도 지방에서는 고을마다 탈놀이가 성행했으니 가히 탈의 고장이라 할 만하다.

그러나 뭐니뭐니 해도 '단오' 하면 그네뛰기와 씨름을 들게 된다. 여자의 활달한 기상이 그네뛰기라면 남자의 우람함이 씨름으로 집약되는 것이다.


## 그네뛰기

흔히 조선조의 미인상을 보면 연약한 풀잎처럼 그려지고 있다. 그러나 까맣게 높이 매여진 그네에 올라탄 여인의 몸매는 물찬 제비에 비유된다. 앞뒤로 힘껏 굴러 그네가 하늘로 치솟게 되면 잽싼 새처럼 하늘을 난다.

단단한 체력, 고도의 긴장감, 기민성 그리고 박진감 등으로 표현되는 그네뛰기는 바로 발랄한 젊음의 구가이기도 하다. 이 놀이의 유래는 우리 민족 자생의 것이 아니라 북방계 민족으로부터 전파된 것이라는 의견도 있지만 현재로는 이 땅에 가장 넓게 전승되고 있다.

마을의 큰 느티나무나, 뒷동산의 높은 나뭇가지에 그네를 매는 것이 보통이지만 요즘은 마땅한 나무가 없어 인공적으로 그네를 가설하고 있다.

놀이의 방법은 한 사람이 뛰는 '외그네'와 둘이서 뛰는 '쌍그네'가 있다.

이 놀이를 겨룸으로 할 때에는 두 가지 방법이 있다.

① 그네 앞 적당히 떨어진 곳에 긴 장대를 세우고 그 꼭대기에 방울을 매달아 놓는다. 그네가 앞으로 높이 솟아오를 때, 장대에 매달린 방울을 발로 차서 방울을 울린다. 방울소리의 많고 적음을 계산하여 승부를 가린다.

② 그네의 발판에 긴 자를 매달아 높이 올라갔을 때 그 높이를 잰다.


## 씨름

남정네의 힘겨룸으로 으뜸이 씨름이다. 단오를 비롯해서 정월 대보름, 3월 삼짇날, 4월 초파일, 7월 백중, 8월 한가위 등 명절과 농한기에는 전국 방방곡곡에서 씨름 잔치가 벌어졌다.

이미 고구려의 고분벽화에서도 씨름이 보이고 있는 것만큼 그 유래는 아주 오랜 것이다.

전래하는 씨름은 크게 '왼씨름'과 '오른씨름'으로 나누어지는데 왼씨름은 주로 함경, 평안, 황해, 강원 지방에서, 오른씨름은 경기, 충청, 경상, 전라도 등지에서 행하여 왔다. 그러나 지역성과 관계없이 두 종류가 함께 전승되어 온 형편이다.

씨름판에서는 한 사람이 계속하여 이겨 더 싸울 상대자가 없을 경우에 겨룸을 끝냈다. 씨름판에서 최후의 승리를 한 사람을 일러 '판막음'이라 한 것이 바로 여기에서 연유된 것이다.

공격 기술인 '메치기'와 방어 기술인 '되치기'를 능숙하게 구사하며 상대방을 넘어뜨리면 둘러싼 구경꾼들은 와! 하고 함성을 지른다. 혹시 큰 씨름판이면 황소를 상으로 걸게 되는데 늠름한 총각 장사가 황소를 타고 마을로 들어올라 치면 처녀들은 여기저기서 침을 꿀꺽 꿀꺽 삼킨다.

볼거리 직업 씨름이 아닌 민족의 체력을 북돋우기 위한 전래의 씨름판이 마을마다 되살아났으면 하는 욕심이다.

(1988년 5-6월, 한농)

# 4 흐르는 물에 머리를 감는 유두

## 흐르는 물에 머리 감고

음력 6월 15일을 유두(流頭)라 한다. 산천은 우거지고 더위는 하루하루가 찌는 듯하니 논과 밭의 농작물들이 무럭무럭 자라난다.

이때가 되면 시원한 물가를 찾게 되는데 특히 '유두날'의 풍속은 해마다 지켜져 오고 있다. 술과 갖가지 음식을 장만하여 맑은 시냇가나 산 속 깊이 폭포를 찾아 하루를 즐긴다. 이렇게 하는 것을 '유두잔치' 또는 유두절(流頭節)이라 한다.

유두라는 명칭의 뜻은 아주 간단하다. 동쪽으로 흐르는 물에 머리를 감는다〔東流水頭沐浴〕는 데서 유래한다.

지금도 시골에 가면 유둣날 차례를 올리거나 또는 간단한 고사를 드리는 습속을 발견할 수 있다. 유두천신(流頭薦新)이라 하여 떡과 햇과일을 사당에 차려 놓고 가족들이 차례를 올린다. 잘 차리는 집에서는 벼, 콩, 피, 조 등을 섞은 잡곡밥과 건단(乾團)과 수단(水團)도 제물로 쓴다. 건단은 쌀가루를 가늘고 길게 빚어 찐 다음, 구슬처럼 토막토막 썬 것을 꿀에 잰 것이요, 수단은 이것을 시원한 얼음물에 넣은 것이다.

한여름 무더위에 얼음물에 담긴 수단의 맛은 오늘날의 팥빙수에 못지않다. 이밖에도 유두면(流頭麵)이라 하여 국수를 만들어 먹는데 이것도 역시 더운 국수와 냉국수가 따로 있다.

세시풍속이란 세상의 물정이 변한다 해서 그렇게 하루아침에 없어지지는 않는 성싶다. 유두풍속만 해도 농어촌에서는 거의가 지켜지고 있다.

집안에서 올리는 차례뿐만 아니라 풍년들어 달라는 '농신제'도 이날 여기저기서 볼 수가 있다. 다만 그의 차림새나 규모가 점점 간략해지고 있을 뿐이다.

흐르는 물에 머리를 감고, 한해의 풍요를 기원하며 물가를 찾아 즐겼던 '물맞이 놀이' '유두잔치'는 이 계절에 꼭 있음직한 세시풍속이다.


## 소꿉장난과 '비석차기'

호박꽃이 환히 핀 담장 밑에서 어린이 한 쌍이 소꿉장난을 하고 있다. 엄마와 아빠가 정해지고 부엌살림이 골고루 차려져 있다. 솥, 냄비, 밥그릇이 있는가 하면 밥상도 수저도 있다. 밥을 짓고 반찬을 해서 한 상을 잘 차려 막 아빠에게 올리려 하는데 개구쟁이가 나타나 함께 먹자고 한다. 된다 안 된다 한동안 실랑이 끝에 그 개구쟁이는 이 집 아들이 되고 또 그 옆에서 물끄러미 이 장면을 바라만 보던 예쁜이는 딸이 되어 갑자기 네 식구가 된다.

요즘은 소꿉장난 도구가 플라스틱 제품으로 그럴싸하게 상품으로 팔리고 있지만 옛날에는 깨진 그릇 조각이나 그밖의 모든 자연물에서 찾았다.

소꿉장난하는 저만치 넓은 마당에서는 좀 큰 어린이들이 '비석차기'를 하고 있다.

…땅바닥에 여러 칸의 네모꼴 땅에 줄을 그어 놓고 돌멩이를 칸 안에 던져 가며 약속된 방법에 따라 두 발, 또는 한 발, 그 밖에 여러 가지 발놀림으로 돌멩이를 한칸 한칸 옮겨가다가 막판에는 세워 놓은 상대방의 돌멩이를 넘어뜨리는 놀이인데 그 놀이 방법은 아주 다양하다. 또한 지방에 따라서는 놀이의 명칭이 비석치기, 모말차기, 모말치기 등 여러 가지가 있다.

대부분 민속놀이의 이름을 살펴보면 그 놀이에 쓰이는 도구나 노는 모습에서 유래하고 있다. 예를 들면 줄을 서로 잡아당기며 겨루는 놀이를 '줄다리기'라 하고 편을 지어 돌멩이를 던지며 싸우는 놀이를 '편싸움'이라 한다. 그러면 비석차기 역시 비석(碑石)을 발로 차며 노는 놀이일 텐데, 실제로는 비석을 차지 않고 돌멩이를 차며 노는 것을 왜 비석차기라 할까.

…우리나라 곳곳의 마을에는 '장승백이' 또는 '비선거리'라는 지명이 있다. 주로 농어민들이 모여살고 있는 마을에 장승이 서 있는 장승백이가 많다. 장승백이는 마을 사람들의 '마을굿'을 올리는 장소이며 '마을회의'를 하는 곳이었다. 사사로운 개인적 문제가 아닌 공동의 관심사를 민중들이 모여 토의하고 결정하던 곳이 바로 장승백이다.

이에 비해서 비선거리란 이름 그대로 비석이 서 있는 거리이다. 비선거리는 장승백이와 달리 벼슬아치 등 권력층이나 부유층이 모여 살고 있는 마을 가까운 곳에 있었다. 그들은 자기들의 조상이나 자신의 업적을 내세우기 위해서 사람들이 많이 지나다니는 곳에 이른바 송덕비(頌德碑)라는 것을 세웠다.

실제로는 백성을 못살게 하고 자신의 영욕만 차렸던 인물의 송덕비가 여기저기에 세워졌던 것이 사실이다. 한 예를 든다면 일본 제국주의가 이 땅을 강점하고 있던 시절에 세워졌던 그 많은 '송덕비' 들은 1945년 해방이 되면서 거의가 부러지거나 무너지고 말았다. 왜냐하면 그 비석의 주인공들이 쌓은 공덕이란 바로 일본 제국주의에 바쳤던 매국적인 친일 행위였기 때문이다.

어린이들이 노는 민속놀이 가운데 비석차기가 갖는 깊은 뜻을 소홀히 넘길 수가 없다. 어제와 오늘 이 땅에 세워지고 있는 그 많은 비석들은 과연 그의 위용만큼 역사 앞에 당당한 것이냐를 되새기게 된다.

조선조의 유명한 실학자 다산(茶山) 정약용(丁若鏞) 선생은 "큰 비석 세울 돌이 있으면 저수지를 막는 방채 돌로 삼음이 마땅하리라" 하셨다.

마당 가운데서 비석차기를 놀고 있는 어린이들의 모습을 보면서 여러 가지로 착잡함을 금할 수 없다. 혹시나 오늘에 세워지고 있는 비석들이 지나친 자기 문중(門中)의 선전이거나 아니면 역사 앞에 부끄러움은 없는 것들인지….

비석차기란 어린이들이 노는 숨김없는 사회 정의의 발현이라는 데서 우리 모든 어른들에게 깨달음을 갖게 하는 것이다.


## 다시 흐르는 물에 머리를 감자


세상일을 시시콜콜 따지기만 하다 보면 머리가 아프다. 그러나 따질 것은 응당 따지고 넘어가야 하는 것이 세상 살아가는 법도임에는 틀림이 없다.

잘잘못이 일단 가려졌을 때에는 앞으로의 일이 더 바람직하게 되게 하기 위해서 우리 함께 시원하게 머리를 식힐 필요가 있다. 아마도 그래서 '유두잔치' 때 흐르는 물에 머리를 감았는지도 모른다.

시냇물과 폭포에서 말끔히 식힌 시원한 심신으로 무럭무럭 자라는 논과 밭을 바라본다.

올해도 꼭 풍년이 들리라는 소망을 안고 말이다.

(1989년 7-8월, 한농)

# 5 둥근달 아래 반달 송편을 먹는다

## 한가위의 유래

음력 8월 15일을 한자로는 가뷔(가배; 嘉俳) 또는 추석(秋夕)이라 적고 있다.

그러나 순수한 우리말은 '한가위'이니 정겹고도 그의 유래가 같다. 한가위의 어원에 대해서는 여러 가지 설이 있으나 '한가운데'라는 뜻으로 해석하는 것이 지배적이다.

옛 역사책인 《삼국사기》에는 다음과 같은 기록이 있다.

"…신라 제3대 유리왕 때에 왕께서 6부를 정하신 뒤에 이를 다시 2부로 나누어 왕녀로 하여금 각부내의 여자들을 거느리어 편을 짜고 패를 나누어 7월부터 날마다 마당에 모여 길삼[績麻]을 하는데 매일 밤늦게까지 계속했다. 그리고 8월 15일에 이르러 그 공이 많고 적음을 가려지는 편은 술과 밥을 장만하여 이긴 편에게 대접하고 이어서 온갖 유희가 있으니 이날을 '가뷔'라 하였다. 또 이때에 진편의 한 여자가 일어나 춤을 추면서 탄식하기를 회소회소(會蘇會蘇)라 하여 그 음조(音調)가 슬프고 아름다웠으므로 뒷날 사람들이 그 소리로 인하여 노래를 지어 이름을 〈회소곡〉이라 하였다."

그로부터 〈회소곡〉은 신라의 노래로 퍼졌다 하나 아쉽게도 오늘에는 전하지 않고 있다.

중국의 옛 역사책 《수서(隋書)》《신라전(新羅傳)》에서도 한가위와 연관된 기록을 찾을 수가 있다.

"…매해 정월 아침에는 왕이 관원들의 하례를 받은 뒤에 잔치를 베풀고 일월신(日月神)에 절하였으며, 8월 15일에는 또 풍악을 잡히고 관원들로 하여금 활쏘기를 겨루게 하여 상품으로 삼베를 주었다…."

이밖에도 당(唐)나라 문종 때에 당나라에 와 있던 외국인 원인(圓仁)이라는 스님이 지은 《입당구법순례행기(入唐求法巡禮行記)》에서도 산둥 지방에 머무르고 있는 신라 사람들의 생활상을 소개하고 있다.

"…절에서 떡을 만들고――8월 15일의 명절놀이는 오직 신라에만 있는데, 그곳 늙은 중의 말에 따르면, 신라에서는 이날이 발해(渤海)와 싸워 승리한 기념일이었기 때문에 명절로 삼고 일반 백성들이 온갖 음식을 만들어 먹고 가무로서 즐겁게 노는 것인데, 이 절도 역시 신라 사람의 절이므로 고국을 그리워하여 8월 15일에 명절놀이를 한다…."

위의 글에서 발해와 싸워 승리한 기념일이 한가위라는 데는 진부를 가릴 수 없으나 만리타향에서도 한가위의 풍속을 지킨 모습을 생생히 되새길 수가 있다.

한가위를 추석이라 한 것은 한자가 들어온 이후의 명칭이니 중국 사람들이 이날을 중추(中秋) 또는 추중(秋中)이라 하고, 칠석(七夕)이니 월석(月夕)이라 하는 말을 본받아 추석이 된 것이 아닌가 한다.

아득한 옛날 우리의 조상들이 수렵과 어로와 농경을 거치는 동안 날씨를 가늠하는 데 가장 소중한 표적이 되었던 달에 대한 신앙은 짐작할 만한 것이며, 그 달이 가장 크고 밝게 떠오르는 한가위를 명절로 삼았음은 당연한 순리로 받아들여지는 것이다.

몇몇 기록에서 그의 유래를 찾기에는 너무 뿌리 깊은 연원을 상상하게 된다.

또한 한가위의 명절 풍속은 동양문화권 속에 널리 전승되고 있음도 알아야 한다.

서양 사람들의 '추수감사절'과도 비유되는 한가위는 한해의 수확에 감사하며 이웃이 한마음으로 되는 뜻 깊은 공동체적 명절이라 하겠다.


## 둥근 달 아래 끝없이 돌아가는 '강강술래'

특히 해안 지방의 집단놀이로서 강강술래는 한가위와 맞아떨어지는 놀이이다.

주로 아녀자들이 손에 손을 잡고 큰 원을 그리며 돌아가는 강강술래는 풍요의 상징인 달을 땅위에 그려 보는 기원과 박력의 놀이인 것이다.

이러한 집단 원무는 가장 원초적인 춤의 형태로서 원시 사회 이래 인간이 창출한 빼어난 슬기라 할 만하다. '앞소리'에 맞추어 '뒷소리'를 일제히 받으며 신명지게 돌아가는 강강술래의 대열은 아름답기만 한 것이 아니다. 너울대는 춤사위 속에 비수 같은 날카로움이 있고 은은한 물결 속에 폭포수와 같은 당참이 함께하고 있는 것이다.

이 놀이를 통하여 이웃과 이웃은 떼놓을 수 없는 하나로 승화되는 것이니 얼싸안고 추는 춤과 하나도 다름이 없다.

올 한가위에는 우리나라 곳곳에서 남녀노소가 뒤엉키는 강강술래가 추어져야 한다.

남과 북이 손에 손을 잡고 백두산에서 한라산까지 큰 원을 그리는 강강술래가 못내 아쉬운 어제와 오늘이다.


하늘에는 별도 총총 / 강강술래

이웃 좋고 마당 좋네 / 강강술래

솔밭에는 솔잎 총총 / 강강술래

대밭에는 대도 총총 / 강강술래

미끄럽다 손 꼭 쥐자 / 강강술래

달 가운데 계수나무 / 강강술래…


## 송편 이야기

한가위 하면 송편과 토란국을 빼놓을 수가 없다. 그 가운데 송편에 얽힌 이야기를 찾아본다.

차례상에는 반듯이 송편이 오르게 되는데 식구들이 하루 전에 솜씨껏 빚는다.

이때에 어린이들도 꾸중을 들어가며 한구석에서 열심히 송편을 빚는다. 그러나 모양새가 나지 않으며 크기도 고르지 못하다. 그러나 수북한 송편 접시 맨 위에 아기들의 송편을 올려 놓으니 조상님네께서 오죽이나 이뻐하시고 맛있게 드시겠는가 말이다.

집집마다 장만한 송편이련만 반드시 반기(이웃에 나누기)를 하는 것도 따뜻한 한가위 정신이다.

둥근 달 아래 반달 모양의 송편을 먹는 속마음은 무엇일까.

우리나라 속담에 '달도 차면 기우나니…' 라 했다. 둥근 달 아래 반달을 먹으니 둥글면서 기울고 기울면서 둥글기를 반복하며 영원히 둥글 것이 아닌가.

한가위의 세시풍속과 놀이들을 되살피면서 가슴 뭉클한 것이 한두 가지가 아니다.

다만 근년에 와서 조상 숭배가 '우리의 조상'이 아닌 '내 조상'만을 찾고 있는 데 아연함을 금할 수 없다.

풀이 수북이 우거진 자손 잃은 무덤을 그대로 지나치지 않고 송편 몇 개라도 슬며시 올려 놓았던 선인들의 마음씨가 둥근 달 만큼이나 환하게 떠오른다.

그런 마음으로 올 한가위를 맞자.

(1989년 9-10월, 한농)

# 6 한해를 마무리하는 슬기

## 거둬들이는 마음

"시작보다 끝이 중요하다"고 어른들께서는 항시 말씀하신다.

이른 봄으로부터 시작되는 농촌의 바빴던 일손이 거둬들이는 추수를 마치고 보면 몸과 마음이 함께 나른해지게 마련이다.

한해의 결실이 논과 밭에 그리고 들판에 그득할 때 농군의 마음은 설레기까지 했고, 이제 그것을 차분히 거둬들이고 보니 앞으로 1년을 또 어떻게 영위해 갈까 걱정도 된다.

요즘은 한겨울에도 특수 농작물과 부업이 있어 옛날과는 다르지만 그렇지 못한 시절에는 한해의 소출에 기댈 수밖에 없었다. 그래서 시작보다 마무리가 소중하다고 했음직하다.

《농가월령가》가운데 계절에 걸맞은 몇 대목을 옮겨 본다.

〈10월령(令)〉

"10월은 맹동(孟冬)이라 입동 소설 절기로다. 나뭇잎 떨어지고 고니소리 높이 난다. 듣거라 아이들아 농공(農功)을 필하도다. 남은 일 생각하여 집안 일 마저 하세. 무·배추 캐어들여 김장을 하오리라. 앞 냇물에 정히 씻어 염담(鹽淡)을 맞게 하소. 고추·마늘·생강·파에 젓국지 장아찌라. 독 곁에 중두리요 바탱이 항아리라. 양지에 가가(假家) 짓고 짚에 싸 깊이 묻고 박이무

우 알맘(미상) 말도 얼잖게 간수하소. 방고래 구두질과 바람벽 맥질하기 창호도 발라 놓고 쥐구멍도 막으리라. 수숫대 덧울하고 외양간에 떼적치고 깍짓동 묶어 세고 과동시 쌓아 놓소. 우리 집 부녀들아 겨울 옷 지었느냐. 술 빚고 떡 하여라 강신(降神)날 가까웠다. 꿀꺾에 단자(團子)하고 메밀 앗아 국수하소. 소 잡고 돝 잡으니 음식이 풍비하다. 들 마당에 차일치고 동네 모아 자리 포진 노소 차례 틀릴세라 남녀 분별 각각하소. 삼현(三絃) 한패 얻어 오니 화랑이 줌모지(줄모지)라 북치고 피리 부니 여민락(與民樂)이 제법이라⋯."

예로부터 10월은 상달이라 하여 가정과 마을이 함께 치성들이기를 잊지 않았다. 겸허히 감사한 후 한 공동체가 영흥으로 즐겼으니 요즘 세상보다 훨씬 넉넉함이 있다.

11월은 뛰어넘고 한해를 마무리하는 〈12월령(令)〉

"12월은 계동(季冬)이라 소한 대한 절후로다. 설중의 봉만(산봉우리)들은 해 저문 빛이로다. 집안의 여인들은 세시(歲時) 의복 장만하소. 무명 명주 끊어내어 온갖 무색(빛깔) 들여내니. 자주 보라 송화색에 청화 갈매 옥색이라 일변으로 다듬으며 일변으로 지어내며 상자에도 가득하고 횃대에도 걸었도다. 입을 것 그만하고 음식 장만 하오리라. 떡 쌀은 몇 말이며 술쌀은 몇 말인고. 콩 갈아 두부하고 메밀쌀 만두 빚고 세육(歲肉)은 계(契)를 믿고 북어는 장에 사세. 납형날 창애(짐승잡는 도구) 묻어 잡은 꿩 몇 마리인고, 아이들 그물 쳐서 참새도 지져 먹세. 깨강정 콩강정에 곶감 대추 생률이라. 주준(술통)에 술들이니 돌 틈에 새

암(우물)소리 앞뒷집 타병성(떡 찧는 소리)은 예도 나고 제도 나네. 새등잔 새발심지 장등(長燈)하여 세울 적에 윗방 봉당 부엌까지 곳곳이 명랑하다. 초롱불 오락가락 묵은세배하는구나…."

《농가월령가》의 정경은 그대로 한폭의 풍속화를 보는 듯하다. 시절따라 꼭 하고 지나쳐야 할 일들이 빠뜨림 없이 지시되어 있는가 하면 줄줄이 정겨움으로 이어지고 있다.

이 가운데 요즘은 잊고 지나치는 '묵은세배'라는 데 주목하게 된다. 정월 초하루의 '세배'는 지금도 지켜지고 있지만 섣달 그믐날의 '묵은세배'는 잊혀진 지 오래다.

세배가 웃어른께 조아려 인사드리며 앞으로 한해의 계획을 말씀드리는 자리라면, 묵은세배는 지난 한해의 결과를 보고하는 자리일진대 이 얼마나 뜻이 깊은가. 세상 풍조가 잘잘못간에 그저 지나친 것은 덮어 두고 새로 시작하는 습성이 생겨서 '묵은세배'도 자취를 감추게 된 것이 아닌가 싶다.

옛날에는 섣달그믐께 묵은세배도 없이 불쑥 정초의 세배를 하는 사람이 있으면 "허, 자네는 세배할 자격이 없네!" 했다.

무단히 벌려만 놓고 끝마무리가 흐릿하다면 뭐 되는 일이 있겠는가. 그런 뜻에서 묵은세배는 되살려서 당연한 미풍양속 중의 하나라 하겠다.


## 동지섣달의 계절 음식

해마다 동짓달이 되면 집집마다 팥죽을 쑤는 풍습이 있다.

붉은 팥과 쌀을 함께 넣고 달여 물그레한 죽을 쑤는데, 여기에는 찹쌀가루로 새의 알만큼씩 '새알심'을 빚어 넣는다.

'동지차례'라 하여 사당에 올리고 가족과 이웃이 나누어 먹으니 시절음식 가운데서도 빼놓을 수 없는 것이다.

팥죽은 그 빛이 불그레하여 귀신이 싫어한다는 말이 있다. 그래서 나쁜 귀신을 쫓기 위하여 대문에 뿌리기도 하는데 여기에는 옛날부터 전하는 그럴싸한 사연이 있다. 옛날 중국에 공공씨(共工氏)라는 사람이 아들을 하나 두어 두었었는데 그 아들이 동지 날에 죽어서 나쁜 귀신이 되었다. 이 귀신이 붉은 팥을 무서워하므로 팥죽을 쑤어 퇴치하게 되었다는 것이다.

민간에서는 나이 몇 살이냐를 묻는데 팥죽 몇 그릇 먹었느냐 한다. 특히 새알심은 어린이들이 좋아해서 서로 다투어 찾는다.

근년에 와서는 동짓날에도 팥죽을 쑤지 않는 집이 늘어나는 대신 때 없이 1년 내내 팥죽을 파는 전문 음식점이 생겨났다.

시절 음식으로는 냉면이 있다. 메밀국수를 무김치와 배추김치 국물에 말고, 돼지고기를 넣은 것인데 그물이 차서 칼칼하고 시원해 일품이다. 냉면하면 평양과 개성이 본바닥이라 하겠는데 요즘은 때 없이 전국 어디에서나 즐기는 음식이 되었다.

동치미와 수정과도 모두 시원한 음식이다. 동치미는 무를 심심하게 담근 것이며 수정과는 곶감을 더운 물에 담구고 꿀·생강·잣 등을 넣은 다음에 아주 차게 식힌 음식이니 역시 달고도 시원하다.

날씨가 냉랭하니 더운 음식이 제격이겠지만 쩔쩔 끓는 더운 온돌방에서 냉면이며, 동치미·수정과를 훌훌 마시는 맛은 아는 사람만이 아는 일이다.

가을에, 썰어 말린 호박을 넣고 시루떡을 해서는 뜨거운 참에 동치미와 먹는 맛이란 냉(冷)온(溫)이 잘 어울리는 별미 중의 별미다. 음식 얘기가 나왔으니 벌써 몇 번이나 되뇌고 있는 '반기'가 생각난다. 반기란 음식을 이웃간에 나누는 일이다. 명절 때만이 아니라 뭔가 별식(別食)을 하게 되면 '반기목판' 이라 하는 사방 한 뼘 가량의 나무접시에 정성껏 담아 주로 어린이를 시켜 이웃에 나눈다. 동지섣달이면 떡을 하는 집이 많으니 오고 가는 반기목판으로 정이 엉기고 설킨다.

올 겨울에는 반기하는 마음으로 추위를 떨쳐 보자.

젊은 아낙들이 반기목판의 본디 쓰임새를 모르고 화분받침 아니면 과일그릇을 삼고 있는데, 정갈히 씻어 제구실을 시켜 보자.

(1989년 11−12월, 한농)

# 7 지신밟기와 마당밟이

세시풍속(歲時風俗)이란 한해를 어떻게 황금분할하여 유익하게 운영하느냐 하는 역사적 슬기이기에 우리는 그것을 소중히 여기는 것이다.

그런데 이 세시풍속이 갑작스런 외래풍조의 유입으로 하여 혼돈스럽게 되면서 점차 우리의 생활 주변에서 멀어져 가고 있음이 사실이다.

음력 정월의 '세배'와 8월의 '성묘' 정도가 지켜지고 있을 뿐, 계절의 바뀜에 따라 흡사 윤활유인 양 생활에 박차를 더해주고 부드럽게 해주었던 크고 작은 풍속들이 옛 이야기로 되어가고 있다.

이렇게 된 큰 이유 가운데 하나는 계절 단위의 일정표가 주단위(週單位)로 바뀐 데 있다. 그렇다고 해서 이제 다시금 계절단위로 돌아가자는 뜻은 아니다.

옛 풍속 가운데 아쉽게 잊혀 가고 있는 것이 있다면 그것을 적절히 오늘에 되살려 나아가면 되는 것이다.

이제 한해를 마무리 하는 마당에 지금도 간혹 농촌에 전승되고 있는 지신밟기와 마당밟이를 살펴보고자 한다.

봄에 씨 뿌리고, 여름에 가꾸어서, 가을에 거두어들이는 일이 끝나게 되면 농부의 일손은 한결 한가해 진다.

바로 이때에 농촌에서는 풍물잽이(농악대)를 앞세워 흥겨운 놀이를 펼치니 중부 지방과 영남 지방에서는 지신밟기, 호남 지방에서는 마당밟이라 한다.

그러니까 지신밟기와 마당밟이는 지방에 따라 그 명칭만 다를 뿐 놀이의 내용은 같은 것이다.


## '마무리'와 '시작'을 잇는 민속놀이

지신밟기 또는 마당밟이는 해가 저무는 동지섣달에만 노는 놀이는 아니다. 대소 명절에 빠지지를 않는다. 또한 특별한 마을에 경사가 있다든가 그 반대로 변괴가 있을 때에도 벌이는 수가 있다.

경사에 놀이를 하는 것은 당연하지만 어떤 변괴가 있을 때에 왜 이 놀이를 하는가를 잠시 설명해야 하겠다.

이 놀이는 간단히 설명해서 마을의 집집을 돌면서 풍물놀이를 하고는 곡식이나 돈이나 간에 성의껏 형편껏 추렴을 하는 것이니 놀이를 마치게 되면 꽤 많은 전곡(錢穀)이 생기게 된다. 한 예를 든다면 갑작스런 장마로 다리가 끊어졌다든가 또는 길이 망가졌을 때, 이 놀이로써 비용을 염출할 수가 있는 것이다.

그러나 1년 중의 지신밟기 가운데 가장 규모 있는 것은 아무래도 동지섣달에 갖는 놀이이다.

한해를 마무리 지으며 새로 맞는 해와의 사이에 마을 사람들이 온통 한마음으로 큰 판을 벌인다. '뒤주에서 인심난다'는 속담도 있듯이 당장은 느긋하고 보니 추렴도 1년 중에 가장 후하게 걷히기 마련이다.

지신밟기 놀이꾼들은 모두가 마을 사람들이다. 지난 한해의 고뇌를 홀홀히 떨쳐 버리고 신명지게 돌아가는 풍물장단에 몸을 날리며 마을의 크고 작은 길을 누비며 지신을 밟는다. 길놀이가 끝나게 되면 집집을 찾는데, 대문에서 하는 '문굿'으로부터 시작된다. 부엌·장독대·우물·곳간·마구간이 끝나면 대청으로 올라가 구성진 '성주 고사(告祀)풀이'를 하는데 그 사설은 이러하다.

　"…지신 지신이 내려온다. 하늘이 생겨서 갑자년 땅이 생겨서 을축년 갑자 을축이 생긴 후에 천치 일월이 생겼네, 인간 세상이 생겼으면 성주본이 없을소냐 성주본이 어디 메냐 경상도 안동 땅 제비원이 본이로다. 제비원에서 솔씨를 받아 거제 봉산에 던졌네…."

　천지만물이 생긴 조화와 이 집이 지어진 내력을 읊조리며 안과태평과 무병장수를 비는 성주풀이가 길 때에는 한 시간 가깝게 걸린다. 이어서 마당으로 내려와 뒤풀이격이 마당밟이를 하는데 이때의 사설이 또한 구성지다.

　"…지신 지신 지신아
　이 댁 지신을 울리자.
　잡귀잡신은 물알로
　만복은 이리로.
　잡귀잡신은 물알로
　만복은 이리로."

힘차게 땅을 밟으며, 잡스런 것은 물에 떠내려가고, 1만 가지 복이 찾아들 것을 기원하는 군무(群舞)의 판을 이루는 것이다.

놀이가 끝나게 되면 주인은 술과 고기로 대접을 하고 추렴을 내는데 아주 성의껏 한다. 이렇게 해서 모아진 것은 모두가 마을의 공공기금이 된다.


## 이웃을 돕고, 새해를 설계하며

모아진 기금 가운데 일부는 떼어 새해 아침 떡쌀이 부족한 집에 돌리고 나머지는 비상시에 쓸 비축으로 단단히 보관하는 것이다. 때로는 마을의 공공건물이나 다리 또는 길을 고치고 닦는데 쓰기도 한다.

이것이 옛 조상들이 지녀 온 한해를 보내는 마음씨이다. 아직은 이 따뜻하고 정겨운 지신밟기가 전국 몇몇 곳에 전승되고 있다.

공동체 의식을 돈독히 하는 가운데 서로가 뗄 수 없는 이웃임을 다지는 지신밟기와 같은 놀이는 세상 물정의 변화와 관계없이 꼭 오늘에 되살려야 한다.

지금 우리는 민족 분단의 쓰라린 세월을 보내고 있다.

통일을 저해하는 잡귀잡신은 물 내리듯 떠내려가고, 만복이 수북이 쌓일 것을 기원하면서 올해는 3천리 방방곡곡에서 지신밟기를 펼쳐 보자.

부끄러운 지난 일을 훌훌히 털어 버리고 우리 모든 이웃의 풍요와 화평을 가려 보자.

민속놀이 가운데서도 세시풍속에 가장 밀접히 연관되었던 지신밟기의 철을 맞이하여 움츠러진 우리 모두의 가슴을 활짝 열고 이웃을 생각하고 겨레를 걱정하는 통이 큰 사람으로 돌아가자.

온고이지신(溫故而知新)이란 격언이 있다. '옛'을 새롭게 익혀 나아감은 뿌리 있는 민족으로서 무엇보다도 갖추어야 할 체통이 아니겠는가.

지신밟기는 흩어진 이웃이 하나로 되며 힘찬 내일을 소망한 바로 겨레 사랑의 본보기임을 주창하는 바이다.


(1988년 11-12월, 한농)

# 8 꼭두쇠 바우덕이
## ─ 남사당의 마지막 여두목 바우덕이 ─

옛날 집시로 통하는 남사당패의 얘기는 이제 우리의 기억 밖으로 사라져 가고 있다. 한 패거리가 40-50명인 규모가 큰 이 떠돌이 예인 집단(藝人集團)은 1900년대초까지만 해도 팔도를 누비며 서민을 상대로 했던 놀이패이다.

그들이 연희하는 놀이의 종류를 보면 다음과 같다.

먼저 오늘날엔 농악으로 통하는 '풍물놀이'부터 시작된다. 숙련된 상쇠가 앞을 이끌고 그뒤로 20여 명의 풍물잽이들이 짜임새 있는 판굿을 노는 것이다. 다음은 '버나'라 불리는 대접돌리기를 하고 '땅재주' '줄타기' '탈놀음'에 이어 마지막 순서로 인형놀이인 '꼭두각시놀음'을 논다. 이 여섯 가지 놀이를 전부 노는데 예닐곱 시간이 소요되는 것으로 주로 저녁에 시작하여 밤을 세워 놀게 된다.


## 꼭두쇠 김암덕

그들 남사당패는 일정한 거주지가 없는 남자들만의 집단이었다는 것이 특징의 하나이다. 심지어 그들만의 통용어인 남사당 패변(隱語)이 따로 있어 언어 생활에서까지 벽을 갖는 특수·독립 집단을 이루었던 것이다.

이러한 남사당패가 없어지기 직전이었던 1900년대초의 마지막 남사당패 우두머리가 뜻밖에도 남자가 아닌 여자였다는데 우리는 놀라지 않을 수 없다.

바우덕이의 본명은 김암덕(金岩德)으로 그는 경기도 안성군 서운면 청룡리에 있는 청룡사(靑龍寺)를 본거지로 했던 안성패 남사당의 마지막 두목으로 지금도 청룡리의 고로(古老)들은 기억하고 있다.

당시 서민 사회의 유일한 구경거리였던 남사당놀이에 도전이나 하듯이 중국과 일본에서 들어온 곡마단(曲馬團; 서커스)과 신파극(新派劇)에 밀려 그 명맥의 유지도 어렵게 되었던 시절에 바우덕이는 마지막 타는 불꽃인 양 반짝 타다가 간 여걸(女傑)의 한 사람이다.

열아홉의 꽃다운 처녀로서 40-50명의 남자만으로 구성된 남사당패를 이끌게 된 데는 그럴 만한 이유가 있다.


## 일본의 압력으로 풍전등화

앞서도 잠깐 지적했듯이 서커스나 신파극단에 밀려 인기가 없어지기도 하려니와 또 침략자 일본 군국주의자들의 계획적인 압박으로 서민들의 자발적인 집단놀이가 금지되기에 이르러 남사당패의 생명은 풍전등화격이 되고 만다.

이때에 춤과 노래에 능했던 사당패(社堂牌; 여자들만의 연희집단) 출신 바우덕이는 남사당패의 간곡한 요청에 의하여 두목으로 추대를 받게 되었다.

남사당패에서는 두목을 '꼭두쇠'라 하는데 이 꼭두쇠의 권한은 절대적인 것으로 패거리를 통괄하는 총수(總帥)로서 군림하는 것이다.

일차적인 유지마저 어려웠던 안성패 남사당은 바우덕이를 꼭두쇠로 앉히면서 한동안 화려했던 지난날을 되살리는 듯싶었다.

> "안성 청룡 바우덕이
> 소고만 들어도 돈 나온다
> 안성 청룡 바우덕이
> 소매만 걷어도 돈 나온다……
> 안성 청룡 바우덕이
> 치마만 들어도 돈 나온다."

심지어 이러한 민요가 당시 바우덕이의 명성을 뒷받침하는 것으로 지금도 안성 지방의 나이 많은 할아버지들이 부르고 있을 정도이다.


## 병들고 사랑하고

그러나 1년 남짓 꼭두쇠의 역할을 하며 줄을 타고 춤추며 노래하던 바우덕이가 갑자기 '가슴앓이'라는 고질병에 걸려 자리에 눕게 되자 안성패 남사당도 그 빛을 잃고 뿔뿔이 흩어지게 된다.

아마도 폐병인가 싶은 가슴앓이에 걸린 바우덕이는 피를 토하며 전신이 쇠잔해지다가 끝내 몸져누워 버리고 만 것이다. 바우덕이가 자리에 눕게 되자 한 사람의 은인이 나타나게 된다. 평소부터 바우덕이를 짝사랑해 오던 안성패 남사당의 뜬쇠(고참) 중의 한 사람인 '이경화'가 그의 뒷바라지를 맡고 나선다. 쓸쓸히 마지막 길을 가고 있는 바우덕이의 고마운 반려가 되어 준 것이다.

바우덕이의 나이 20에 이경화는 40이 넘은 노총각이었지만 아낌없이 불태운 채 1년이 못 되는 동안 두 사람의 사랑은 뜨거운 것이었다고 전한다.


## 바우덕이는 죽었지만

함박눈이 무릎에 차게 퍼붓던 한겨울에 바우덕이는 이경화를 버리고 저승으로 가고 만다. 뿔뿔이 흩어졌던 안성패 남사당의 단원들은 바우덕이의 비보를 듣고 달려왔고 바우덕이의 장례는 초라하지만 엄숙하게 치러졌다.

파격이기는 하지만 꽹과리 치고 날라리 불면서 멍석에 둘둘 말린 채 청룡리 마을 가파른 언덕 아래 움벙가에 묻혔다.

시냇물이 눈앞에 흐르는 움벙가에 그의 유해를 모시게 된 것은 고인의 유언에 따른 것이라 한다. 짧기는 하였지만 다사다난했던 팔자소관을 죽어서나마 물에 씻어 흘려보내고 싶었던 고인의 염원을 이경화가 받아들인 것이다.

바우덕이를 잃은 이경화도 얼마 후에 이곳 청룡리를 떠난 후 1년 뒤엔가 다시 들리고는 생사간에 소식을 모른다고 한 촌로(村老)가 일러 준다.

우두커니 움벙가에 앉은 나의 발끝에 거의 그 형태를 잃은 바우덕이의 봉분이 움직이듯 다가온다. 이끼로 둘러싸인 움벙 속에는 눈알만 생긴 송사리떼가 분주히 오간다.

푸른 이끼를 통하여 바우덕이의 유택(幽宅)과 분주히 왕래하는 저 송사리떼들, 이승과 저승을 오가는 저 미물들은 지금도 바우덕이와 무슨 연관을 갖고 있는 것은 아닐까.

도화색(桃花色) 환한 웃음을 보내며 신명진 남사당패의 풍물 장단에 맞추어 팔도강산을 누볐던 여장부 바우덕이.

또 그의 임종을 지켰던 구원의 사랑 이경화, 그는 지금 어디에 누워 있는 것일까……

땅거미가 엄습하는 청룡리 마을 가파른 언덕에 우두커니 넋 잃고 앉았던 나는 기구했지만 정겨웠던 한 인생의 잔영(殘影)을 되씹으며 움벙가를 떠난다.

(1975년 1월, 가정의 벗)

# 9 '쑥대머리'의 명창 임방울

## 가객 문중의 후예로 태어나다

아직도 50-60대의 판소리 애호가들은 명창 임방울을 잊지 못한다. 쉰여섯이라는 비교적 짧은 일생이었는데도 그의 소리가 당시 조선 팔도를 풍미하였으며 아직도 그 여운이 가시지 않고 있다.

임방울의 본디 이름은 임승근(林承根)이며 전라남도 광산군 송정리(오늘의 광주광역시)의 한 농가에서 태어났다. 넉넉지 못한 가정의 9남매 중 여덟째로 태어난 그는 전통적인 광대의 계통이었던 외가의 영향을 받고 자랐다.

당대의 명창 김창환(金昌煥)이 외삼촌이니 두말할 나위도 없이 혈연으로서도 소리꾼의 후예라 하겠다.

소년 임방울은 열네 살에 박재실(朴在實)에게 춘향가와 흥부가를 배운다. 처음에는 소질이 없다며 소리공부 포기할 것을 주위에서 일렀지만 그는 가정도 버리다시피 하면서 화순에 있는 만년사(萬年寺) 등 명승대찰을 찾아 독공(獨功: 판소리 따위의 득음을 위한 발성 연습)을 한다. 그러는 사이에 첫사랑의 연인 월녀(月女)와 헤어지게 되는 등 시련이 계속되었지만 오히려 공창식(孔昌植)·유성준(劉成俊)·김봉이(金鳳伊)·조몽실(曹夢實)의 문하를 거치면서 '득음'하였다.

급기야 그의 나이 스물다섯이 되던 해 외삼촌 김창환의 주선
으로 당시 동아일보가 주최하는 '전국명창대회'에 참가 '쑥대

머리'로 입상하면서 일약 이름을 떨친다.

레코드회사인 '콜럼비아' '빅터' '오케' 등이 앞다투어 그를 전속으로 삼으며 판을 찍어 내더니 '쑥대머리' 판이 나오면서는 아주 임방울 세상이 되고 말았다.

그 당시의 축음기 보급률로 볼 때 20만 장 이상을 팔았다면 상상할 수도 없는 일이라 하겠다.

한편, 임방울이 인기를 독차지하기 시작한 1930년대의 후반으로 가면 전통적인 판소리 시대는 지나고 창극(唱劇)의 시대로 접어드는 때였다. 혼자서 부르던 판소리를 배역을 나누어 여럿이 분창(分唱)하며 꾸며대는 새로운 창극이 대중의 호응을 받으니 모든 소리꾼들이 그쪽으로 쏠렸지만 임방울은 몇 번 참여한 것 외에는 본격적인 판소리의 외길을 고집한다.

전통적인 소리광대로서, 만인의 사랑을 받는 가운데 특히 화류 예기(藝妓)들이 그를 독차지하고자 온갖 유혹이 끊이질 않았으니 결국 평온한 인생을 누리지도 못했다.

숱하게 남긴 그의 일화 가운데 소리에 얽힌 한 토막을 소개한다.


## 머슴의 통곡


임방울이 서울에서 명성을 얻기 전에는 각 고을의 '난장'에 초청되어 소리판을 벌이기도 했다. 그의 쑥대머리 솜씨는 이미 호남 지방에서는 알려져 있었으니 〈적벽가〉 한 마당이 끝나자 구경꾼들이 "쑥대머리! 쑥대머리!" 하고 재청을 청한다.

"쑥대머리 귀신형용(鬼神形容) 적막옥방(寂寞獄房)의 찬 자리에 생각난 것이 임뿐이라, 보고지고 보고지고 한양낭군 보고지고…."

헝클어진 모습으로 산발을 한 춘향이가 옥에 갇혀 이도령을 애절히 그리워하는 '쑥대머리'가 물을 끼얹은 듯이 좌중을 고요케 한다.

소리를 엮어 나가는 임방울이 숨을 들이쉬면 좌중도 일제히 들이쉬고, 목청이 하늘로 치솟으면 좌중도 공연히 목을 길게 뺀다.

고수의 장단에 맞춰 임방울은 올렸다 내렸다, 힘을 줬다 풀었다… 흡사 심산유곡(深山幽谷)에 물이 굽이쳐 흐르듯이 자유자재이다.

이렇게 해서 재창으로 부른 '쑥대머리'를 다 마치니 좌중은 아쉽지만 하는수 없이 한 사람 한 사람 뿔뿔히 흩어진다.

임방울도 고수를 앞세우고 자리를 뜨려는데, 한 더벅머리 총각이 철푸덕이 주저앉은 채 흐느끼고 있는 것이 아닌가? 가까이 가보니 새끼돼지가 든 망태기를 움켜 쥐고 닭똥만한 눈물을 뚝뚝 흘리고 있다. 쥐고 있는 망태기를 보니 이를 어쩌랴 죽은 새끼돼지가 아닌가? 영문을 물은즉, "이 머슴 새경받아 모아 놓은 곡식을 팔아 새끼암돼지 한 마리를 샀겄다. 요것을 길러 새끼 내고 새끼 내서, 논밭뙈기 조고만치 장만하게 되면 장가를 갈 심산이었지. 그런데 임방울 당신의 '쑥대머리'를 듣는데 요놈이 꿍꿍 대길래 소리 못 내게 하느라 목을 쥐고 있다가… 당신 힘쓰는 대로 나도 힘을 쓰다 보니 고만 이 새끼돼지가 숨이 막혀 죽고 말았지라오…"하며 대성통곡을 하는 것이렸다.

머슴이 통곡하는 까닭을 알게 된 임방울은 손에 잡히는 대로 지전 한 주먹을 그에게 쥐어 주고 표표히 사라지고 말았다.

위의 사연은 아쟁산조의 창시자이자, 명 고수인 정철호님으로부터 들었는 바 요즘은 이처럼 판소리를 이해하는, '소리귀'가 있는 청중이 없다는 푸념 끝에 나온 이야기이다.


## '서편제' '동편제'를 함께 부른 임방울

본명이 임승근인데 어찌하여 '방울'이란 예명을 지니게 되었는지 그 내력은 알 수가 없다. 다만 '목구성'이 하도 뛰어나다 보니 이러한 이름이 붙지 않았는가 싶다.

높은 소리, 낮은 소리를 마음대로 구사할 수 있는 '청구성'에다, 약간 거친 듯하면서도 구수하게 곰삭은 소리인 '수리성'을 겸하고 있으니 그야말로 타고난 소리꾼이라 하겠다.

서편제란 구슬픈 계면조(界面調)를 이르고, 동편제란 우람한 우조(羽調)를 이르는데, 보통 가객들은 이를 한 유파로 삼아 구별하려 했으나 그는 그렇지를 않았다.

단 한 사람의 창자가 여러 배역을 맡아 1인 100역하는 것이 판소리의 특성인데 어찌 서편제, 동편제를 가리느냐 했다.

그는 노랫말과 가락에 따라 장〔壯─羽調〕, 한〔閑─漫調〕, 화〔和─平調〕, 원〔怨─界面調〕을 그때 그때 적절하게 구사했다.

어떤 이는 임방울의 소리가 계면조에 가깝다고도 하지만 그가 만년에 잘 부른 〈적벽가〉 중의 '적벽화전(赤壁火戰)' 대목을 부를 때면 그 누구도 따르지 못할 우조의 세계를 구가하고 있다.

판소리의 중시조라 할 신재효(申在孝; 1812-1884)는 판소리 가객의 4대 요건으로 '인물' '사설' '득음' '너름새'를 들었다.

임방울은 이 네 요건을 고루 갖추었다.

'인물'로 치자면 소시에 마마를 앓아 살짝 얽기는 했지만 시원한 자태였고, '사설'도 남다른 독공으로 난해한 한자까지 환하니 노랫말의 뜻이 명료히 전달되었다.

'득음'이란 소리하는 법도를 터득함이요,

'너름새'란 아니리(대사), 발림(몸짓), 소리(창)가 적절히 조합될 때 느끼게 되는 가객의 풍모를 뜻하니 임방울이 바로 그였다.

유파를 초월하여 소리의 모든 창법에 통달했던 임방울은 토막소리라 할 창극이 전성기를 이루던 시절에도 오로지 본바탕 판소리를 지킨 인물로도 길이 기억되리라.


## 시청 앞 광장을 메운 문상객들

임방울은 1961년 3월 8일 쉰여섯이라는 아까운 나이에 세상을 등졌다.

조선 팔도에 명창으로 이름을 날린 만큼 그는 숱한 여인과의 염문도 끊이질 않았다.

장례식은 3월 10일 '국악인장'으로 치러졌다. 상여 행렬이 길게 길게 서울 한복판을 누비다가 시청 앞 광장에 이르자 국악인뿐만 아니라 그를 아끼던 시민들이 구름처럼 모여드니 상여가 움직일 수도 없었다.

생전에 가장 가까웠던 연인 '김산호주'가 세상을 떠났을 때

지은 그 유명한 느린 진양조의 구슬픈 노래가 한구석에서 은은히 들려왔다.

"앞산도 첩첩하고 뒷산도 첩첩한데 당신의 혼은 어디로 행하셨나요 황천이 멀고 먼데 그리 쉬베 가려는가…."

이렇게 하여 일세의 명창이요, 만인의 연인이었던 임방울은 몇 장의 소중한 그의 소리를 음반에 남기고 황천길로 떠나고 말았다.

(1994년 2월, 기은)

# 10 아직 애인은 못 구했습니다

나는 쉰 살이 될 때까지 주책없이 술을 마셔댔다.

열일곱에 6·25 난리가 나면서 한 날 한 시에 담배와 술을 입에 대면서 한 30년 원없이 피우고 마셨다.

1986년 체중이 80킬로그램을 넘으면서 고혈압으로 꽈당탕 쓰러지던 며칠 전까지 으레 저녁이면 담배를 꼬나물고 지글지글 돼지고기를 구워대며 소주와 맥주를 번갈아 마셔댔다.

그 결과 신록도 싱그럽던 5월 하순의 어느 날 새벽, 나는 의식을 잃은 채 경희의료원 응급실로 실려 간 후 그곳에서 반년을 지냈다.

중환자실에 있는 동안에 동생처럼 지내던 배우 추송웅이 옆의 병동에 와서 저 세상으로 갔고, 가까운 친구인 성우 신원균 형은 바로 복도 건너방에 있어서 조석으로 왕래도 하고 위로가 되었는데 가족들의 눈치가 심상치 않더니 성모병원인가로 옮긴 후 역시 먼저 떠나고 말았다.

고혈압 경험이 있으신 분이면 실감이 나겠지만 도대체 꿈속에서도 머리가 우지끈하고 음식을 먹어도 밥알이 입 안에서 따로 놀며, 걸음을 걸어도 허공을 미끄러져 다니는 양 이리 부딪치고 저리 부딪치니 살맛이 아니다.

젓가락은 쓸 수도 없고, 숟가락으로 밥이며 반찬이며 퍼 넣어 보는데, 반은 질질 흘린다. 화장실 출입도 안 되니 애꿎은 제자들 몇이서 낮밤 교대로 보살펴 준다.

그런데 부모께서 주신 나의 기본 체력은 막강했는가 싶다.

한 보름 병원에서 하라는 대로 지키고 나니, 서툰 대로 젓가락질도 되며 긴 복도의 벽을 더듬으며 화장실에도 갈 수가 있었다.

여섯 명이 함께 쓰고 있는 중환자실에서 선망의 표상이 되고 말았다.

그러나 한밤이면 남모를 고통도 있었다. 사지가 뒤틀리며 쥐가 나면 숨이 꽉꽉 막히는 통증이 엄습하니, 이렇게 되면 진땀을 흘리며 제 손 제 발을 마구 주물러 풀어 놔야만 했다.

그로부터 다시 한 달이 지나면서 이제는 이러저러한 잔병치레도 면하는가 싶었는데 이번에는 불면증이 오고야 말았다.

나 말고 다섯 환자와(숫자는 처음이나 같지만 실은 그동안에 저승으로 가신 분도 있고, 또 새로 오신 분도 있었다) 여기에 따른 보호자가 또 다섯인데, 이 여남은의 코 고는 소리, 이 가는 소리, 숨쉬는 소리까지 따로따로 구별이 될 만큼 선명하게 들려오니 견딜 수가 없다.

내 어쩌다 이 모양 이 꼴이 되었는가. 지난 30년의 방탕이 얽히고설키는데 묘하게도 한 백 년이나 옛날 일인 듯 가물대면서 그리운 대목도 있음은 이 웬일일까?

'반성'도 제대로 하려면 최소한의 건강이 뒤따라야 하는 것인가, 연일 불면증에 시달리다 보니 반성이 아니라 공상이 망상이 되고 나중에는 뭐가 뭔지를 모를 혼돈 속을 헤매게 되니 스스로 정신분열을 걱정하게 된다.

그런 어느 날 아침이었다. 나는 간호원에게 부탁을 해서 휠체어 한 대를 빌려, 입원 후 처음으로 바깥 나들이를 했다. 6층 병실의 창을 통해서 보아 온 병동 뒤뜰에 있는 녹지공원, 그곳에는 항시 우리보다는 병세가 가벼운 환자들이 햇빛 바람을 쐬고 있었다.

병실 동료들은 과자봉지며 주스깡통까지 내주며 뭐 날 소풍이라도 보내는 듯 웅성거린다.

나는 휠체어에 점잖이 앉아 바퀴를 굴리며 병실을 빠져 나갔다.

6층에서 승강기를 타고 1층까지 내려와 이리저리 돌아 녹지공원까지의 소요 시간이 10분도 안되는 데 당도하니 긴 여행이나 한 것처럼 아주 대견했다.

제 발로 걸어온 한 환자는 가볍게 체조를 하며 몸을 풀고 있는데, 좀 멀리 떨어진 곳에는 한 환자가 잔뜩 쪼그려 앉아 담배를 빨아댄다.

"아하 저 사람 병은 담배와는 관계가 없는가 보구나……."

또 한쪽, 휠체어에 타고 앉은 나보다 먼저 와 있는 환자는 흡사 솜사탕장수 손수레처럼 세워 놓은 링거 병이 두 개, 역시 매달린 라디오에서는 잔잔히 **FM** 방송까지 들린다. 완전무장을 한 그는 꾸벅꾸벅 졸고 있었다.

나도 한쪽 자리를 잡고, 병실에서의 해방을 만끽하려는 자세로 먼저 고개를 번쩍 뒤로 젖혀 하늘을 우러러 본다.

위이잉! 아니 아찔 현기가 온다. 눈을 감으니 눈알이 바르르 떨린다.

이때였다.

아하! 낭랑한 새소리, "짹 짹 째잭 째잭…."

살며시 눈을 뜨니 내 치켜 올린 얼굴 위로 목련 잎사귀는 싱그럽고, 그 가지를 오가며 한 쌍의 이름 모를 산새가 지저귀고 있지를 않은가.

혹시 날아갈까 숨도 내 쉬지를 않으니…… 한동안 온갖 사랑의 교태를 다 부린다. 그러다 어디로 날아갔는지 조용했다가 파르륵! 파르륵! 다시 날아든다.

"어허 세상은 온통 살아 있는 것이구나……."

이 때 그 FM 방송의 볼륨이 갑자기 커지면서 천사들은 그만 날아가 버렸고, 나도 병실로 돌아오게 되었다. 모처럼 점심을 가볍게 치른 후 나는 무료한 동료들의 눈초리를 의식하며 소풍 다녀온 이야기를 풀어 놓는다.

"……목련나무 잎사귀가 손바닥만 합디다요……. 그 가지 위에 한 쌍의 새란 놈이 쫙 쫙 째잭 째잭! 주둥이를 마주 대며 애교를 부리는데……."

여기까지 엮어 내리고 있는데 하도 조용하여 주위를 살피니 다섯 사람, 열의 눈동자가 내 입언저리를 뚫어지게 응시하고 있는 것이 아닌가. 난 황급히 얼버무리며, "그래서 나도 퇴원만 하면 애인을…… 아니! 새를 한 쌍 기르기로 했지요……" 하고는 밭은 한숨을 내쉬고 말았다.

"심형, 새는 뭐하러? 애인을 얻지!"

쓰러지기 전에는 쌀 한 가마를 한 손으로 들었다는 일명 '김 장사'가 남아 있는 팔의 근육을 드러내 보이며 나에게 눈짓을 보낸다.

모두가 끄덕인다.

"아네요, 난 새를 한 쌍 기르겠어요!"

"그래요! 우리 여기서 나가거든 새를 한 쌍씩 기르자구요…!"

밤마다 숨넘어가게 이를 갈아대시는 박 노인의 말씀이셨다.

그때 그 동료들의 뒷소식을 이제 알 수는 없는데…… 어떻게 새는 기르고들 계신지요…….

전 아직 애인은 못 구했구먼요…….

(1988년 7월, 월간 에세이)

# 11 '속담'에서 배운다

'속담'이란 민간에 전하는 격언을 말한다. 어느 민족 어느 나라에나 역사적 슬기로서 나름의 독창적인 속담이 있으니 속담을 살펴 그 문화권의 성격을 가늠할 수가 있다.

우리에게도 숱한 속담이 있어 일상생활 속에서 교육적인 기능을 하고 있다. 그런 가운데 '윗물이 맑아야 아랫물이 맑다'는 것이 있으니 아마도 우리나라 사람이라면 이 속담을 모르는 이는 없으리라.

곰곰이 생각하건대 참으로 한 치도 틀림이 없는 진리이다. 그런데 별난 일이 있다. 윗물에 해당하는 어른들이 아랫물인 청소년들의 일상적인 행실은 물론이요, 그들이 놀고 있는 놀이 풍토에 이르기까지 입에 침이 마르도록 꾸짖고 있지 않은가.

허영기가 가득하며, 살벌하고 도박성이 심하고, 나이에 걸맞지 않게 음탐기까지 있다고 한다. 또 이 모양으로 가다가는 세상은 꼭 망하고 말 것이라 한숨을 쉰다.

한 수 더 떠서 신문 방송을 비롯하여 이른바 정치 지도자들이 청소년을 나무라는 대목에 이르면 무슨 염치로 저렇게 뻔뻔스러울 수가 있을까 하는 생각으로 불쾌하기 짝이 없다.

갓난아기가 처음 표현하는 것은 그 어머니의 흉내임을 이 어른들은 그토록 모른다 말인가. 선정적인 텔레비전과 아슬아슬한 춘화도로 꽉 찬 신문들, 보기에도 민망한 그 숱한 잡지들

…… 이른바 정치가들의 억지와 배신과 변절의 악순환들……. 이것들이 바로 '윗물'이 아니겠는가.

'윗물'이 더 이상 병드는 것을 막기 위하여 나 자신을 포함한 '윗물'의 과감한 수술·정화가 긴요하다는 생각이다. 한편 그 시대에 놀아지는 놀이를 통하여 세상 됨됨이를 알 수가 있다고 한다. 과연 그렇다. 그리고 이 놀이 역시 윗물이 맑아야 아랫물이 맑기는 마찬가지일 터인데, 어른들은 청소년들 놀이의 타락·퇴폐를 걱정하고 있는가.

이 시대를 풍미하고 있는 '카지노'의 서양 도박들, 여기에 '고스톱'에 '나이롱뽕'까지 안방 깊숙이 침투하고 있음은 청소년들 탓인가. 이야기를 좀 돌리자. 폐일언하고 정변에 의한 집권자의 바뀜, 부동산 투기에 의한 벼락부자, 사소한 듯하지만 복권 당첨에 의한 횡재……. 이런 옳지 못한 '윗물'들이 오늘의 청소년들을 병들게 했음이 분명하다.

상식이지만 일하는 사람, 정직한 사람이 잘되는 세상을 우리 어른들이 만들었더라면 젊은이들의 퇴폐풍토가 어찌 생겨날 수나 있을까. 돈 좀 있어서 부동산 투기를 하면 일확천금이 되는데, 엎친 데 덮친 격으로 쌀 수입까지 개방된 마당에 농촌에 묻혀 농사를 지을 청소년이 있겠는가.

이렇게 되고 보면 부지불식간에 퇴폐에다 불신까지 겹쳐서 모든 백성들이 알게 모르게 투기의 공범자가 되고 마는 것이다. 땀 흘리지도 않아도 줄만 잘 서면 떼돈이 생기는데 그렇게 생긴 돈을 마구잡이로 씀은 어쩌면 당연한 순리일지도 모른다.

이런 판국에 건전한 '놀이문화' 운운함은 또 하나의 속담인 '자다가 남의 다리 긁기'일 수밖에 없다.

무릇 병을 고치려면 먼저 원인이 규명되어야 한다. 그리고 원인에 잘못이 있으면 그것부터 고쳐야 한다. 그런데 오늘날처럼 겉 상처만 가지고 왈가왈부하다 보면 속병만 깊어져 끝내는 목숨을 잃게 되리라. 오늘날 우리 사회에 있어서의 바람직한 놀이 문화의 위상을 찾는 데도 앞의 논리가 적용되어야 한다. 옳지 못한 세상에 놀이만이 건강하기를 바라는 것은 어리석기 그지없는 일이다.

혹시나 알면서도 그저 청소년이 잘못이라는 억지 주장만 내세운다면, 문제의 해결은커녕 자기 잘못을 엉뚱한 데로 돌리기 위한 술수에 불과하다. 우리 어른들이 청소년 앞에 '맑은 윗물'이 되고자 한다면, 자신들이 빠져 있는 퇴폐의 늪으로부터 벗어나는 것이 당연한 순서이다. 나아가서는 그러기 위한 피나는 각성과 실천이 뒤따라야 함은 물론이다.

'거울은 생긴 대로 비춘다'고 했다. 한 시대의 풍속이니 놀이니 하는 것은 바로 그 시대의 얼굴이라는 당연한 논리를 거역할 수는 없으리라. 낙동강물, 아니 온통 금수강산의 물이 썩고 말았음은 썩어 버리고 만 '윗물' 탓이다.

'윗물이 맑아야 아랫물이 맑다'는 이 속담은 아마도 오늘을 예견하신 조상님네의 고결한 충언인가 한다.

이 글은 오늘을 병들게 한 한 범죄자의 자술서임을 부언해 둔다.


(1994년 2월, 사람 사는 이야기)

# 12 우리 신의 내력과 민속

## 우리 '신'의 발자취

'신'이란 본디는 발을 보호하기 위한 것으로, 짐승의 가죽이나 초목을 이용하여 만든 지극히 간단한 것이었다.

그런데 인간의 의식이 발달하면서 의례적·장식적 목적으로까지 다양한 형태를 갖추면서 오늘에 이르고 있다.

신은 그 형태상으로 보아 '화(靴)'와 '이(履)'로 구분된다.

'화'는 화(草·華)라고도 쓰며 '이'에 목이 붙어 있는 장화와 같은 것이고 '이'는 신목이 짧은 신의 총칭으로 혜(鞋)·비(屝)·극(屐)·구(屨)·석(舃)·갹답(갹踏) 등을 포괄한다. '화'를 제외한 신을 총칭하는 일반적 의미를 지니는 것이다.

지난 시기, 우리 민족의 가장 보편적인 신으로는 초마제(草麻製)의 짚신과 미투리를 꼽겠는데 짚신에는 왕골짚신·부들짚신·고은짚신·엄짚신 등이 있고, 미투리는 삼신·절치·탑골치·무리바닥·지총 미투리 등이 있었다. 고급스런 포백제(布帛製)도 가지가지이니 사(紗)·나(羅)·능(綾)·단(緞)을 재료써서 만든 당혜·운혜·태사혜 등이 있었다. 특수층에서 비올 때 신은 놋쇠로 만든 유혜(鍮鞋)가 있는가 하면, 종이로 만든 지총미투리(紙鞋)는 조선조 숙종 때 법으로 금하여 점점 사라져 갔으나 순조 때까지는 있었던 것으로 기록되고 있다.

나막신은 비올 때 주로 신었던 것으로 50년 전까지만 해도 실제 쓰여졌다.

한편 1800년대말, 개화파 정객과 선교사들이 서양의 구두를 들여오게 되고, 1900년대초부터는 당혜나 운혜의 모양을 본떠서 만든 고무신과 운동화(특히 축구화 등)가 등장하면서 오늘날처럼 전통적인 숱한 신들이 자취를 감추면서 새로운 '신문화'의 황금기를 이루고 있는 것이다.


## '신'과 민속

섣달그믐 밤, 어린이들이 신을 방안에 들여놓고 자는 풍속이 있었다.

그 내력인즉 하늘에 있는 야광귀(夜光鬼)가 인간 세상에 내려와 제 발에 맞는 것을 신고 가는데, 이렇게 되면 1년 동안 재수가 없다 했다. 그래서 신은 방에 들여놓고, 기둥이나 잘 보이는 곳에 '체'를 걸어 놓는다. 체에는 작은 구멍이 많은데 야광귀가 신을 가지러 들어오다가 이 체를 보고는 그 구멍을 헤아리는 동안에 날이 새 버리니 귀신은 서둘러 되돌아갈 수밖에 없지 않겠는가 하는 생각에서이다. 이날 밤 잠을 자게 되면 눈썹이 하얗게 된다고도 했는데, 요즘도 시골에 가면 어린이들이 잠든 사이에 눈썹에 밀가루를 뿌리는 등 재미스런 놀이로 이 풍속이 잔존하고 있다. 다음은 좀 별난 얘기인데 짚신 장가보내는 괴이한 풍속이 있었다.

"…한 처녀 귀신이 시집 못간 원한 때문에 허공을 떠돌아다니며 방황하는 가운데 해를 끼칠까 하여 그 처녀가 살았을 때 신었던 짚신을 마을의 총각에게 신어 주길 청하면 총각은 그 신을 선뜻 신어 주는 것이 관습처럼 지켜졌었다."

이승과 저승을 이어 주는 따사로운 사랑의 발로라 하겠다.
'신'과 연관되는 속담도 한두 가지가 아니다.

- '신 신고 발바닥 긁기다.'
- '신 벗고 가도 못 따라 가겠다.'
- '신 거꾸로 신었다(여자가 이혼했다).'
- '신 바닥에 흙은 묻게 마련이다(착한 사람도 악한 사람과 가까이하면 버리기 쉽다).'
- '신날 짚에 물도 안 추켜 놓았다(아직 일할 준비조차 안 했다).'
- '신은 아무리 고와도 베개로는 쓰지 않는다.'

● '나막신 신고 배 쫓아간다(어림없는 일이다).'

  이밖에도 많은 속담이 있어 우리에게 잔잔하면서도 예리한 교훈을 주고 있다.

  한자로 신을 족의(足衣), 즉 '발이 입은 옷'이라 하였음은 아주 재미있는 표현이다. 그리고 속담에 '옷이 날개'라고는 했지만 신도 지나치게 허영스럽고 보면 오히려 몸에 해롭게 마련이다.

  모름지기 "신고 있는 신을 보면 그 사람의 됨됨이를 알게 된다"는 말씀으로 이 글을 마무리하려 한다.

(1994년 12월, 프로스펙스)

# 13 마음의 선물 '단오 부채'

우리 겨레의 3대 명절하면 쉽게 설, 단오, 한가위를 꼽는다. 그런데 예로부터 한강 이남에서는 '한가위'요, 이북은 '단오'를 친다 했다. 지금은 가볼 수 없어 분명치 않지만 아마도 이북에서는 역시 단오명절을 크게 쇠고 있지 않을까 싶다.

올해는 음력 윤삼월이 들어 단오가 양력으로는 6월 24일에 드니 꽤나 늦은 셈이다.

이 단오를 순수한 우리말로는 '수릿날'이라 한다. '단오떡'이라 해서 이날 쑥떡을 해먹는데, 그 모양이 수레바퀴와 비슷하기 때문이라고도 하고, 또는 '수리취'로 떡을 해먹었기에 '수리'란 이름이 붙었다 한다. 이와는 달리 수리란 고(高), 상(上), 신(神)을 뜻하니 지극히 신성한 날이란 뜻으로 풀이하기도 한다.

일반 서민들은 '단오차례'라 하여 조상께 차례도 지내고 고을마다 풍요한 생산과 안가태평을 빌며 '단오굿'을 올리기도 했는데, 강원도 강릉 지방의 단오굿은 그 규모와 내용이 모범될 만해서 중요 무형문화재 제13호로 지정되어 있다.

여자들은 창포물에 머리 감고, 창포뿌리를 깎아 붉은 물을 들여서 비녀를 만들어 꽂는가 하면, 제비인양 하늘로 치솟는 그네는 나는 꽃과 같았다.

남정네들은 황소를 걸어 놓고 씨름판을 벌이니 마을의 우두머리 장사가 뽑히는 날이기도 했다. 지금은 사라진 단오 풍속

가운데 부채를 주고받았던 '단오 부채'라는 것이 있었는데 이제는 이름조차 잊혀져 가고 있다.

나라에서는 임금이 공조(工曹)로부터 미리 부채를 받아 놓았다가 단옷날 신하들에게 나누어 주었으니 이것을 단오선(端午扇)이라 했다. 선풍기나 에어컨이 없었던 그 시절 황송하기 그지없는 피서기기였던 것이다.

이와는 달리 서민들은 웃어른께 합죽선이나 막부채를 드리면서 시원한 여름을 지내시기를 소망했다.

궁중과 사대부집, 서민 가릴 것 없이 마음으로 하는 선물인 '단오 부채'는 인정의 오감이었다. 넉넉한 두루마기자락을 휘날리시며 수염이 석자인 할아버지께서 한 손으로 막부채(쥘부채라고도 함)를 저으며 마을 앞을 지나시노라면 어린애들이 쫓아가서 꾸벅꾸벅 절을 한다. 할아버지께서는 껄껄 웃으시며 부채로 조아린 머리를 탁탁 치시는데 아프기는커녕 오히려 시원하기만 했다.

선풍기나 에어컨이 편리하기는 하지만 해독도 만만치 않다고들 한다. 좀 불편하겠지만 올 여름은 부채로써 더위를 쫓아봄이 어떠할지…….

값싸고 소박한 막부채로 '단오 부채'의 풍속도 되살리면서 인정의 바람을 주고받았으면 한다.

(1993년 5월, 한덕생명)

# 14 자랑스러운 고려선(高麗扇)

속담에 '여름 생색에는 부채요, 겨울 생색은 달력이라' 했으니 삼복더위에 부채 이야기나 해보자.

부채란 '바람을 부치는 채'에서 비롯된 순수한 우리말이다.

그 종류는 크게 두 가지이니 가장 서민적인 자루가 달린 둥글부채(또는 방구부채)와 폈다 접었다 하는 접부채(또는 쥘부채)이다.

둥글부채는 깁[紗]이나 비단[絹] 또는 날짐승의 꼬리나 나무껍질, 부들 등의 풀로 만드는데 한자로는 단선(團扇), 원선(圓扇)으로 쓴다.

접부채는 폈다 접을 수 있는 부챗살에 종이를 붙여 만든 사치스런 것으로 접선(摺扇), 접첩선(摺疊扇) 또는 일반에서는 합죽선(合竹扇)이라 한다.

그러면 이처럼 바람을 일궈내는 부채의 원초형은 무엇일까? 아마도 그것은 아득한 옛날 원시 시대의 조상들이 손쉽게 구할 수 있었던 큼지막한 나뭇잎이 아니었을까 싶다.

흔히 동양 3국으로 일컫는 우리나라를 비롯하여 중국과 일본에서도 일찍이 부채가 옛 문헌에 나타나고 있는데 둥글부채는 중국이, 접부채는 일본이 그 유래가 오래인 듯하다. 우리나라에서는 고려 인종 때 김부식이 쓴 《삼국사기》에 처음으로 보인다.

"후백제의 견훤이 고려 태조 왕건에게 '공작선'을 보냈다…"

는 기록이다.

그런데 우리나라에는 공작새가 없었으니 그보다 앞선 신라 이래 당나라와 교역을 하면서 이미 들어왔던 것으로 짐작이 된다. 뿐만 아니라 우리는 우리 나름의 부채를 만들어 이웃나라에 보냄으로써 국교품으로 인정을 받았음을 《고려사》와 《조선왕조실록》 등에서 볼 수가 있다.

고려조 이래 우리의 부채는 '고려선(高麗扇)'이란 이름으로 중국과 일본의 벼슬아치 사이에 더없는 귀중품으로 대접을 받고 있음을 그들의 시문(詩文)에서 알 수가 있다.

특히 접부채에 쓰고 있는 '서화입선(書畵入扇)'을 받게 되면 기쁨을 금치 못하고 있다.

"…흔들 때마다 품속에서 바람비가 오고, 서로 마주 선 스님 앞에 솔 씨가 떨어지누나…."

이처럼 우리의 부채는 단순히 바람 일구는 민구가 아닌, 격조 높은 예술품으로서 인정을 받았으니 중국의 이름난 문인 황산곡(黃山谷), 소동파(蘇東坡) 같은 이들이 찬사를 보내고 있는 것이다.

소동파가 접부채를 형용한 이런 구절이 있다.

"…펴면 한 자가 넘고, 접으면 두 손가락 사이로다…."

어찌 우리 부채의 자랑이 이뿐일 소냐! 부채질하는 자태가 또한 다르다.

"…중국 사람은 안으로 곱고, 일본 사람은 방정맞은데, 우리 조선 사람들은 옆의 친구와 나를 번갈아 부치는데 흡사 학의 나래짓과 같도다."

오늘을 돌이켜 보건대 조상님네의 이 의젓함이 못내 그립기만 하구나!

(1995년 7월, 가정의 벗)

# 15 지금은 없어진 '밤섬'

내가 밤섬에 처음 간 것은 중학교 3학년 때인 1949년의 겨울 방학 때로 기억된다. 서울 마포구 공덕동에 사는 동창과 함께 꽁꽁 언 한강을 걸어서 건넜다. 아마도 서강 쪽에서 건넜는가 싶다. 밤섬에 가게 된 연유는 동창의 친척이 밤섬에 살고 계신 데 그 댁에 가서 땅콩을 받아 오라는 친구 어머님의 심부름이었다. 당시 땅콩은 아주 귀했는데 돌아오는 길에 한 주먹씩 호주머니에 넣고 까먹던 생각이 난다.

그후로는 6·25 난리 때, 한강 인도교가 끊어져 한밤중 몰래 몰래 밤섬을 건너 도강을 했었는데 보따리를 둘러멘 피난민들이 꽤나 많았었다.

그뒤에 밤섬에 간 것은 1960년대초부터 6-7년간 여름이면 물놀이를 하러 주로 갔었다. 섬 한쪽은 아주 깨끗한 모래밭이 있어 한더위에는 문안(시내)에서 피서객이 많이 모였었다.

어느 해 여름이었던가는 피서객의 배가 뒤집혀 사고가 났던 '카니발 사건'으로 떠들썩한 적도 있었다.

나는 1966년 절두산 근처인 마포구 합정동에 집을 마련한 적이 있었다. 이곳에서는 당시 '남사당놀이'를 재현하기 위하여 '꼭두각시놀음'의 인형과 '덧뵈기'의 탈을 만드는가 하면 줄타기의 연습을 하기도 했었다.

이 합정동 집에서 가까운 절두산 아래에는 작은 간이나루가 있었는데 여기에서 마포나루와 밤섬까지는 자주 배가 왕래를 했다. 당시 합정동과 망원동은 거의가 밭으로 이곳에서 산출되는 채소를 실어나르는 배들이었다.

뒤에 알게 된 일이었지만 밤섬은 한강변에서 배 만드는 배목수가 가장 많아 조선업이 활발했었다.

이무렵 나의 합정동 집(실은 남사당의 수련장이었음)에 자주 오시는 분 가운데 임석재 선생(1903-1998)이 계셨다. 'RCA' 상표가 붙은 사방 50센치미터되는 녹음기를 가지고 다니셨다. 무게가 쌀 서 말은 된다는 이 녹음기로 민요며 온갖 민속연희를 채록하셨다.

임석재 선생님은 그 무렵 서울의 한강·남북 연안에 산재한 부군당을 찾아 그곳에 모이는 노인들을 상대로 설화·민담·민요 등 구비전승의 채집에 여념이 없으셨다.

내가 나룻배를 타고 '가믄돌'이며 '삼개' '밤섬'을 오가는 것을 아신 선생께서는 당신도 타고 싶다고 하셔서 여러 번 동승한 적이 있었다.

그런 어느 날엔가는 밤섬 부군당이 있는 '용애머리'라는 바위언덕 아래 빨래터가 있었는데 그곳에서 아녀자들을 상대로 밤섬과 연관된 온갖 옛날 이야기를 채록하시기도 하셨다.

당시 임석재 선생님은 한국문화인류학회의 회장이셨고, 이 학회에는 '무속 신앙'을 연구하는 학자가 여러분 있어 '밤섬 부군당'을 공동답사한 적도 있었다. 그런데 그때의 자료들이 오늘에 전하지 못하고 있음은 여간 아쉬운 일이 아니다.

나는 그 무렵 남사당놀이를 살피는 데 흠뻑 빠져 있었을 뿐, 학문적 깊이가 없었음을 고백하지 않을 수 없다.

임 선생님께서 부군당에 대하여 집요하게 자료를 모으시는 곁에서 겨우 녹음기나 메고 길 안내나 해드리는데 그쳤으니 말이다.

밤섬 부군당의 당굿은 해마다 음력 정월 초이틀에 있었다. 1966년인가 1967년의 당굿을 녹음하신 적도 있었는데 그 자료는 지금 어떻게 되었는지 궁금하다.

이름이 '밤섬'인 이 섬에 밤나무는 없었다. 마포 서강 쪽에서 내려다볼 때 밤 모양 같다 해서 밤섬이라 한단다. 아름다운 한강 가운데 떠 있는 그림 같은 이 섬은 한강의 역사만큼 유원한 것인데 1968년 2월 12일, 한강 개발과 여의도를 건설한다는 명목으로 폭파되기에 이른다.

이 소식을 들으신 임 선생님께서는 서둘러 나를 앞세우시고 섬을 찾아 마을 사람들과 함께 부군당을 찾아 부군 할아버지께 고별 인사를 드리셨다.

폭파되는 날, 폭파 시간에는 밤섬이 가까이 보이는 마포나루 쪽에서 마지막 모습을 지켜보고 계셨다.

오후 4시, 춥고 음산한 겨울 바람이 매서운 강가에는 섬사람들이 여기저기 모여서 넋을 잃고 있었다.

1968년 2월 12일자 〈경향신문〉에 이런 기사가 게재되어 있었다.

"…폭파 장치에 연결된 단추를 누르자 이곳의 62가구 4백43명의 주민들은 섬기슭에 모두 나와 눈물을 흘렸다……."

당시의 서울특별시 김현옥 시장이 폭파 장치의 단추를 누름으로써 밤섬은 사라져 가버리고 만 것이다.

"……못된 짓이여!"

섬마을 사람들의 등을 두드리시며 임 선생님도 눈가가 젖으셨다.

바로 이런 일이 있었던 다음 날인 1968년 2월 13일, 선생님은 나의 집(서울 마포구 합정동 380-14)에서 지금은 다 고인이 되신 남운용, 양도일 옹에게 경기·충청 지방의 '고사반'을 채록하셨다. 이 자료는 〈임석재 채록·한국구연민요—경기민요—고사반, 서울음반〉으로 전하고 있다. 그런데 이보다 일찍 채록하신 밤섬부군당의 자료는 어찌 되었을까 궁금하기 그지없다.

다시 밤섬 이야기로 돌아가자. 폭파된 밤섬 터가 내려다보이는 서울시 마포구 창전동 산2번지 18통에 집단 이주한 섬사람들은 이곳에 허름한 연립주택을 짓고 기거하게 되었으며 역시 밤섬이 내려다보이는 곳에 밤섬 부군당을 짓고 공동체의 구심점으로 삼았다.

1972년 음력 정월 초이틀로 기억한다. 내가 임석재 선생님을 모시고 밤섬 부군당을 찾은 마지막이었다.

"밤섬은 사라졌지만 밤섬 사람들의 마음속 깊이 부군 할아버지는 떠나실 수 없을 것"이라는 것이 선생님의 말씀이셨다.

첫번째 옮긴 자리도 다시 고층 아파트에 내어 주고 궁벽한 자리로 옮긴 오늘의 밤섬 부군당에서 올 '기묘년'의 당굿을 올린다기에 반가이 찾아가니 옛 밤섬에서 만났던 낯익은 얼굴들이 눈물겹도록 반겨 준다.

서울의 큰 무당인 김춘강 만신이 그동안 당주가 되어 지성을 다하고 있음도 반가운 일이었다.

　전통이란 참으로 도도한 것임을 확인하여 준다. 더없이 소중한 밤섬 부군당의 살아 숨쉬는 전통이 길이 보존되기를 바라는 마음 간절하다.

(1999년)

# 16 다시 남사당되어 '보릿대춤'이라도 추고파

1959년 8월 하순 어느 날. 지금은 도서관이 서 있는 남산 꼭대기 넓은 마당에서 '남사당놀이'를 한판 펼쳤었다.

그때만 해도 아직 6·25의 상처가 그대로 남아 있을 무렵이라 너 나 할 것 없이 생활이 곤궁했었다. 구경꾼이래야 올데갈데없이 공원 주변을 서성이는 실업자들과 빈털터리인 이들을 상대로 술이나 과자 부스러기를 팔고 있는 행상들이었다.

전국에 흩어져 있던 열세 사람의 남사당패를 모아 한주일 남짓 발을 맞춰 보고는 놀이판을 벌인 것이다.

구경값을 따로 받는 것도 아니요, 또 무슨 '약'이나 '화장품' 구경과 곁들여서 파는 것도 아닌데… 그저 한판 벌여 본 것인데… 뜻하지 않은 벽에 부딪치고 말았다.

그런대로 한 2백 명 정도의 구경꾼이 모여들게 되니 공원 담당 경찰관이 나타나 '집회계'를 냈느냐고 따진 것이다. 하기사 그 무렵은 그저 몇십 명만 모이려 해도 경찰서에 미리 집회신고를 하고 허가를 받아야 하는 판인데, 당돌하기 그지없는 실수였다. 다행히 이 문제는 나의 능란한 언변으로 해결을 보았다.

다른 아무런 딴 목적이 있는 것이 아니라 그저 '시민 위안'으로 벌인 놀이판이라 했더니 친절한 경찰관은 그러면 '군경 유가족 위안'이란 말도 보태야 한다면서 실은 자기도 농촌 출신이

어서 이런 구경을 참 좋아한다고 했다.

한 고비를 넘기고 나니 이번에는 생각지도 않은 훼방꾼이 나타났다.

팔뚝에 '사랑'이니 '반공' 또는 '성공'이라고 크게 문신을 한 이른바 '어깨'들이 "여기가 어디라고 함부로 놀아나느냐"면서 냉큼 없어지란 것이다. 나중 안 일이지만 이 사람들은 양기에 좋다는 '뱀가루'를 파는 약장사 패거리들로서, 우리 남사당패도 혹시나 약을 파는가 해서 성이 났던 것인데 내용을 알고는 오히려 엉뚱한 제안을 해오는 것이었다. "여보 형씨, 우리 함께 동업합시다요!"

이러저러한 실랑이를 겪으면서도 일단 내가 주관한 '남사당놀이'의 첫 놀이판은 성공을 거둔 셈이었다. 그후로 우리들은 이 남산 꼭대기의 넓은 마당을 제것이나 되는 것처럼 맘대로

이용하며 남사당놀이의 연습장으로 이용을 했으니 말이다.

나는 1953년 가을에 신문광고를 보고 당시로써는 하나밖에 없었던 서울방송국(한국방송공사의 전신)의 아나운서로 입사를 했다. 6·25 때 입에 담을 수 없는 고생 끝에 서울로 돌아와서 방황을 하던 중 용케 잡은 직장이었다.

1960년대 '남사당 놀이' 중 인형극 〈꼭두각시 놀음〉의 한 장면. '엉뚱한 짓' 한다며 주위에서 말렸지만 내겐 마냥 자랑스런 때였다.

내가 처음으로 맡은 프로그램은 지금도 국악계의 큰 기둥이신 성경린 선생의 '국악 이야기'의 진행이었는데, 이것이 나에게는 이 바닥에 몸담은 계기가 되었던 것이다.

뒤이어 당시 종로 3가 뒷골목 과히 넓지 않은 2층방을 세내어 이미 세상을 떠난 민속음악계의 선각이었던 박헌봉 선생을 비롯하여 박녹주·김여란·박초월 등 판소리의 명인들과 기악계의 큰 그릇이었던 지영희 선생 그리고 이론에 밝으신 유기룡 선생과 지금도 건장한 김소희·박귀희 선생 등이 모여 국악을 전공하는 학교를 세우겠다며 동분서주할 때 나는 방송국일 틈틈이 이곳에서 서생(書生) 겸 심부름을 했었다.

오늘날 국악예술학교가 태동하려는 무렵의 일이다. 나는 그로부터 3년 후에 주위의 만류를 뿌리친 채 방송국을 그만두고 말았다.

그리고 손을 댄 것이 전통적인 우리의 떠돌이 예인 집단인 '남사당패'를 다시 모으는 일이었다. 전라도·경상도·충청도·경기도·강원도의 두메산골까지 물어물어 찾아나선 끝에 결국 그로부터 3년 후인 1959년에 남사당놀이를 남산의 넓은 마당에서 재현할 수 있었던 것이다.

이제 그 무렵에 활동하던 큰 어른들은 모두 세상을 떠나셨다. 상쇠이며 꼭두쇠(우두머리)였던 남형우, 장고의 명인 양도일, 날라리의 명인 송창선 그리고 김문학, 지수문, 박종휘, 정일파….

그로부터 얼마나 지났던가, 뒤늦게나마 다시 김재원과 박계순이 인간문화재로 위촉되어 '남사당놀이'를 어렵게나마 오늘에 이어 주고 있다.

가까운 가족은 물론이요, 주위에서 "왜 멀쩡한 사람이 엉뚱한 짓 하느냐"면서 꽤나 말렸었지만 나는 남사당과 함께한 지난 30여 년이 마냥 자랑스럽기만 하다.

이제는 옛날처럼 한솥밥을 먹지는 않고 있지만 떨어져 있어도 피차가 끈끈히 정을 나누고 있다.

듣자 하니 3월 19일부터 1주일간 일본 오사카에 사는 우리 동포들 초청으로 '남사당놀이'가 일본 나들이를 하게 되었다고 한다.

아마도 여섯 가지 놀이 풍물(농악), 버나(대접 돌리기), 살판(땅재주), 어름(줄타기), 덧뵈기(탈놀음), 덜미(꼭두각시놀음)를 신명나게 보여줄 것이다.

뿐만 아니라 옛날 생각해서 나 보고도 함께 가자니 나도 어설

픈 '보릿대춤'이라도 추면서 한 판 어울려 봐야겠다.

(1992년 봄, 느티나무)

# 17 다난했던 여정, 그러나 외길로 매듭짓고 싶다

내가 직장을 가져 본 경험은 30년 전의 일이다. 1954년부터 1958년까지 당시로서는 하나밖에 없었던 서울중앙방송국의 아나운서로 재직한 것이 전부이다. 하기는 그후로도 국립영화제작소라든가 신문, 잡지에 잠시 기웃거린 적이 있었지만 본격적으로 취직을 한 것은 아니었다.

처음 방송국에 들어갔을 때는 6·25 바로 직후여서 세상도 뒤숭숭했고 그 시설이나 내용도 엉성하기만 했다. 그러나 종사자들은 열악한 조건일망정 제대로 일으켜 세우려 애를 쓰는 그런 시기였다.

요즘처럼 방송국도 여럿이 아니요 더욱이 텔레비전 같은 것은 이야기도 못 듣던 시절이라 실상 아나운서의 인기는 만만찮은 것이었다. 지금은 그 자취마저 변해 버린 당시의 유일한 서울방송국은 광화문의 조선일보사 뒤, 덕수초등학교 옆에 자리하고 있었는데 광화문 근방의 대포집이란 대포집은 모두 나를 알아 주었으니 말이다.

망신스런 이야기를 하나 털어놓자. 나이도 20대 초반이려니와 주책없이 어찌나 술을 퍼마시고 다녔는지 때때로 방송 시간을 펑크내기 일쑤였다. 지금처럼 녹음 방송이 많은 것이 아니라 거의 생방송일 때이니 웃지 못할 사고가 한두 번이 아니었다.

기상대에 직통전화를 걸어 일기예보를 받아 쓴 다음 그것을 원고삼아 읽어 가야 하는데 술을 마시다 뛰어와서는 시간에 쫓겨 반쯤 받아 적고 있을 때, 창 밖에서는 일기예보 시간이라고 발을 동동 구른다. 받아쓰던 종이를 움켜쥐고 방송실로 들어갔으니 그 뒤가 어찌 되었는지는 상상에 맡겨 두겠다.

이와 유사한 사고가 몇 번 있은 후에 나는 그럴싸한 별명을 하나 얻게 되었다. 벌써 세상을 떠나신 당시 아나운서 계장이셨던 윤길구 선배께서 '시말성'이란 별호를 붙여 주신 것이다. 사고가 있을 때마다 시말서를 써냈는데 그 횟수가 너무 잦으니 "당신 이름도 심우성, 시말서와 비슷하니 아주 '시말성'이라 함이 좋겠다"는 것이었다.

'시말성'이란 이름을 달고 나는 아나운서 생활을 마감하며 평소에 뜻을 두었던 민속학 자료의 현지답사라는 좀 엉뚱한 일에 매달리게 되었다. 지금도 건재하신 80 고령의 노대가 임석재 선생님을 따라 탈춤, 무당, 민요, 농악, 옛날 이야기를 찾아 전국을 떠돌았다. 실은 방송국에 들어가기 전부터 우리의 전통예능 가운데 남사당패니 민속놀이니 하는 것에 관심이 있었는데 아주 이 바닥의 전공자로 탈바꿈을 하고 싶었다.

떠돌이 3년에 길눈이 튼다고, 나는 이것저것을 건성으로 찾아다니다가 떠돌이 예인 집단인 '남사당패'에 관심을 쏟게 되었다. 아마도 전국을 군소재지는 전부요, 면소재지까지 거의 찾아 갔었을 성싶다.

아마추어 실력이었지만 사진 자료도 꽤 모이게 되었고, 녹음 테이프도 이불더미만큼 쌓이게 되면서 아무래도 이것을 정리해야 하겠구나 하는 생각이 들었다.

일본 오사카 국제인형극제에 참가하여 인사하고 있는 필자.

이런 자료들을 분류 정리한다는 일은 채집·채록을 하는 어려움보다 몇 배나 신경이 쓰이는 것임도 알게 되었다.

한 가지 꼭 기록해야 할 일이 있다. 경제적으로는 전혀 비생산적인 이 짓을 하고 다니는데 묵묵히 뒷바라지를 해주신 부모님께 뜨거운 감사를 드려야 한다. 주위에서 외아들 하나 있는 것이 좀 돈 모양이라는 손가락질을 은연중 받으시면서도 얼굴한 번 찌푸리지를 않으셨다.

같은 일도 20년쯤 하고 보면 그 나름의 슬기와 터전이 생기는가 보다. 1970년대로 들어서면서 여기저기서 이 방면의 원고 청탁도 들어오고 또 그렇게 해서 발표한 것들을 묶어 책도 펴내기에 이르니 몇몇 군데 대학에서 출강해 달라는 부탁도 있다.

현지답사는 다소 멀어지면서 좀 차분히 공부를 쌓을까 하던 참에 이번에는 다시 오래오래 마음속에 도사렸던 또 하나의 욕망을 현실화하고 싶은 충동이 솟구치는 것이 아닌가. 다름 아니라 이제껏 접했던 우리의 음악, 춤, 연극을 바탕으로 한 내 나름의 1인극을 만들어 직접 무대로 뛰어들고 싶은 생각이었다. 가까운 주위 사람들은 그 고집 누가 말리랴 했다. 결국 1979년부터 올해까지 5편의, 대사 없는 무언 1인극을 만들어 국내외에서 2백 회쯤 공연을 했다.

발로 채집한 자료를 바탕으로 무대 위에서 그 결과를 창출해 보자는 셈이었다. 그리고 지금도 그 생각은 변함이 없고 오늘도 또 다른 새로운 작품을 구상하느라 정리되지 않은 자료들을 뒤적이고 있다.

주위 사람들은 나를 보고 참 건강하다고 한다. 자신이 생각해도 그런 것 같다.

평생에 한 번 죽기 살기로 아파 본 적이 있다. 새 작품이 뜻대로 되지를 않아 심사가 사나운 중에 수면 부족, 무리, 과음이 겹쳐 쓰러져 버렸다. 20여 시간 만에 깨어 났지만 1개월은 병원 신세를 져야 했다. 난생 처음 링거라는 머리통만한 주사도 맞아 보았고, 수족이 말을 듣지 않아 엉금엉금 기다가 단장을 짚고 뒤뚱뒤뚱하며 발을 끌고 다니기도 했다.

다들 천명이라고 한다. 지금은 아주 멀쩡하니 말이다. 염치없는 말이지만 이렇게 회복된 데는 나의 남모를 결심도 있다는 생각이다. 병원에 있는 동안 지시하는 대로 조금도 어기지 않으려 했다. 시간만 있으면 운동을 했고 입맛이 아무리 없어도 꼭꼭 씹어 정량을 어김없이 먹어 치웠다. 나를 꽤나 아껴 주던 간호원 말이 걸작이다.

"…이런 분이 어떻게 몸을 그렇게도 마구 다루었을까요? 참 믿어지지 않아요…."

옛날의 건강은 부모님 덕분이었고, 오늘의 건강은 규칙 생활에서 얻어지는 것이 아닌가 싶다. 하루 종일 서재에 처박히는 날도 있고, 강단에 대여섯 시간을 서 있는 날이 있는가 하면, 무대 위에서 온몸이 땀으로 범벅이 되는 때도 있지만 식사만은 시간을 지켜 적당히 기분 좋게 먹는다.

누가 당신의 취미가 무엇이냐고 묻는다면 서슴없이 '먹는 일'이라 하겠다. 그 다음의 취미를 묻는다면 '산보,' 아니 걸어다니는 것이라 하겠다. 지금도 시내에서 20-30분 거리면 걸어갈 때가 많다.

(1989년 5월, 정식품)

# 18 한옥의 아름다움

　오래된 초가(草家)와 기와집〔瓦家〕이 점점 사라져 가고 있다.

　누구나 읊조릴 수 있는 '달아달아 밝은 달아'에서 '초가삼간 집을 짓고 양친 부모 모셔다가 천년 만년 살고 지고……'는 달의 신비가 벗겨짐과 함께 막연하나마 간절했던 달에 대한 신뢰도 희미해지는가 싶다.

　초가지붕 위에 달덩이처럼 올라앉았던 박도, 흙담을 장식했던 호박도 이제는 옛 풍경화에서나 찾아보게 된다.

　시골의 오래된 마을을 멀리서 바라보노라면 그 들어앉은 모습이 주변의 자연과 썩 잘 어울리고 있음을 알 수 있다.

　주산(主山)이라 할 뒷동산이 있고, 좌우로는 펑퍼짐한 산줄기가 청룡(靑龍) 백호(白虎)로 감싸면서 따스한 보금자리의 형국을 이루고 있다.

　마을 앞으로는 크고 작은 시냇물이 흐르니 그야말로 한 폭의 그림이다.

　이 마을을 안으로 쑥 들어가 보면 또한 집집의 자리와 향방(向方)이 전체 마을의 앉음새에 어긋남이 없이 다시금 한집 한집이 독립되어 작은 보금자리로 꾸며져 있다.

　집과 집 사이의 크고 작은 길이 꼬불꼬불함은 자연스런 언덕을 되도록 살리면서 그 위에 집이 들어선 때문이다.

　담은 울안이 들여다보일 만큼 야트막하니 가축들이 함부로 드나드는 것을 막는 정도이다. 그것은 흙담이 아니면 구기자(枸杞子)나 탱자, 무궁화 등을 심어 품위를 더했다.

멀리서 보나 가까이서 보나, 한 마을을 이루는 집들은 주변의 자연과 걸맞아 있다. 헝클어짐이 없이 서로가 서로를 떠받쳐 주고 있는 것이다.

큰 우주 안에 작은 우주로 이룩되는 것이 한마을이요, 그 마을을 이룩하는 한집 한집이 다시 더 작은 우주로서 숨쉬고 있는 것이다.

우리의 전통적인 가옥 양식은 하나의 작은 우주로서 자연에 거역함이 없이 어우러지면서 다시금 하나하나의 또렷한 성격을 보여주고 있는 것이다.


## 창을 통한 자연과의 교감(交感)

마루에 앉아 내다보이는 바깥 풍경이 담의 높이로 해서 방해되어서는 안 된다. 건조물 안에 살고 있는 사람의 시야에 건조물로 해서 자연과의 사이에 방해됨이 없어야 하는 것이다.

이러한 구조는 말로는 쉽지만 실제로 꾸며내기란 여간 어려운 일이 아니다.

오랜 체험, 즉 역사적 슬기로써 비로소 얻어지는 것이다. 또한 방마다 창이 있는데 그 창문을 열고 보면 그 창틀을 통하여 보이는 바깥은 한마디로 가장 효율적인 자연과의 교감(交感)이 계산되고 있다.

벌써 20년 전의 일이다. 당대 한국화의 대가이신 이당(以堂)

김은호(金殷鎬) 선생께서 하신 말씀이다.

"……조선집 창문으로 보이는 바깥 풍경은 더없는 산수화(山水畵)야 옛날 목수의 눈썰미가 오늘날 환쟁이들의 안목보다 훌륭했어요. 그림 공부하는 사람들은 고가(古家)의 창문을 찾아 바깥 보는 일을 서둘러야 해요……"

연륜을 통해 터득하신 대가다운 말씀이었다.

앉아서 밖의 내다보이는 주로 동남쪽의 얕은 창이 있는가 하면, 서북쪽의 창은 서서 밖이 내다보일 만큼 높지막한데, 그 창을 통하여 보이는 풍경들은 모두가 방안과 바깥을 연결해 주는 마음의 통로 구실을 했다.

방 안에 앉아 야트막한 창을 활짝 열어 놓으면 눈앞에 마당이 보이고 담 너머로는 대자연이 훌륭한 정원으로 다가서는 것이다.

정원을 따로 꾸미는 것이 아니라 주변의 자연을 한마을이 공유하면서 각기 창을 통하여 정원으로 삼았다.

그뿐이랴. 겨울에는 온돌이 제격이요, 여름이면 마루가 시원하니, 춥고 더운 것을 함께 극복했던 이 땅의 기후 조건에 더없는 작품이었다.

춘하추동, 창문은 인간과 자연의 '교감'의 '통로'로서 사람으로 치자면 이목구비(耳目口鼻)와 같은 것이었다.


## 이 소중한 유산을 어떻게 할까?

이처럼 소중한 유산이 없어져만 가고 있으니 답답한 마음 금할 길 없다. 몇몇 군데를 '한옥마을'이라 지정하여 보호 조치를 하고는 있지만 이것이 근본적이 보존책은 못된다.

그런데 아직도 눈여겨 찾아보면 전래의 구조를 유지하고 있는 묵은 집들이 적잖이 남아 있다. 이러한 유물들은 웬만하면 행정력을 동원해서도 보존해야 하리라는 생각이다.

의식주의 방식이 달라지고 그에 따라 생활 구조가 바뀌는데 고리타분하게 한옥을 보존해서 어찌하겠다는 것인가, 반대할 분이 계실지도 모르겠다. 그러나 우리의 전통적 주거 양식(住居樣式)이 전혀 무시된 채 난데없는 양옥(洋屋)만 들어선다면 의식세계에까지 갑작스런 변괴가 올 것임은 불을 보듯이 환한 일이다. 물을 담는 그릇을 대접이라 한다면 인간을 담는 그릇은 집이다.

그릇의 생김새에 따라 물의 모양이 달라지듯이 어떠한 주거 공간에 사느냐에 따라 그 인간의 정서와 의식은 달라지는 것이리라.

바로 이러한 때에, 가장 바람직한 것은 새로운 건축가에 의하여 이 오랜 주거 양식이 새로이 세워지는 집들에 무리없이 수용되게 하는 일이다.

한 예로써 아무리 서구적 양식의 '아파트'라 하더라도 '온돌'은 주인의 자격으로 떳떳이 수용되고 있는 경우를 들 수 있겠다.

유구한 문화유산이란 쓰다 버리는 헌신짝이 아니라, 부단히 재창출되면서 그의 생명력이 이어져야 하는 것이기에 말이다.

(1994년 4월, 곽병원 소식)

# 19 유랑광대 '남사당패'

　일제가 이 땅을 강점한 1900년대초까지만 해도 우리나라에 떠돌이 광대패(廣大牌)가 꽤나 많았다.

　'광대'하면 크게 '대령(待令) 광대'와 '뜬 광대'의 둘로 나뉘니, '대령 광대'란 가정을 이루고 있으면서 관아나 사대부가의 부름을 받아 소리, 춤, 기악, 줄타기 등의 다양한 예능을 놀았던 연희인(演戱人)이요, '뜬 광대'는 일정한 집도 가정도 없이 떠돈 이름 그대로 유랑하는 광대였다.

　이처럼 유랑 광대로는 규모나 놀이가 가장 충실했던 '남사당패'를 비롯하여 '사당패' '솟대장이패' '대광대패' '초란이패' '걸립패' '중매구' '굿중패' 등 10여 종에 이르렀다.

　이 가운데 셋을 꼽는다면 '남사당패' '사당패' '솟대장이패'라 하겠다.

　'남사당패'가 남자들로만 이루어진 남색 조직(男色組織)이라면, '사당패'는 여자들만의 여색 조직이었다.

　이들은 춤과 노래와 줄타기 등의 재주를 보여주며 떠돌이 생활을 했다.

　'솟대장이패'는 '풍물(농악)' '땅재주' '요술' '줄타기' '병신굿(무인극)' '솟대 타기(높은 장대를 세우고 그 위에서 물구나무서기 등의 재주 부리기)' 등의 묘기를 보여주는 오늘날 서커스의 할아버지격이라 하겠다.

남사당패의 연원이나 역사적 형성 과정을 밝히기에는 전하는 문헌 자료가 너무도 희소하다. 특히 지배 계층이 아닌 상사람들의 놀이고 보니 혹시 기록이 있다 하더라도 패륜패속이라 하여 부정적으로 다루고 았다.

"…떠도는 무리의 잡된 놀이는 금지해야 하겠다…"는 식으로 지방 관아에 지시하고 있음을 본다.

## 남사당놀이는 서민의 오락 수단이자 서민의 정서 담은 민중 예술

그러나 남사당놀이는 당시의 일하는 농어민들에게 있어 더없는 위안이요, 재생산의 힘을 안겨 주는 재충전의 소중한 민중 예술이었던 것이다.

이 방면의 전문 학자들은 그 연원을 줄잡아도 삼국 시대 이전으로 잡고 있으며, 놀이와 놀이꾼의 짜임새로 보아도 단연 광대패 가운데 으뜸으로 치고 있다.

놀이의 종류는 여섯 가지가 있는데 순서대로 적어 본다.

풍물(농악), 버나(대접 돌리기), 살판(땅재주), 어름(줄타기), 덧뵈기(탈놀이), 덜미(인형극, 꼭두각시놀음).

이와 같은 여섯 가지 놀이판을 벌이는 데는 최소한 40-50명이 있어야 하는데 그 위계질서가 엄격했다.

맨 위에 '꼭두쇠〔頭目〕'가 있고, 그 밑에 '곰뱅이쇠(기획자)' '뜬쇠(분야별 우두머리)' '가열(보통 연희자)' '삐리(새내기)' '저승패(나이 많아 연회는 못하고 뒷일 돕는 사람)' '짐꾼(놀이 도

구를 나르는 사람)' 등이 꼭두쇠의 지시에 따라 움직이고 있다.

이들이 마을에서 놀이판을 벌이는 데는 먼저 촌장의 승낙이 있어야 함은 물론이다. 보수도 따로 정해져 있는 것이 아니라 숙식을 제공받고, 다소의 노자[곡식이나 돈으로 받는 사례를 '노자(路資)' 라 했음]를 얻으면 됐다.

촌장으로부터 놀이 승낙을 받은 어느 마을의 예를 보자.

……놀이꾼들은 마을의 집집으로 흩어져 저녁밥을 먹고, 어두워진 후 놀이판으로 잡은 넓은 마당에 먼저 횃불을 밝힌다(겨울에는 장작불).

풍물잽이들이 마을의 크고 작은 길을 고루 돌면 마을 사람들은 그 뒤를 따라 긴 행렬을 이루면서 '길놀이'를 하게 된다.

한편 놀이판에는 이미 줄타기의 줄이 매어져 있고, 꼭두각시놀음의 포장막과 버나, 살판, 덧뵈기 등의 연희를 위한 큰 멍석이 대여섯 장 깔려 있다. 마당 둘레로는 두레기와 영기를 세워 잔치 분위기를 돋군다.

길놀이 행렬이 놀이판에 이르러 둘러앉으면서 본격적인 판이 벌어지면 여섯 가지 놀이를 이어서 노는데 뒤풀이까지 하자면 짧아도 대여섯 시간이 걸리니 새벽에 끝이 난다.

이러한 남사당놀이는 양반 지배 계층에게는 대접을 받지 못했고 오히려 혐오의 대상이었던 것도 사실이다. 그러나 서민 대중에게는 다시 없는 오락 수단이자 민중의 정서와 의지를 담은 민중 예술이어서 큰 환영받았다.

여섯 마당으로 짜인 남사당놀이를 다음에 차례로 살펴본다.

첫번째 놀이인 '풍물'은 우리나라 어느 고장에서나 전하고 있는 바로 '농악'이다.

표준어권에서는 '풍물,' 호남에서는 '풍장,' 영남에서는 '풍물' 또는 '매구'라 하는 것인데 일제가 농군들이나 치는 음악이라는 뜻에서 '농악'이라 하면서 부지불식간에 일상화된 이름이니 이제는 제 이름인 '풍물'을 되찾아야 한다는 생각이다.


## 여섯 가지 놀이 재현할 수 없게 돼
## 남사당놀이 앞날 어두워


남사당놀이에서의 풍물은 우리나라 곳곳에 전승되고 있는 향토성 짙은 풍물 가운데 빼어난 대목들로 엮은 일종의 풍물의 '모듬 요리'이다. 특히 묘기에 속하는 무등놀이가 전하고 있고,

24종에 이르는 '관놀이'와 세련된 가락들은 소중하기만 하다.

'버나' '땅재주' '줄타기' 등도 묘기이자 오랜 연마 끝에 얻어지는 체기(體技)들인데 버나꾼, 땅재주꾼, 줄타기꾼이 각기 어릿광대와 주고받는 재담과 함께 진행됨으로써 연극성이 짙다.

서커스에서의 '접시돌리기'나 '덤블링' 또는 줄타기와는 달리 시종 서민의 애환을 담은 춤과 노래를 곁들이니 그것은 묘기요 체기이면서 훌륭한 연극이다.

탈놀이인 '덧뵈기'와 인형극 '꼭두각시놀음'은 우리의 민속 연극 가운데 각기 민중극으로서의 성격이 두드러진 것으로 인정되고 있다. '덧뵈기' 4마당과 꼭두각시 놀음 2마당 7거리는 '봉건적 내부 모순'과 '외세와의 대립,' 그리고 '서민들의 화합'으로 바른 세상을 염원한 역사의식이 적절히 응집, 표현되고 있다.

1964년 중요 무형문화재 제3호로 지정되어 있는 '남사당놀이'는 현재 박계순(꼭두각시놀음), 남기환(풍물, 꼭두각시놀음) 두 사람만이 예능 보유자로 위촉되어 있어 여섯 가지 놀이를 재현하는 데는 전혀 불가능한 형편이다.

유랑 광대놀이의 노른자위라 한 남사당놀이의 앞날이 현재로서는 어둡기만 하니 가슴 답답하다.

(1997년 4월, 한국인)

# 20 인간의 가장 귀한 음식 '술'

'술'이란 인간이 정한 음식 가운데 가장 오랜 것 중의 하나이자, 가장 귀한 것이기도 하다. 그 종류도 다양한데 '과실주'가 가장 앞선 것으로 생각된다.

과실이란 조금이라도 상처가 나면 과즙이 스며나오고 과실껍질에 붙어 있는 천연 효모가 쉽게 번식하여 술이 되는 것이니 말이다. 보름달 아래 원숭이들이 바위나 나무둥지의 오목한 곳에 잘 익은 산포도를 넣어 두고 그위에 뛰놀다가 다음 달 보름날에 다시 찾아와서 술을 마신다는 이야기는 전설처럼 여러 나라에 전하고 있다.

이로 미루어 인류가 이미 선사 시대에 술을 빚었던 방식을 짐작하게 된다. 또 벌꿀을 물에 풀어서 놓아두면 역시 천연 효모의 작용으로 '벌꿀술'이 되고 젖으로도 같은 과정으로 '젖술'을 얻었다. 그러나 인구가 늘어나면서 이러한 방식으로는 양이 부족하니 술의 원료를 다른 곳에서 찾아야 하게 되었다. 농경 문화의 발달로 곡물의 생산이 늘어나자 곡물로 술을 빚는 방법을 터득하게 된다.

## 명절과 술

그로부터 재료와 만드는 방식에 따라 발효주와 증류주로 나뉘면서 헤아릴 수 없을 만큼 술의 종류가 많아졌음은 물론이다. 또 발효주와 증류주의 두 가지를 혼용한 술, 약재나 꽃향기, 색소, 감미료 등을 첨가한 것 등도 있다. 근년에 와서는 다시 곡물이 귀해지면서 화학주가 발달하여 술 하면, 곡주와 화학주로 분별하게 되었다.

앞에서 술이란 인간이 취한 가장 오랜 음식이요, 귀한 음식이라 했다. 그 내력이 오래임은 다소 설명이 되었으니 그의 귀함을 알아보자. 동서양을 막론하고 신에게 올리는 음식 가운데 '제주'라 하여 술이 으뜸이었다.

조상의 제사에서도 마찬가지요, 무릇 '관혼상제'의 통과의례에서 술은 필수이다.

그러면 을해년 '돼지띠' 새해를 맞아 정월의 '술 풍속'을 알아본다.

흔히 '설'과 '설날'을 혼돈하고 있는데, '설날'은 음력 정월의 초하루요, '설'은 초하루부터 대보름까지 15일간을 이르는 말이다. 그래서 웃어른께 세배가 늦어지면 "설은 넘기지 말아야지!" 한다.

'설날' 차례에 쓰는 술을 '세주'라 한다. 세주를 빚는 쌀은 추수 때, 잘 여문 것으로 정성껏, 따로 떠 놓았다가 담그니 보통 정성이 아니다. 세주는 차례에 올린 후 세배객에게 대접하거나 이웃에 나누기도 했다.

정월 초하루의 술 하면 도소주(屠蘇酒)가 있다. 도소주는 차게 마시는 것으로도 특이한데 연초에 마시면 한해 동안 잡귀를 물리친다 믿었다.

《동의보감》에 보면 "백미(白米)·대황(大黃)·천초(川椒)·거목(去目)·길경(吉梗)·호장근(虎杖根)·오두거피(烏頭去皮)를 주머니에 넣어서 12월 회일(晦日: 그믐날)에 우물 속에 넣었다가 정월 초하루 평명(平明: 해가 돋을 무렵)에 꺼내서 술을 넣어 잠깐 끓인 것을 동쪽으로 향하면서 마시면 질병이 없다"고 했다. 이 풍속은 중국에서 유래했다 한다.

'대보름' 아침에 마시는 '귀밝이술'을 한자로는 이명주(耳明酒), 치롱주(治籠酒), 총이주(聰耳酒) 등으로 쓴다. 이날도 역시 찬 술로 마시는데 그해 귓병이 생기지 않으며, 귀가 더 밝아지고 기쁜 소식을 듣게 된다 했다.

요즘은 설날 마시는 술을 '귀밝이술'로 잘못 알고 있는 사람이 많다.

올해는 마침 '돼지해'이다. 비단 돼지해뿐만 아니라 정월의 '돼지날'을 택하여 술을 빚으니 이것을 삼해주(三亥酒)라 했다.


## 그리운 내외술집


정월 첫 돼지날〔亥日〕에 찹쌀가루로 죽을 쑤어 식힌 다음, 누룩과 밀가루를 섞어서 독에 넣고, 두번째 '돼지날'에도 같은 방법으로 추가하고, 다시 세번째 돼지날에도 같은 방법으로 추가해서 7일간 익힌 술을 '삼해주'라 했다. 이 술을 춘주(春酒)

라고도 하는데 마시게 되면 역시 무병장수하며 1년 내내 재수가 좋다 해서 형편이 되는 집에서는 때맞춰 담갔다.

'삼해주'는 손님 대접에도 으뜸으로 쳤으며 집집의 된장맛, 김치 맛이 다르듯이 삼해주 맛도 그 댁 아낙의 '손맛'이라면서 뽐내기도 했다.

끝으로 지금으로부터 60년전 까지만 해도 인기가 있었다는 내외술집(일명 팔뚝집)을 소개한다. '내외술집'이란 이름은 외간남자와 착실히 내외(內外)를 가리는 술집이라는 뜻이다.

점잖은 과수댁이 자식 공부시킬 방도가 없어 궁리 끝에 생각해 낸 것이 술장사였는데 여간 큰 결단이 아니었다.

그리고는 외간남자와 얼굴을 맞댈 수는 없는 것이니 꾀를 내었겠다.

다음은 《풍속세시기》라는 책을 남기신 고 이승만(李承晚) 화백의 글 가운데 한 구절이다.

"…손님들은 그 집 바깥 대문을 밀치고 들어서면서 헛기침으로 손님이 들었다는 기척을 낸다. 같이 온 일행이 있는 경우 그 집 안채에 대고 두 사람이면 '둘이요!' 하고 한마디 내뱉고는 깔아놓은 짚방석에 앉아 있노라면 과수댁은 중문 안에서 개다리소반에다 손님 수에 맞추어 술잔과 젓가락을 놓는다. 손님측에서 안주 청이 없으면 여기에 짠 김치사발이나 올려 앉혀서 과수댁은 개다리소반을 겨우 내보낼 정도로 중문을 열고서는 소반 든 두 팔뚝만 뻗쳐 밖으로 내밀면 밖에 있던 손님은 그것을 받아서 내려놓고 저희들끼리 술잔에 술을 붓고 따르면서 마시다가 술상이 파하면 술값을 그 소반위에 넌지시 올려 놓고 들어올 때와 같이 '돌아가오!' 하는 말 대신에 또 한 번 헛기침을 뱉으면서 나가면 그것으로 그만이다…."

오늘의 술집 분위기와 견주면서 한폭의 정겨운 풍속화를 연상케 된다.

어디쯤엔가 '내외술집' 한 곳쯤 생겨났으면 싶다.


(1995년 1월, 조선맥주)

# 21 사진가 박옥수의 우리 얼굴들

탈은 왜 생겨나게 되었을까?

어떤 이는 원시공동체 사회에서의 제의에서 신과 인간과의 중개역으로서 비롯되었다 하는가 하면, 이와는 달리 원시인의 먹을거리가 되었던 맹수를 잡기 위한 생산의 도구로써 생겨났으리라는 의견도 있다.

이 두 가지 다른 의견은 그 어느 한쪽만으로는 만족할 만한 대답이 못될 듯싶다.

원시 사회의 성격을 논할 때 흔히 제정일치를 든다. '제의'와 '다스림'이 하나라는 뜻이다. 그렇다면 한 걸음 더 나아가 '제의'와 '생산'도 분리되지 않았을 때의 논리임을 우리는 미루어 생각할 수 있는 것이다.

풍요한 생산을 기원하는 제의이자, 그 제의 속에서 생산의 성과를 높이기 위한 예행적 집단 연희까지 겸했던 가장 바람직한 원초적 민주·평등 의식을 여기에서 읽게 된다. 제의에서 모셔졌던 신앙성을 띤 탈을 전문학자들은 다음과 같이 분류하고 있다.

신성탈(Holy Mask), 벽사탈(Demon mask), 의술탈(Medicine Mask), 영혼탈(Spiritual Mask) 등.

위에서 다시 죽은 사람을 본뜬 추억탈(Memorial Mask)이 있는가 하면, 토템 숭배에서 나타나는 토템 동물로 분장하기 위한 토템탈(Totem Mask), 이밖에도 비가 내려주기를 기원하는 기우탈(Rain Making Mask)도 있다.

생산적 효용에서 쓰였던 수렵탈(Hunting Mask)과 이와는 또 성격이 다른 전쟁탈(War Mask) 등을 드는데, 앞에서도 지적했 듯이 신앙성과 생산성이 확연히 분간되는 것이 아니라 하나로 조화되고 있음을 본다.

그뒤를 잇는 예능탈도 무용탈(Dance Mask)과 연극탈(Drama Mask)로 나누고 있음은 잘 알려진 상식이다.

우리 민족도 다양한 탈의 유산을 지니고 있다. 곰곰이 살펴보 면 앞에서 든 여러 부류의 탈들이 꽤나 오늘에 전승되고 있다.

어떤 것은 본디 기능을 잃어 골동품이 된 것도 있지만 상당수 는 전통연극, 전통무용 그리고 전래 의식 속에 전하고 있어 이 미 '중요 무형문화재'로까지 지정이 되면서 전승·보호를 받고 있다.

그러나 그의 소중함에 비하여 아직은 일부 관심자들만의 전 유물이라는 한계를 넘자 못하고 있다.

역사의 소산인 '전통탈'에서 우리는 벌거벗은 자화상을 통 하여 민족 심성의 뿌리를 점치게 되니 때때로 옷깃을 여미게 한다.

우리 '전통탈'의 주종을 이루고 있는 탈놀이의 탈들을 보아 도 비단 인간만사의 사연에 그치는 것이 아니라 신의 세계를 거쳐 삼라만상을 얼싸안으며 그 표현의 영역을 무한대로 넓히 고 있음을 본다.

한편, 우리의 탈유산과 주변 문화권의 그것들과 견주는 가운 데 우리 문화권의 발자취를 살필 수도 있고 그의 독창성을 찾

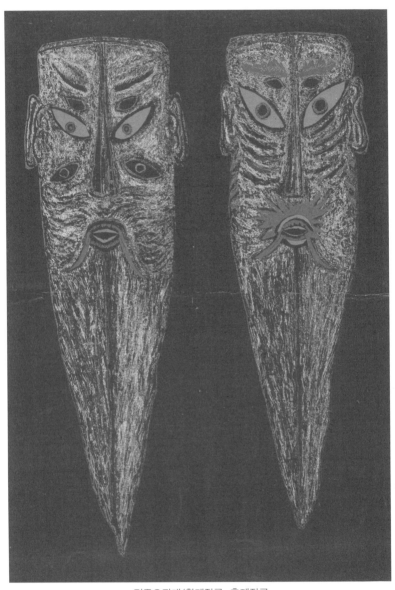

진주오광대/황제장군, 흑제장군

아낼 수도 있다.

그 하나하나의 생김새에서 우리 탈의 전형성을 터득하여 헝클어진 조형문화의 기틀을 세울 수도 있지 않을까 하는 욕심이다.

이러한 때에 평소 가까이 지내고 있는 사진가 박옥수의 '탈 전'을 접하면서 나의 생각과 느낌을 포장 없이 말씀 드리고자 한다.

나는 몇 해 전부터 그에게 우리 전통탈의 소재지와 연희자들을 소개해 왔다. 그는 꼭 나비 채집가가 나비를 한 마리 한 마리 소중히 '스크랩' 하듯이 탈 사진을 정성스레 모아가고 있었다.

언뜻 보이는 그의 성격대로 우직한 아주 정공법의 탈 사진첩이 어언 두툼해졌다.

그런데 벌써 1년이나 전인가, 넌지시 나를 자신의 작업실로 부르더니 깜짝 놀랄 몇 장의 탈 사진을 보여주는 것이다. 평소 '스트레이트(Straight)' 사진에 탐닉한 작가인가 싶었는데 너무도 파격적이었기 때문이다.

"…암실 작업을 통하여 작가의 생각에 따라 명암을 분리하고 또 그 농도별로 선과 빛깔을 넣고 빼면서 이른바 '포스타리제이션(Posterization)'으로 이루어진 것"이라는 설명이다. 그는 몇 장의 사진을 더 내놓으면서 '스트레이트' 사진은 정직한 탈사진이 필요한 후손을 위하여 잘 보관되고 있으니 걱정 말라고 한다.

…사진가 박옥수가 재조명한 우리 탈들, 아니 과감히 분해하고 조합하고 새롭게 해석한 그의 탈 사진들을 보며 이제 늦게나마 우리의 탈도 다방면의 전문인에 의하여 본격적인 인식의 단계로 접어들었는가 싶다.

(1991년 11월, 박옥수 '탈전'에 부쳐)

# 22 '완자무늬'와 '현빈'이 함께한 굿판

벌써 15년 전의 일이다.

이제는 고인이 되신 희곡작가 박재서(朴栽緖, 1941-1992) 형이 후배 연극인들과 함께 찾아와 극단 이름을 하나 지어 달라신다.

모인 얼굴들이 모두 구면일 뿐만 아니라 내가 한동안 선생노릇을 했던 서울예전 출신이 여럿이어서 응낙은 했는데 이름이 냉큼 떠오르지를 않는다.

그리고는 며칠 후, 궁리궁리 끝에 '완자무늬'가 어떻겠느냐 했더니 일동이 그것 참 좋겠단다.

실은 창단 공연을 눈앞에 두고 있는 터라 더 이상 기다릴 수가 없었기 때문이었으리라.

'작명의 변'은 이러했다. "완자무늬, 그건 우리 무늬의 전통적 기초이자 또 집대성이기도 하니 우리 극단이 그러하기를 바라면서 지었노라…."

이제 그때의 '극단 완자무늬'와 동양사상의 심오한 경지로서 "…만물을 형성하는 어머니…"로 상징된다는 어렵고도 어려운 뜻의 '극단 현빈(玄牝)'이 함께하여 '한양굿'을 골격으로 한 〈선택〉이라는 깜짝 놀랄 새 굿놀이판을 펼치겠다면서 한 말씀 하라신다.

평소 굿은 바로 우리 연극의 '탯줄'이요, '어머니'라 부르짖고 있는 나에게 어찌 이보다 반가운 일이 있겠는가.

내용인즉 서울·경기 지방에 전승되고 있는 12거리굿을 5마당으로 짜서 펼쳐질 이 굿은 바로 오늘의 애환이요, 그의 형식도 배우와 관객이 하나인 '마당굿'이 될 것이라니 이제는 내가 할 일이 없어지게 되는가 두렵다.

〈선택〉의 다섯 마당— '부정거리' '조상거리' '신장거리' '새남거리' '도령거리…'

중요 무형문화재 제104호 〈서울 새남굿〉의 인간문화재 김유감 만신께서는 이걸 아신다면 "누가 내 굿을 해?!" 하고 깜짝 놀라실 일이다.

각설하고….

이 굿판을 통하여 우리 굿의 탁월한 연극성이 조목조목 확인되면서 재창조의 탐스런 열매가 주렁주렁 맺어지기를 간절히 기원한다.

(1998년 6월 9일)

# 23 '등'은 바로 '마음'입니다

'등'이란 어둠을 밝히는 기구입니다.

인류가 자연을 극복하는 과정에서 만들어 낸 이로운 도구 가운데 '등'은 그 연원이 아주 오랜 것이지요. 물론 불을 발견한 이후임에는 틀림이 없지만 말씀입니다.

인간의 불 발견은 원초적으로 어둠과 추위를 덜어 주었고 온갖 먹을거리를 익혀 주었습니다. 놀라운 일이었을 것입니다.

그러면 '등'의 원초형은 어떤 것이었을까요. 아마도 불타는 나무막대가 아니었을까요? 처음에는 불붙은 막대로 어둠을 밝히고, 추위를 이기고, 먹을거리를 익혔을 터인데… 꾀 많은 인간은 그로부터 그의 재료와 방법까지 부단히 변화·발전시키며 오늘에 이르니 그 종류가 또한 놀랍게 많습니다.

'등'만 살펴봐도, 짐승 기름, 식물 기름, 촛불 따위를 넣는 옛 '등'은 아주 없어져 가고 간혹 있다 해도 잠시 볼거리로 재현될 뿐입니다. 안에다 백열·형광·수은 등의 전구를 넣은 쇠붙이나 수지제품의 요란한 '등'들이 방마다 장식품으로 놓여 있지만 어쩐지 느낌이 차갑기만 합니다.

이러한 때에 본디 그림을 전공한 한 화가가 '전통등'의 자취를 찾아 외길을 걷고 있습니다.

《동국세시기》《열양세시기》《경도잡지》 등에서 이름만 전하는 '등'들을 재현하는가 하면, 경향 각지를 누비며 '절' '굿판 '꽃집'을 찾아 오늘에 전하는 유물 찾기에 심혈을 기울이고 있습니다.

'전통등연구회 대표 백창호'가 바로 그 장본인입니다. 5년 동안에 다섯 번의 정기 발표회도 가졌습니다.

대나무로 뼈대를 엮고, 거기에 한지를 바른 후 갖가지 전통적인 무늬와 형상을 그린 정겨운 '등'들이 줄줄이 되살아나고 있습니다.

수박등·연꽃등·종등·북등·방울등·알등·가마등·용등·학등·잉어등·난간등·자라등·거북등… 그 수효는 발표회를 거듭할수록 늘어만 가고 있습니다. 이제는 '갈이틀'을 장치한 활동사진 같은 '영등'까지 되살려 내니 찬란한 '등예술'의 전통이 오늘에 살게 되었습니다.

이 글을 청탁하러 온 그에게 어찌하여 이 길에 빠졌느냐고 멋쩍은 질문을 했습니다. 한동안 눈도 깜짝 않고 뚫어져라 나와 눈맞춤을 하더니…


"우리 전통등의 모양새, 그것은 하나하나가 미음의 집이지요, 그 안에 한 점 불빛, 그건 바로 마음 그것입니다…."


어느덧 그의 '등 만들기' 손재주는 고매한 차원의 자기 발견과 재창조의 세계로 들어섰는가 싶습니다. 백창호 님 부디 정진하십시오.

(2000년 5월 6일, 부처님오신날 기념
전통등전시회 인사말씀)

# 24 가세(家勢)와 가풍(家風)

〈한해를 보내는 감회〉를 써 달라는 청탁을 받고 보니 분명 이 해도 끝이구나 싶어 허전하기 그지없다.

'양해' 새 해를 맞았다고 텔레비전에서 불러 양에 얽힌 덕담을 해 달라고 한 것이 엊그제만 같은데 엊그제부터 한 군데 신문사와 두 군데 잡지사에서 임신(壬申)년 새해 '원숭이풀이'를 해달란다.

실상 이 '열두 띠'라는 것은 어느 것이 좋고 어느 것은 언짢은 것이 아니라, 열둘이 교묘히 얽혀 '사바 세계'를 이루는 것인데 새해를 맞을 때마다 영악한 인간들이 으레 새로 맞는 '띠'를 예찬하게 마련이다.

각설(却說)하고 잔잔한 마음으로 지난해를 되돌아보자. 힘들고 난처한 일, 그리고 꽤나 바쁘기도 했는데 막상 이제 되새기려 하니 아무 일도 없는 듯 덤덤하기 까지 하다.

이것이 건망증이란 것일까? 아니면 벌써 나도 이만큼 무뎌졌다는 증좌일까?

좀 이야기가 달라지는데 20대 젊은 시절에는 제 나이를 남 앞에 높여 말할 만큼 세월이 더디 간다고 생각하다가 30대가 넘고 보면 세월 가는 속도를 조금씩 느끼게 된다. 이것이 50대로 넘어서면 '세월이 유수(流水)'라 함을 실감하게 되는가 보다.

눈 깜짝할 사이에 신미년 양의 해가 이제 토끼꼬리만큼 남은 마당에 허허… 또 갔구나 싶어 공연히 주위를 두리번거리게 됨은 나 혼자만의 심사일까.

지난 9월에 나는 프랑스의 북부에 있는 인구 7만의 아담한 도시 '샤르빌 메지에르'라는 곳에 갔었다. 3년마다 한 번씩 이곳은 세계에서 가장 규모가 큰 인형극제가 열리는 곳이다.

자그마치 33개 나라에서 1백64개 극단이 참가를 했으니 숙박업소는 초만원이고 민박을 해서 겨우 참가자들을 수용하고 있었다.

상점의 진열장은 물론이요 집 앞과 거리거리에 제각기 솜씨를 부려 인형을 만들어 장식하니 어찌 보면 사람보다 인형이 더 많이 눈에 띄었다.

하나 별난 구경도 했는데 과자집마다 사람의 얼굴·손·발 모양의 과자를 빛깔까지 넣어 구워 놓고 어린이들에게 팔고 있었다.

처음에는 앙증스럽구나 생각도 됐지만 아하! 바로 이게 '포크'와 '나이프'를 쥐고 음식을 먹는 서양 사람들의 본색은 아닌가 싶어 오싹하기도 했다.

그러던 어느 날 나는 이 고장의 한 유지 댁에 점심 초대를 받아 모처럼 프랑스 사람의 집안 살림을 엿볼 수 있는 기회를 얻었다.

18세기 중엽에 지었다는 돌집은 무슨 귀족의 저택처럼 그 규모가 아주 크지는 않았지만 1세대가 살기에는 어울리지 않는 대지가 3백 평 남짓에 건평이 1백 평에 가까웠다. 그런데 이 집에 노부부가 심부름하는 한 흑인 소녀만을 데리고 살고 있으니 썰렁하기까지 했다.

육중한 굴참나무 대문을 열고 안으로 들어서니 과히 넓지 않은 정원이 아주 소박하게 꾸며져 있다. 몇 그루의 크지 않은 고목과 한쪽의 잔디밭이 집주인의 풍채와 잘 어울리는 것이었다.

높지막한 천장에 검게 그을은 '벽난로,' 그리고 응접실 한가운데 놓인 육중한 '응접상'은 두께가 한 뼘이 넘은 통널빤지로 짠 것인데 아마도 움직이려면 한 열 명은 대들어야 할 만큼 묵직해 보였다.

그 상 위에는 미리 음식이 차려져 있는데 노부부와 흑인 소녀는 아직 덜 준비된 것이 있는지 왔다 갔다 아주 분주하다. 70 노인들인데 좀 미안하다 싶어 흘끗흘끗 보면, 생긋생긋 웃으며 그저 즐거운 표정들이다.

아하! 이 분들이 손님 대접을 진정 속마음으로 하는구나 하니 나도 덩달아 눈이 마주칠 때마다 생긋생긋 웃음을 보냈다.

준비를 마친 노부부는 갖가지 포도주를 자랑삼아 내놓으며 음식을 권하는데, 프랑스 말은 잘 알아듣지 못하지만 골고루 맛을 보라면서 내가 맛이 있어 하면 기쁨을 감추지 못하는 그런 눈치였다.

일단 분위기에 취한 나는 음식을 맛본다기보다 솔직히 마음 한구석 들뜬 상태였다. 시종 옆에 서 있던 흑인 소녀가 응접상을 말끔히 치우고 커피를 내놓을 때, 나는 '벽난로' 위 대리석 선반에 놓인 오래된 '말안장'을 보고 저건 뭐냐고 물었다.

"지금으로부터 1백여 년 전 우리 할아버지가 처음 이 고장으로 오셨을 때 타고 오신 말안장입니다."

노인은 정중히 그 말안장을 올려다보며 설명을 한다.

"우리 집 가보 제1호이죠!"

아뿔싸 우리는 예의 바른 '동양예의지국'이고 서양 사람들은 조상을 모른다더니 그게 아니었구나. 오히려 조상을 기리는 이댁의 가풍(家風) 앞에 머리를 숙이게 되는 것이 아닌가.

그뿐이랴 내 앞에 묵직하니 자리하고 있는 이 응접상을 보라. 처음에는 모서리가 각이 진 것이었을 텐데 정다운 무수한 손님을 접대하다 보니 모서리모서리가 둥그스레해졌다.

우리 집의 새로 장만한 이른바 '응접세트'를 떠올리며 얼굴이 벌게질 수밖에 없었다.

하나를 보면 열을 안다고 했는데 저기 저 말안장과 여기 정겨운 응접상을 앞에 놓고 옷깃을 여미지 않을 수가 없었다.

다시 이야기를 돌려보자. 우리도 이제 제법 살게 됐다고들 한다. 그러나 가세(勢)가 넉넉해서인지 어느 집을 가보나 그 모서리가 둥그스레한 응접상을 쓰고 있는 집은 없다.

그뿐이 아니다. 그처럼 허황된 '기세타령'으로 해서 조상 대대로 고집스레 지켜오던 '가풍'도 이제 눈을 씻고 봐도 찾을 수가 없다.

'가세'니 '가풍'도 이제 서양으로부터 역수입해야 할 처지가 아닌가 싶어 그저 씁쓸하기만 하다.

묵은해를 보내며 기약을 해 본다. 내년에는 '가세타령'은 그만 접어두고 최소한의 '가풍'을 세우는 그런 새해가 되고 싶다.

(1991년 12월, 보령)

# 25 문방사우(文房四友) 즐비했던 '사랑방'

사람마다 가장 어렸을 때의 기억을 더듬어 보라면 10인 10색으로 그 시기가 다르다.

어떤 이는 세 살 때, 또 어떤 이는 네 살, 다섯 살, 이렇게 같지를 않다.

나의 경우는 아무래도 다섯 살 무렵이 아닌가 싶다. 장마가 졌던지 마을 앞 시내에 시뻘건 물이 넘쳐흐르고 고기잡이를 하다가 물에 떠내려갔던 소름끼치는 추억이 가물가물한데 어머니 말씀이 그게 다섯 살 때 일이라 하신다.

아차 했더라면 급류에 휩싸여 수중고혼이 될 뻔했는데 마을의 젊은이들이 뛰어들어 물에 빠진 생쥐 모양의 나를 건져냈더란다. 그때 어찌나 혼이 났던지 지금도 장마철 우루룽 콸콸 흐르는 물만 보면 남달리 겁을 먹는다.

기왕 어렸을 적 추억을 더듬자면 내 돌상에 올려 놓았었다는 지필묵(紙筆墨)에 관한 사연이 있다.

넉넉히 잘 차린 돌상에는 온갖 음식은 물론이요, 온갖 비단 피륙과 오색이 영롱한 실타래 그리고 활과 종이 · 붓 · 먹 등이 수북이 놓였는데 이것저것을 더듬더니 북과 종이를 양손에 덥석 쥐더라는 어머니 말씀과 함께 그때 그 '지필묵'이 6 · 25 난리 날 때까지는 있었는데 모두가 북새통에 없어지고 말았다.

이야기는 다시 거슬러 올라가서 내가 여남은 살 때쯤일까? 어머니께서는 장롱 속에 꼭꼭 소중히 보관하시는 그 '지필묵'을 꺼내셔서 거풍(擧風: 옛날에는 책이나 쌓아 두었던 물건들을 꺼내 때때로 바람을 쏘였었음)을 하신다.

"얘 이게 네 돌상에 났던 것이야. 네가 이것들을 잡으니 모두들 얼마나 기뻐하신 줄 아니? 할아버님께서 제일 좋아하셨지. 우리 집안에 큰 문장 났다고……."

나는 그 물건들을 뚫어져라 바라보다가 만져도 보고 했지만 도저히 돌상의 장면을 되살려 낼 수는 없었다.

그러니 나의 가장 어렸을 때 기억은 다섯 살 땐가 한다.

'돌잡이'로 지필묵을 잡아 큰 문장이 날 것이라 기뻐하셨던 할아버지께서도 세상을 떠나신 지 벌써 20년에 가까운데 나에게는 문방사우(文房四友)에 대한 나름대로의 정회(情懷)가 있다.

어린 시절 우리 집 사랑은 '큰 사랑'과 '작은 사랑'이 있었다. 큰 사랑에는 할아버님께서 기거하셨고 작은 사랑은 아버님께서 쓰셨다. 지금 생각해 보면 그 큰 사랑에 갖춰져 있던 문방구들이 그대로 보존되었더라면 남부럽지 않은 골동부자가 되었음 직하다.

당시로도 고풍 창연했던 책장(册藏), 사방탁자(四方卓子), 문갑(文匣), 서안(書案: 책상), 등에는 필가(筆架: 벼루 등을 넣는 상), 지동(紙同: 두루마리 종이를 담아두는 그릇) 그리고 갖가지의 종이·붓·먹과 크고 작은 벼루가 '벼루집'에 담겨 방 안을 장식하고 있었다.

벼루에 물을 따르는 연적(硯滴)도 가지가지이니 십이지(十二支)의 동물 모양이나 물고기 거북 등이 있고, 주먹 두 개 크기는 충실했을 조선조의 도자연적 '복숭아 연적'이 그냥 있었더라면 보물급이었을 것이다.

이밖에도 벽에 걸려 있는 고비(편지 등을 꼽아 두는 기구)가 있고 지금도 이름도 잊혀 가는 서판(書板: 글씨 쓸 때 종이 밑에 까는 널빤지), 서진(書鎭: 글씨 쓸 때 종이를 누르는 데 쓰는 것으로 文鎭이라고도 함), 인장(印章)과 인합(印盒), 서표(書標: 책을 읽다가 사이에 끼워 두는 표) 등등….

그리고 큰 사랑방의 한구석에는 할아버님께서 지극히 귀여워하셨던 나의 몫으로 천자문(千字文), 동몽선습(童蒙先習), 격몽요결(擊蒙要訣)과 서산(書算: 글 읽은 회수를 표시하는 것), 분판(粉板: 아이들이 글씨 연습하는 판) 등도 한자리를 차지하고 있었다.

오랜 고서화(古書畵)가 담겨 있는 책장에서는 사시사철 무엇이라 표현할 수 없는 매캐한 냄새가 솔솔 번져 나오고 벼루에서는 코끝이 안온해지는 그야말로 고상한 먹의 향기가 방 안에 꽉 차다 못해 문밖까지 은은했다.

나의 어린 시절은 이와 같이 '문방사우'를 갖춘 전통적인 생활공간이었다.

문방사우란 종이·붓·벼루·먹 등 학문을 닦는 선비가 늘 가까이 하는 네 가지 물건을 벗으로 의인화(擬人化)하여 나타낸 말이다.

이처럼 격조 있는 분위기를 어찌 철모르는 어린아이가 범접할 수가 있겠는가. 이제 육십 고개를 넘고 보니 아련하게 자취도 없이 사라져 버리고 만 그 사랑방이 가슴이 시리도록 그리워진다.

지난 이야기는 이만큼 해두고, 오늘의 우리 주변을 살펴보자.

참으로 모든 것이 편리하고 풍부해졌다. 붓이니 먹이니 하는 것은 이제 서예가가 아니고는 쓸모없는 것으로 되어 가고 있다. 종이도 옛날 닥종이에 글씨를 쓰는 학생은 없다.

이러한 때에 벼루에 먹을 간다는 것은 미련하다고나 할까? 먹물을 병에 담아서 쓰기 편하게 팔고 있다.

철필에다 잉크를 찍어 쓰는 사람도 거의 볼 수 없이 되었고, 칼로 연필을 깎는 것이 아니라 기계로 쉽게 깎아낸다. 필기도구의 주종은 붓도, 철필도, 만년필도, 연필도 아닌 '볼펜'으로 된 지 이미 오래이다.

모든 것이 편하고도 편하다.

그런데 근년에 와서 연필이며, 만년필 또는 철필을 찾는 사람이 조금씩 늘고 있음은 웬 까닭일까?

막연한 복고취향(復古趣向)이라 할까? 꼭 그런 것만은 아닌 성싶다.

어떤 글을 쓰려면 차분한 생각 끝에 쓰는 것인데 필기도구만이 하도 편하다 보니 생각도 없는 글을 건성으로 쓰게 되는 때문은 아닐까?

나의 이런 생각을 그저 케케묵은 구시대의 사고로만 팽개치지 말아 주기 바란다.

속셈으로는 편하고도 편한 오늘의 문방구에 옛 문방사우의 단아(端雅)한 성격이 조금이나마 가미될 수는 없을까 하는 단심(丹心)에서이니 말이다.

(1994년 4호, 文具報)

# 26 시간의 지혜

## 시(詩)란 무엇인가

우주 삼라만상의 신비는 꽤나 벗겨진 듯도 하지만 실상은 그렇지를 못하다. "우주는 어디에서 왔을까? 우주는 언제나 여기에 머무는 것인가? 아니면 언젠가는 시간이 거꾸로 흘러 결과가 원인에 앞서 일어나는 일이 생기지는 않을까? 공간적으로도 끝이 없고 시간적으로도 시작과 종말이 없는 우주…."(스티븐 호킹, 《시간의 역사》에서)

알듯알듯하면서도 결말은 더 어려워지기만 한다. 생각을 좁혀서 이 가운데 시간이란 과연 무엇인가를 생각해 보기로 하자.

먼저 사전에서 찾아보지만 역시 이해하기 어려운 동서고금의 장황한 이론으로 가득하다. 이것을 간추린다면 '어떤 시각(時刻)과 시각의 사이, 때'로 설명될 수 있겠다. 그러면 다시 '시각'이란 무엇인가? 시간의 어떤 일순(一瞬)에 있어서의 시점(時點)을 뜻한다.

효율적인 이해를 위하여 우리나라 천문학계의 석학이신 이은성(李殷晟) 선생의 설명을 인용한다.

"용궁(龍宮) 선경(仙境), 꿈나라의 얘기는 제쳐 놓고 현실적으로 시간이란 무엇인가를 생각하기로 하겠다. 우리는 '배꼽시계'라는 말을 쓴다. 배가 고프니 식사 때가 되었다는 뜻이다.

이와 같이 시간의 경과는 자연 현상의 변화로 알아본다. 만일 우리가 성장과 늙음도 없이 목석(木石)과 같이 되고, 초목의 성장도, 구름의 이동도, 별의 일주 운동(日週運動)도 일월의 운행도 없는 완전한 정적(靜的) 세계라면 우리는 시간의 경과가 있다고 말할 기준을 세울 수 없다."

시간의 경과와 자연 현상의 변화 사이에는 깊은 관계가 있다는 말씀이다. 그러나 이 관계를 알아내는 것은 그다지 쉬운 일이 아니다. 미성년자의 연령은 키·몸무게·피부·용모 등으로, 어른의 연령은 피부·용모·머리빛깔 등으로 추측한다.

나무는 나이테를 세어 봄으로써 그 나이를 판단하고 소(牛)의 나이는 이빨을 보고 알아낸다. 이와 같이 자연의 변화를 보고 시간의 장단을 알게 되기까지에는 오랜 경험을 겪어야 했다. 한편 시간의 길이는 만인의 공통된 보편적인 척도라야 한다. 자연 변화에서 이런 척도의 대상이 되는 것은 천체의 운동이다. 이들의 운동은 반영구적으로 규칙적인 주기를 가지고 있으며, 모든 인류가 다같이 관측할 수 있기 때문이다.

우리는 지구의 자전주기를 1일, 공전주기를 1년이라 하고 달의 삭망주기(朔望週期)를 음력 한 달이라 정했다. 그러나 태양력에서의 한 달이라는 것은 천체 운동의 주기와는 관계없이 편의상 1년을 12로 부등(不等)하게 구분해 놓은 것이다.

시(時)는 어느 특정한 시점을 기점으로 한다. 하루 동안의 시의 기점은 야반(夜半)에 있고, 1년의 기점은 1월 1일 0시 0분으로 삼는다.

시점(또는 시각)을 식별하는 것과 시간의 단위계(單位系)를 정하는 것이 또 문제이다. 역사적으로 살필 때 1일의 기점은 시대에 따라 달랐다. 중국 은나라(殷代) 때에는 새벽이었고, 고대 이집트에서는 일출(日出) 또는 새벽이었다. 페르시아 역(曆)에서는 일출이 기점이었는가 하면 유대 역(曆)에서는 저녁이었다.

오늘날 대부분의 나라에서 야반(夜半)을 1일의 기점으로 삼는 이유는 인간 활동이 가장 적은 시간을 택하기 위해서라 한다.

## 시계가 없던 시절의 시간

오늘날과 같이 서양에서 들어온 편리한 시계가 있기 전에 우리는 어떻게 시간을 분간했을까 궁금한 일이다.

이 방면의 자료를 찾아보면 우리 조상들도 다른 어느 문화권에 못지않게 시간에 대한 소중함을 일찍이 인식하고 그와 관련된 측정 장치를 만들어 냈음을 알 수가 있다.

(1990년 3월, 아남시계)

# 27 꽹과리의 철학

## 사물(四物)이란 무엇인가?

요즈음 흔히 '농악'이라 하지만 농악의 본디 이름은 지방에 따라서 다르게 불렸다. 중부 지방에서는 '풍물,' 호남에서는 '풍장,' 영남에서는 '매구' 또는 풍물이다.

그러니까 표준말로 농악의 본딧말은 풍물이라 하겠다. 풍물이 농악으로 바뀌게 된 것은 그리 오래이지 않다.

조선왕조말부터 일본 제국주의 침략자들에 의한 강제 통치를 받기 시작한 1900년대초 이후로 쓰인 명칭인 것이다.

농악이라 부르게 된 데는 다분히 이것을 얕잡아 보자는 뜻도 도사려 있었음을 우리는 발견하게 된다. 지금처럼 직업에 귀천이 없는 시절이 아니었기에 '농사꾼'이나 즐기는 음악이라는 생각에서 농악으로 그 본디의 기능이 좁혀진 이름으로 되었다 하겠다. '풍물'이란 우리 모두의 대표적인 민족음악으로 길들여 온 것임을 우리는 분명히 알고 있다.

그러면 이 풍물을 이루는 기본 악기 4종류가 있는데, 누구나 아는 바와 같이 꽹과리 · 징 · 북 · 장고이다. 이 네 악기를 통틀어 말할 때 우리는 '사물'이라 부르고 있다. 이들 사물의 생김새는 모르는 사람이 없을 것이니 설명을 약하기로 하고 각기 어떤 기능을 하는 것인가를 살펴보도록 한다.

이에 앞서서 '사물'에도 크게 두 가지가 있음을 설명해 두는 것이 좋겠다. 규모가 좀 큰 절〔寺刹〕에는 의례히 갖추고 있는 '절사물'과 일반의 '염사물'이다.

절사물은 법고(法鼓), 운판(雲板), 목어(木魚), 대종(大鐘)의 총칭이 된다.

그러니까 그대로 '사물' 하면 위의 두 부류가 있고 일반적으로 쓰이고 있는 풍물에서의 사물이라면 꽹과리·징·북·장고를 총칭하는 말이다.


## 마지막 상쇠 '최성구' 옹의 이야기

우리나라 떠돌이 예인 집단(藝人集團) 남사당패의 마지막 상쇠(꽹과리의 우두머리)였던 최성구 옹을 기억하는 분은 그다지 많지 않다. 그는 자기의 정확한 나이를 모를 만큼 아주 일찍 남사당패가 되어 평생을 떠돌며 꽹과리만 치다가 1977년 65세쯤에 저 세상으로 가신 분이다.

평소에 말수가 적은 그이지만 어쩌다 입이 열리게 되면, 세상이 '사물 속'을 못 알아 준다며, 다음과 같은 이야기를 몇 번인가 들려주었다.

"…꽹과리는 사람으로 치면 팔뚝의 맥과 같은 것이니 그것이 끊어지면 다 없는 것 아니겠어? 또 징이란 가슴의 고동이며 심장소리지. 북은 목줄기에 선 굵은 동맥과 같은 것이어. 이 셋은 함께 어울리기도 하지만 제각기 두들겨대기도 하지. 그러나 이것을 살림 잘하는 마누라처럼 '북편 채편'(장고의 양면)을 도닥

거려 하나로 얽어 놓는 것이 장고란 말이여. 하늘과 땅, 음과 양 그러니까 세상 이루어지는 이치와 똑같은 것이지. 이 이치를 요즘 사람들은 몰라주고 있어…

꽹과리 하나만 놓고 봐도 '암쇠' '숫쇠'가 있지. 젊은 사람들 꽹과리 소리 들어보면 시끄럽기만 해요. 딱한 일이여, 쯧쯧(한숨을 쉰다)."

최성구 옹의 이사물의 분석은 어느덧 동양철학의 세계로 우리를 깊숙이 끌어들이고 있다.

하기는 요즘 풍물(농악) 소리를 들어보면 시끄러운 면도 없지 않다. 오랜 수련을 거치지 못하고 보니 그저 흉내를 내는 데서 오는 것이리라. 최성구 옹의 꽹과리를 듣노라면 타악기의 소리가 흡사 현악기처럼 들릴 때가 있다.

최 옹의 또 다음과 같은 이야기가 기억에 생생하다.

"…꽹과리는 왼손에 들고, 바른손에 쥔 '채'로 치게 되는데 소리를 딱 끊으려 할 때에는 왼손바닥이 꽹과리의 안판에 찰싹 붙어야 해요. 손금까지도 짝 펴서 붙여야 하는 것이야.

오묘한 소리의 높낮이는 왼손바닥을 뗐다 붙였다 하는 데서 나오는 것이지…."

그의 꽹과리 치는 모습을 보면 채로 때리는 것이 아니라 비벼대는 것이 아닌가 하는 착각을 하게 한다.

아직도 전국에 몇 분의 뛰어난 상쇠들이 생존해 계시다. 그러나 모두가 70을 넘으신 노인들이시니 서둘러서 그 기(技)와 예(藝)를 이어받아야 할 것이다.

# 다시 생활 속에 뿌리 내리기를

옛날에는 마을과 마을 사이의 급한 연락을 할 때 징을 울려 댔다. 기쁜 소식과 슬픈 소식, 또 다급한 난리가 나도 징소리로 신호를 보냈었다.

그러기에 사물 가운데서도 징소리는 꽹과리에 못지않게 우리 마음의 깊숙한 데까지를 건드려 준다.

36년간 일본 사람들의 억압을 받다가 해방이 된 1945년 그 때에는 징소리만 들어도 서로 손을 잡고 눈물을 흘렸었다. 더구나 사물을 갖추어 멋들어진 풍물가락이 울리게 되면 얼싸안고 덩실덩실 춤을 추었었다.

그러나 사물이 어울려 이루어 내는 흥취는 그대로 들뜨는 것만이 아니다. 마음의 바닥으로부터 희열이 솟아오르면서 온 몸으로 확산되는, 웅비(雄飛)하는 춤사위이다.

그것은 마음에서 몸으로 승화되는 생동의 숨통인 것이다.

이 풍물가락을 반주삼아 우리 조상들은 농사를 지었고 축제를 벌였고, '한풀이'까지를 했다.

이 보배로운 풍물이 그저 구경거리로 되어 가면서 우리네 농촌에 참다운 신명이 없어져 가고 있다.

지금이라도 늦지는 않다. 마을마다 '사물'을 갖추자. 그리고 처음에는 서툴더라도 옛 조상의 풍물가락이 마음으로 와 닿을 때까지 치고 쳐보자. 풍물이란 훌륭한 음악의 하나이고 보면, 어느 경지에 이르기까지에는 상당한 시간이 필요할 것은 물론이다.

그러나 꼭 해낼 만한 가치가 있다.

옛날 중국 사람들은 우리 한국 사람을 일러, "…두드리면 음악이 되고 손을 들면 춤이 되는 민족"이라 했다.

오랜 역사의 슬기로 다듬어져 전하는 풍물이 다시금 우리의 마을에서 생활음악이자 근로악(勤勞樂)으로 뿌리내리게 되었으면 하는 욕심이다.

신명지고 우렁찬 꽹과리 · 징 · 북 · 장고, 사물의 협화하는 소리, 약동하는 소리가 못내 아쉬운 어제와 오늘이다.

(1988년, 한농)

# 28 북소리

인간이 만들어 낸 원초적 악기라면 아마도 북의 형태가 아니었을까 한다. 오늘의 북처럼 구조적 기능을 갖춘 것은 아니었지만 어떤 물체와 물체를 부딪침으로써 소리를 낸 타악기의 시원을 유추(類推)해 볼 수 있다.

원시 공동체 사회의 제의(祭儀)에서 있었을 신(神)과의 통화(通話) 과정에서 북과 같은 타악기를 두드리면서 춤을 추고 노래를 불렀지 않았을까.

처음에는 어떤 단순한 물체와 물체를 부딪치는 소리였으나 그 소리의 확대를 위하여 오늘날의 북처럼 나무통에 가죽을 씌우는 단계로까지 점진적으로 발전을 한 것이리라.

어느 문화권 어느 민족에게나 그의 형태는 다르지만 나름의 독창적인 북이 있으니 모름지기 악기의 기본은 북이 아닐까 싶다.

우리 민족도 민속악 정악을 통틀어 줄잡아 30여 종의 북을 가지고 있다.

단 하나의 북으로 '판소리'를 끌고 나가는 '소리북'이 있는가 하면 행악(行樂)인 '대취타'에서도 북이 큰 구실을 한다. '북춤'의 종류도 다양해서 농사의 현장에서는 '모방구춤'을 추고, 춤꾼들의 춤판에서는 여러 틀의 북을 놓고 '오고무(五鼓舞)'니 '구고무'니 하는 화사한 춤사위와 가락을 뽐낸다.

'승무'의 마무리도 역시 '북가락'이다. 큰북 하나를 놓고 흡

사 타악기의 합주인양 심금을 사로잡는다.

한편, 종묘제례악(宗廟祭禮樂)을 비롯하여 정악계열에서 쓰이는 북의 종류가 다양하고 모양도 아름답다.

풍물(농악)에서의 북도 사물(四物: 꽹과리 · 징 · 북 · 장고) 가운데 중요한 역할을 한다.

'북'은 가슴에 뛰는 심장에 비유하니 우리가 흔히 쓰는 고동(鼓動)이란 말이 떠오른다. '고동'을 사전에서 찾아보자. "…몸에 피가 도는데 따라 벌떡벌떡 뛰는 염통의 운동…"이라 했다. 염통은 바로 심장이니 오장육부(五臟六腑) 가운데서도 중심이요, 핵심이다.

각설(却說)하고……. 악기 중에서도 그 구조가 단순하다면 단순한 이 북이 어째서 모든 악기의 중심이 되는 것일까?

염통이란 모든 핏줄이 여기에 모이며 정맥에서 돌아온 피를 받아 동맥으로 보내는 펌프의 구실을 하는 것일진대, 그와 비유된 북도 역시 사물의 어울림에서 맺고 이으며, 흐름을 정해 주고 있다는 뜻에서 이리라.

그러면 그런 '고동소리'의 몇 예를 찾아보자.

뙤약볕 아래 논을 매고 있는 농군들의 힘을 덜기 위하여 '모방 구꾼'이 논두렁에서 북을 울리고 있다.

논 매는 일꾼의 호흡에 맞춰 허리를 펴고 구부릴 때마다 쿵! 쿵! 고동이 울리고 보면 끊어질 듯 아팠던 허리가 시원해지면서 불연 듯 노랫가락이 흘러나온다. "…얼럴럴 상사디여! 얼럴럴 상사디여…!"

논배미에 울려 퍼지는 '모방구소리'는 일노래의 장단이면서 일꾼들의 생동하는 숨소리이다.

전통 시대의 길 군악에서도 북이 주종을 이루었다.

진군의 신호는 북이었으니 "북을 울려라!" 하며 울려퍼지는 당당한 북소리가 바로 '진군나발'을 대신했다.

백성이 억울한 일을 나라에 고하고자 할 때 울렸던 큰 북, '신문고'는 이미 조선왕조 태종 원년 1401년 대궐 문루에 달렸다.

둥! 둥! 둥! 둥! 백성의 하소연을 북소리로 대신했음은 그 소리의 간결하면서도 명료함에 있지 않았을까

우리의 민속 예술은 악가무(樂歌舞)가 하나로 어울린 형식이라 한다.

그 예로 '오북놀이(밀양 백중놀이: 중요 무형문화재 제68호)'가 있다.

동·서·남·북·중앙을 나타내는 다섯의 북잡이가 처음에는 완만하게 원을 그리며 춤을 추다가 노래를 부르면서 하나의 작은 우주를 그리듯이 다섯 방향으로 흩어졌다 모이면서 북을 친다.

구성진 '덧백이장단'에 넌줄대며 춤을 추다가 '자진가락'으로 흥을 몰아가노라면 북소리는 어느덧 현악인 양 매끄러운 흐름을 이루게 된다.

한동안 잔잔히 흘러가다가는 갑자기 바위를 만난 듯 부딪치며 휘몰아 가다가 다시금 잔잔한 여울을 지나듯 하다.

어찌 두드리는 타음에서 이처럼 매끄러운 현악의 세계를 이루어 내는 것일까? 어느 경지에 이르고 보면 '관악' '현악' '타악'의 분별이 없어지는 것일까?

다섯의 북이 만나며 부딪치며 또 엇갈리는 타음 속에서 '희로애락'의 한 생애와 만나게 됨은 나만의 착각일까?

세 뼘 남짓한 북이련만 치는 자리와 힘에 따라 천만가지로 그 소리의 세계가 달라짐은 이 어쩐 연유일까?

심산유곡 한 물줄기의 발원지로부터 골짜기와 시내와 강변을 지나 망망대해로 흘러드는 한 폭의 풍경화를 그려내는 저 '오북소리' 참으로 자랑스럽다.

북소리 그것은 분명 '고동소리'이기에 그 모든 소리의 조종일시 분명하다.

(2001년 6월 15일, **Railroad**)

# 29 남사당 뜬쇠 정광진 옹의 추억

1950년 6·25 난리 때, 나는 열일곱 살로 중학교 4학년이었다. 난리가 났다고 며칠을 웅성웅성하더니 어느 날 아침, 대문 밖이 시끌시끌하여 나가 보니 인민군이 들어왔단다.

그로부터 근 3개월 동안 열일곱 소년은 처참한 동족상잔의 틈바구니에서 못 볼 것 많이 보고, 별난 경험도 많이 했다. 무슨 일이 있었는지 시시콜콜 말하기도 싫어 덮어 두기로 한다.

나의 고향은 충청남도 공주 땅 교통이 불편한 농촌으로 서울에서 3백50리라 했는데 난리통에 나는 두 번을 걸어서 왕복했으니 거기에도 사연이 있지만 구태여 말하고 싶지를 않다. 우리 또래 6·25 경험한 사람이라면 말 안하는 속마음을 알 듯도 하다.

여하튼 기세 좋게 남하하던 인민군이 방향을 바꾸어 축 늘어져 북으로 향하던 9월 중순 나는 고향집 골방에 숨어 있었다.

고향집에는 할아버지 내외분과 행랑채 식구, 그리고 나이 든 머슴 한 분이 계셨는데 풍비박산나 다 어디로 가시고 머슴 정광진 노인 혼자였으니 나와 둘이서 피난을 했다.

골방에는 아버지께서 보시던 고서가 수북이 싸여 있었는데, 숨어 지내는 터라 밥 먹고 뒷간 가는 일 빼고는 건성이라도 책을 뒤적이고 있었다. 그러던 어느 날, 내가 보고 있는 책을 정 노인이 보고는 이리 달라 하신다.

"허… 허… 글씨도 모르면서…."

노인은 한참 뒤적이더니 탈바가지며 인형 사진을 가리키며

"나 이거… 잘 했었지…!"

여기서 정 노인이 어떤 사람인지를 말해야겠다. 20여 년 전 병든 한 중년 남자가 떠들어 와 우리 집 행랑채의 식객이 되면서 명색은 머슴이라 했지만 그저 함께 살아오는 한 식구와 같은 분이다.

경상도 사람이며 이름은 '고무래 정' '넓을 광' '보배 진'이니 '정광진'인 것만은 분명한데 나이는 말할 때 마다 한두 세 살 늘었다 줄었다 하니 대충 일흔일곱 살 전후인가 한다.

이 노인이 내가 보고 있던 책 《조선연극사》(김재철, 1933, 학예사)의 사진을 가리키며 무척이나 반가워한다.

내력인즉, 자기는 아주 어려서부터 남사당패였단다. 벅구(풍물)도 하고 곤두질(땅재주)도 하고 박첨지(꼭두각시놀음)도 놀았단다. 한때는 남사당 뜬쇠(숙련된 연희자)로 이름을 날렸는데 갑작스런 속병이 들어 패거리를 나와 떠돌던 끝에 여기까지 오게 되었단다.

정노인의 이야기를 듣고 나는 그가 놀았다는 남사당놀이를 연상하며 야릇한 궁금증으로 《조선연극사》를 읽고 또 읽었다.

그런 어느 날 나는 정 노인에게 '남사당 이야기'를 본격적으로 묻기 시작했다. 그는 더듬거리는 말수지만 다음과 같은 이야기를 들려준다.


"남사당놀이는 여섯 가지. '풍물' 치구, '버나' 돌리구, '살판(땅재주)' 하구, '얼음(줄타기)' 타구, '덧뵈기(탈놀이)' 놀구,

'덜미(꼭두각시놀음)' 잡는 것이여…. 한바탕 놀려면 너더댓 시간 걸려요….

아마 이제는 행중(남사당 패거리)은 다 흩어졌을 것이라. 그러나 여기 가까운 대전 · 당진, 그리고 경기도 안성 · 평택 · 광주 그 언저리에 꽤 많이 살아 있을 것이여….

당진의 정일파(날라리), 대전(회덕)의 양도일(풍물, 덧뵈기, 꼭두각시놀음), 송순갑(땅재주), 안성의 남운용(풍물, 버나, 덧뵈기, 꼭두각시놀음), 평택의 최은창(풍물, 덧뵈기), 광주의 조송자(줄타기)… 그리고 이돌천 · 지수문 · 김문학 · 김재원… 아마 어딘가 다 살고 있을 텐데….”


나는 정노인의 이야기를 꼼꼼히 적어 《조선연극사》에 꼭 끼워 넣고 정노인의 팔도유람 편력을 들으며 남사당에 대한 호기심이 쌓여 가기만 했다.

그런 가운데 다시 국군이 들어오고 인민위원회 일 봤던 사람들이 붙잡혀 가는 소란통에 피난 가셨던 할아버지도 돌아오시니 다시 집안에 생기가 돌았다. 그러나 서울은 아직 난리속일 것이니 꼼짝 말라 하신다. 다음 해인 1952년 봄 서울 집에 아버지, 어머니께서 돌아오셨다는 전갈이 있어 서둘러 개나리 보따리를 메고 서울을 향하게 되었는데, 그 보따리 속에 남사당 이야기 쪽지를 낀 《조선연극사》를 잊지 않았음은 물론이다.

그런데 이것이 정광진 옹과는 마지막이었다. 나는 서울로 올라와 한동안 방황하다가 1953년 10월, 서울방송국 아나운서로 취직을 하는데 정노인은 같은 10월에 세상을 떴다는 비보가 들려온다.

정광진 옹의 '주검'은 마을에서 한참 떨어진 시냇가 자갈밭에 '천장'으로 모셔져 있었다. 묏자리 구하기도 어려울 뿐더러 평생의 시름을 흐르는 물로 씻어 주자는 마을 노인들의 발의로 그렇게 모셨단다. 수북이 싸인 돌무덤을 뒤로 하며 나는 남사당 남사당을 중얼거리며 서울로 올라 왔다.

나의 아나운서 생활은 길지 못했다. 1957년, 평소 큰 스승으로 모신 민속학자 임석재 선생님과 당시 국악예술학교 설립에 골몰하셨던 박헌봉 선생님께서 '한미재단'으로부터 향토민요 채록하는 사업의 지원금을 받았으니 해보지 않겠느냐 하신다.

그 무렵 나는 방송국에서 미움을 사면서도 남사당 찾겠다고 자리를 자주 비우는 바람에 쫓겨나기 직전인 것을 아시고 하신 말씀이었다.

나의 향토민요 채록 작업은 신명나기만 했다. 남사당 찾기에 아주 십상이니 그럴 수밖에….

이렇게 해서 모아진 기록과 실상을 정리한 나의 첫 저서 《남사당패 연구》가 1974년에 출간되자 나보다 두 스승께서 더 기뻐해 주셨다.

민중예술을 소중히 여기게 되고 또 이제껏 천착하게 된 내력은 전적으로 정광진 옹, 그리고 임석재 선생님, 박헌봉 선생님의 깨우침에서 비롯되는 것이다.

개나리 보따리 메고 서울로 떠나던 날, 멀리서 물끄러미 바라보셨던 남사당의 뜬쇠 정광진 옹의 젖은 눈빛이 어제 일처럼 아롱이는군요. 부디 명복하옵소서.

(1972년 5월, 문화예술)

# 30 만정 김소희 선생님 명복하옵소서

만정(晚汀) 선생님.

지금 여기 선생의 영결식장에는 슬픔에 잠긴 유족과 가까우셨던 친지와 이웃, 그리고 소복한 무릎제자들이 하늘을 우러르며 눈물을 삼키고 있습니다.

지금 여기 선생께서 서울을 떠나시는 영결식 마당에는 여기저기 꽃이 피고 또 지면서 파란 이파리가 싱그러이 돋아나고 있습니다.

홀연히 떠나시는 선생께서 저희들에게 주시는 마지막 손길인 양 지금 이곳에는 봄 온기가 스며 오고 있습니다.

고아한 한복차림에 단아하게 쪽을 찌시고 예술보다도 사람됨됨이를 일깨워 주시려 했던 만정의 마지막 체온이 마로니에 공원에 잔잔히 일렁이고 있습니다. 엄엄히 사랑하셨던 유족들과 아끼고 아꼈던 제자들…. 그리고 선생께서 그토록 소중히 여기셨던 국악예술고등학교의 모든 식구들이 떠나가심을 가슴 깊이 애도하고 있습니다.

선생께서는 우리의 사표이셨고 큰 기둥이셨으며 어머니셨기에 떠나신다는 것이 믿어지지를 않습니다.

더욱이 조금 전까지 이 마당에 울려퍼졌던 그 청아한 소리와 정겨운 육성 녹음이 저희들 귓가에 역력히 머물러 있으니 말씀입니다.

제가 만정님을 처음 뵌 것이 1954년이니 어언 40년이나 되었군요. 서울중앙방송국에 몸담고 있을 때였습니다. 아나운서로서 방송에서 판소리를 소개하고 말씀도 나누고 했는데…. 지금 생각해 보니 그 무렵 선생께서는 비길 데 없는 독창적인 소리의 경지를 구축하시면서 주위의 인기를 독차지하셨던 마흔 살 전후이셨습니다.

그로부터 저는 선생의 사랑을 남달리 받아왔습니다.

국악예술학교가 창덕궁 앞에 자리잡을 무렵, 방송국을 그만두고 민속예술을 연구한답시고 방황하고 있을 때였습니다. 당시 교장이셨던 박헌봉 선생께 특청을 드려 미숙한 저를 '국악사'를 가르치는 교사로 채용토록 해주셨으니 이 바닥으로 이끌어 주신 인도자이셨습니다. 저는 그로부터 평소에 그처럼 만나뵙고 싶었던 국악계의 큰 스승을 한 자리에서 모시게 되었습니다. 그때만 해도 국악예술학교는 우리 국악계의 단연 큰집이었습니다. 만정 선생은 물론이요, 박녹주 선생, 김여란 선생, 박초월 선생, 성금련 선생, 한영숙 선생, 박귀희 선생, 지영희 선생, 한범수 선생, 김성대 선생, 윤영춘 선생, 남운용 선생, 김윤덕 선생, 김순태 선생, 유개동 선생, 이창배 선생, 그밖에도 큰 기둥께서 이 학교에 다 계셨으니 저는 하루하루가 그저 행복하기만 했습니다.

이처럼 훌륭한 배움터로 이끌어 주셨던 만정 선생께서 오늘 저희들 곁을 떠나시려 하는군요.

선생께서는 이제 저승에 가시면 앞서 가신 여러 선생님과 만나서 못 다하셨던 정담도 나누시고, 또 저희들 후학에 대한 걱정도 하시겠지요. 언젠가 말씀하셨습니다. 학습 있는 명인 대가

들이 한 사람 한 사람 가 버리니 막막하기만 하고, 그저 훌쩍 떠나고만 싶으시다고.

저희들 몰골이 오죽 답답하셨으면 그런 말씀을 하셨겠습니까. 또 한 가지 옛날 생각이 나는군요. 선생께서 저를 국악예술학교 교사로 채용하셨을 때만 해도 저는 젊디젊은 20대 초반인지라 장차 올바른 사람되라고, 국악을 열심히 연구하라고 특히나 일깨워 주신 두 분이 계셨습니다.

박녹주 선생께서는 어울리지 않는 응석까지 받아 주시며 한 돈짜리 금반지까지 빼주시며 귀여워해 주셨는데, 만정께서는 사랑을 회초리를 드시고 베푸셨습니다. 이 두 어른의 사랑의 조화가 그나마 저로 하여금 오늘이 있도록 도와주셨다는 생각입니다.

어떤 이는 만정 선생을 '학'이라 하는가 하면 '거북'에 비유하기도 하고 '연꽃'이라고도 합니다. '난초'에 비유하는 분도 있습니다. 그러니까 '매난국죽' 매화와 난초와 국화와 대나무의 모든 것이 아닌가 싶습니다.

선생께서는 소리를 하시면서 춤을 추시고 온갖 기악을 하시고 또 글씨를 쓰셨습니다. 그저 하신 것이 아니라 분야마다 일가를 이루시면서, 삶의 양식으로 삼으셨습니다. 그러니까 소리를 춤으로 추시고, 기악을 소리로 담으시는가 하면 글씨가 소리요, 소리가 글씨로 승화하는 과정을 부단히 시도하셨습니다.

이처럼 고매한 경지를 한 치의 틈도 없이 밀고 나가시려 하니 때로는 맵고 차다는 말씀도 들으셨습니다. 그런데 이것은 또 웬일입니까. 선생의 그 차고 매운 꾸짖음을 그 어느 제자도 서운해하는 자 없으니 말씀입니다. 올곧게 꾸짖어 주시는 마지막 스승이 바로 만정 김소희 선생이셨습니다.

선생님! 이제 장황한 사설은 그만하고 고별의 말씀을 올려야 하는가 봅니다.

딸, 아들, 손자를 비롯한 모든 유족들, 어제 오후 입관의 의례를 올리면서 오열하는 그 얼굴얼굴에서 유지를 받들겠다는 다짐을 읽을 수가 있었습니다.

저기 저 제자들의 모습을 보고 계시겠지요. 슬픔을 씹으며 자랑스러운 스승의 뒤를 잇겠다고 입을 굳게 다물고 있지를 않습니까! 꼭 스승의 올곧은 그 몫을 다 할 것이니, 고이 눈을 감아 주시기 바랍니다.

관계요로와 세상 사람들도 다 선생께서 오늘 떠나심을 진심으로 애도하면서 명복을 빌고 있습니다.

만정 선생님! 지금 저희들은 여기 마로니에 공원에서 고별 의식을 올리고 있습니다. 실은 선생께서는 영원히 우리의 곁에서, 아니 이 삼천리 금수강산에서 떠나실 수가 없으십니다. 영원불멸의 참 소리를 소중히 담아 우리 모두에게 남겨 주시지 않으셨습니까.

그러니 선생의 소리는 만고불변의 유산으로 이 땅에 살고 있을 것입니다.

선생님! 그저 가벼운 마음으로 먼저 떠나 주시기를 바랍니다. 저희들도 곧 뒤쫓아 뵙게 될 것이니 말씀입니다.

어서 평온히 눈을 감아 주시기 바랍니다.

제가 선생을 마지막 뵈온 것은 어제 오후 4시, 입관 직전이었습니다. 표정이 너그러우셨습니다.

지금 여기 영결식장 안의 흐느낌은 선생의 유지를 받들고자 하는 제자들의 다짐의 소리이오니 부디 눈을 감아 주시기 바랍니다.

1995년 4월 21일 아침, 후학 심우성이 삼가 명복을 비옵니다.

만정 김소희 선생님 안녕히 가십시오.


(1995년 여름호, 동서문학)

# 31 "소리는 목청이 아니라오"
## 만정 김소희 선생과의 만남

지난 4월 17일, 세상을 떠난 판소리의 명창 만정 김소희 여사
는 나에게 잊지 못할 추억을 남기신 분이다. 만정 선생을 처음
만난 것이 1954년이니 어언 40년 전의 일이다.

### 바르르 경련한 뒤 어금니 깨물고…

지금은 옛 모습을 짐작할 수도 없을 만큼 변하고 말았지만,
광화문 사거리에서 가까운 덕수초등학교와 이웃하여 '서울중
앙방송국'이 있었으니 당시로서는 우리나라 방송국의 중심이
되는 곳이었다. 나는 이 방송국의 아나운서로 '국악 이야기'라
는 시간을 맡고 있었다. 지금도 국악계의 큰 어른으로 건재하
신 성경린 선생의 말씀을 들어가며 진행되는데 우리 음악을 다
루는 희귀한 프로였다. 예나 지금이나 제것보다는 남의 것을
내세우는 것이 방송의 고질적 속성인지라 국악애호가들에게는
더없이 기다려졌고 국악인들도 오로지 이 시간에 출연하는 것
이 고작이었다. 실은 국악에 대한 소양이 없었던 나에게 '국악
이야기'는 많은 것을 깨우쳐 주었다. 하긴 방송국을 2년 남짓
다니고는 민속 공부를 한답시고 거리로 나서게 된 것도 이 시간

덕택이었다. 그러할 무렵 방송국에서 만정 선생을 만나게 되었던 것이다. 그는 나에게 남다른 호의를 베푸셨다. 때때로 나를 데려가 맛있는 음식을 주시면서 자상히 국악 상식을 일러 주셨다. 우리 음악과 춤의 기본 가락과 사위를 설명했고, 그 깊은 맛을 일깨워 주시려 했다. 스무 살 남짓한 나에게 그는 항시 선생 칭호를 붙였다.

"심선생, 소리고 방송이고 목청으로 하는 것이 아니지요. 내 생각인데 소리란 적공 끝에 득음을 해야 하고, 방송도 이치를 깨달아야 되는 것이라하는데…." 그의 이러한 말씀에 나는 한동안 '국악 이야기' 시간만 되면 맥없이 더듬기 일쑤였다. 방송이란 목소리를 가다듬고 그저 소리내는 것이 아니라 생각을 가다듬어 알맹이를 말씀해야 하는 것임을 어렴풋이 알게 되었다.

또 한 번은 1979년, 세종문화회관에서 '만정 국악생활 50주년 대공연'을 할 때였다. 막이 오르기 직전 나는 분장실에서 그와 단둘이 앉아 있었다. 이를 어쩔까! 잔뜩 긴장된 얼굴에 입언저리와 손끝이 바르르 경련하고 있지를 않은가, 어쩌나! 하고 눈을 맞추는데 양 어금니를 꽉 깨물더니 표정이 일시에 환해진다. 그리고는 사뿐히 분장실을 나선다. 나는 서둘러 객석으로 가 자리를 잡았다. 오호! 우레와 같은 박수와 함께 등단하는 그 당당한 모습! 육중한 바위가 어둠을 타고 무대 한가운데 자리잡더니, 선천적 '천구성'으로 어느덧 청중을 사로잡고 만다. 50년 소리꾼이 무대로 들어서기 전 어금니를 깨무는 속뜻은 바로 소리를 목청으로 내지 않고 공력을 다하여 얻어낸 득음으로서만 가능한 것임을 실감케 하는 순간이었다.


## "적공 끝에 득음을 해야 한다네"


지난 4월 21일 아침, 나의 영원한 스승이신 만정 선생의 영결식에서 '고별사'를 맡으니 이승을 떠나시면서도 선생과의 지난 세월을 되돌아보게 해주셨다. 흐느끼는 유족들, 그가 이사장으로 재직한 국악예술고등학교 학생들의 〈국악의 노래〉, 그리고 무릎제자들의 조창 〈만정가〉가 마로니에 공원에 울려 퍼지니 아호! 만정은 끝내 우리를 두고 떠나시고 말았다. "심선생! 소리고 방송이고 목청으로 하는 것이 아니지요." 영결식장 한가운데 모셔 놓은 만정의 사진이 나의 속을 읽으시며 저렇게 내려다보고 계시는가….

만정 선생님, 부디 명복하시옵소서.

(1995년 5월 4일, 한겨레 21)

## 32 지영희 선생님 당신은 아직 우리 곁에 계십니다

　선생님! 제가 선생님을 처음 뵈온 것이 1953년 겨울이었습니다. 이처럼 기억하는 것은 이 해가 바로 제가 당시 서울 정동에 있었던 서울방송국 아나운서로 들어가던 해이고, 들어가자마자 선생님을 만나게 되었기 때문이죠. 그 무렵 방송국에는 '민속음악 전속음악회'가 있었는데 열 평 남짓한 구석진 '스튜디오'에 삼현육각이 모여 녹음을 하노라면 항시 선생님이 앞을 이끄셨습니다. 감광식·신쾌동·한범수·성금연·이정업·이충선·지갑성·김윤덕… 그 정다운 얼굴들이 이제는 모두 이승을 떠나셨으니 참으로 허전하기 그지없는 일입니다.

　그런데 그때나 지금이나 국악프로는 홀대를 받으니 세상 별로 바뀐 게 없는가 합니다. '국악 이야기'라는 프로가 1주일에 한 번씩 있었지요. 역시 푸대접이었기에 새내기인 제가 맡지 않았겠습니까. 이 바닥의 어른을 한 분씩 모시고 이야기도 들으며 사이사이에 우리 음악도 감상하는 이 프로의 프로듀서는 강정수 선생이셨는데, 무지한 저를 남몰래 일깨워 준 분은 바로 지 선생님이셨습니다.

　저는 이 '국악 이야기'로 해서 전통 예술에 흥미를 갖는 계기가 되었고, 이제껏 이 바닥을 서성이게 되었는가 합니다. 선생님과의 만남은 그뒤로도 이어졌지요. 1963년입니다. 김소희 선생님 천거로 국악예술학교 국악사 선생이 되면서 해금, 무용장단, 작·편곡에 이르기까지 실기와 이론을 함께 가르치시는 선생님을 매일처럼 그 허름한 교사실 겸 교실에서 뵈올 수가 있었습니다. 명색은 저도 선생이었지만 속으로는 학생 중의 학생이었습니다. '서당개 3년'이라더니 저는 이런 서당 시절을 10년이나 가졌으니 당신은 저의 소중한 스승이십니다. 그저 국악예술학교 동창회 회원 못 된 것이 한이올시다.

선생님! 제가 선생님의 제자들을 충동하여서 '민속악회 시나위'를 만들었을 때, 처음에는 무척 싫어하셨지요. 혹시 공연히 들뜨게 해서 배움에 지장이 있을까 해서였지요. 그러나 당시 선생님과 박헌봉 교장 선생님이 불철주야 밀고 나가신 국악관현악단의 작은 모임이며, 또 그의 작은 운동이라는 저의 설명에 냉큼 동의하시며 열심히 밀어 주셨습니다. 1973년 '시나위'로 무형문화재 예능보유자가 되실 때는 저도 제출서류 작성에 심부름을 했고, 무척이나 기뻐도 했는데, 그 다음 해인 1974년 훌쩍 미국으로 이민을 가셨습니다. 저는 적극 반대했지요. 평생 처음 의가 날 지경으로 반대를 했는데 결국 가셨습니다.

1977년이지요. 민속악회 시나위가 주선한 '지영희·성금연 초청 연주회' 때도 제가 사회도 보고 했는데, 잠시 계시다가 또 미국으로 가셨습니다. 그리고는 3년 후에 부음이 들려왔고 어언 20년이라… 아주 옛날도 같고, 엊그제도 같군요. 그 사랑하시던 시나위 회원들도 이제는 50이 다됐다면서 노티를 내는데 그저 선생님 존경하는 마음은 예나 다름없으니 선생님의 가르침이 지금도 가슴에 가득한 탓이겠지요. 이제는 제자들이 주어진 제자리에서 모두 제구실을 하고 있으며 우리 전통음악의 바른 전승을 위하여 앞서가는 일들을 하고 있으니 이 모두 선생님의 뒤를 따르고 있는 것이지요.

선생님! 선생님의 '우리 음악 사랑' '우리 음악 운동'은 지금도 당신의 제자들에 의하여 이어지고 있습니다. 그러니 당신은 살아 계신 것입니다. 우리를 보우하시며 우리 곁에 함께 계신 것입니다.

당신의 자녀들이 당신의 '추모 음악회'를 이제는 해마다 갖겠다는군요. 내년에는 당신이 누워 계신 미국 하와이에서 갖는답니다. 선생님! 그럼 내년에 또 뵙지요.

(2000년 5월 10일)

# 33 '여름 모자'는 어디로 보내 드려야 하는가

오랜 친구의 부인이 하는 찻집이어서 되도록 한 달에 두세 번은 들러야겠다 싶으면서도 제대로 한 번을 지키지 못하고 있다.

그런 어느 겨울 한낮, '귀천'으로 들어서자 "오 오! 우세이(그는 나를 이렇게 부른다) 왔나!" 하며 반갑게 맞는다.

밖에는 진눈깨비가 내리고 있어 나는 썼던 모자를 툭툭 털며 그의 앞에 앉았다.

"…모자 모자 써보자!"

나는 선뜻 내주었다.

"나 모자 다오!"

그런데 내 머리통이 조금 커서 코언저리까지 덮이는 것이 아닌가.

"이 사람, 안 되겠다. 내 맞는 놈 구해다 주지."

"그래그래 모자 다오! 응! 모자 다오!"

'알았다'는 약속을 하고도 한 달이나 지나 문득 생각이 나서 중앙 우체국 앞 지하도 모자가게에서 맞음직한 세무 모자를 하나 구해서 '귀천'으로 갔는데 장본인은 오늘은 나오지 않으셨단다.

천상병의 천상배필 목순옥 여사에게 잘 전해 달라 하니 본인보다도 더 반가워한다.

그런 일이 있은 후, '귀천'에서 그를 만나게 되면 '우세이'가 아니라 '모자! 모자!'가 되고 말았다.

그 다음 해 봄철로 기억을 한다. 따따므레한 늦봄의 오후였던가. 종로경찰서 앞 버스정류장에서 차를 기다리고 있는데, 바로 앞 인도와 차도의 턱진 곳에 편안하니 그 모자를 쓰고 앉아 있는 것이 아닌가.

에이 모르겠다. 나도 다정스레 바짝 옆에 앉았다.

깜짝 놀라는 그의 얼굴에 "나야!" 했더니 그렇게 반가워할 수가 없다. 내가 잘못 본 것인가, 눈물이 글썽한 반가움이다.

"어딜 가우?"

"응 응 집에. 20-1번 노원교 가는 거…."

내가 탈 버스는 연달아 오는데 우리 천형이 탈 버스는 도대체 오지를 않는다.

우리 둘이 쪼그려 앉아 있는 모양새가 좀 딱해 보였던지, 힐끗힐끗 쳐다들 본다. 남이야 어쨌든 둘이서 철푸더기 앉아 있어 보니 이 번화한 공해 항아리 속이 꽤나 편안하게도 느껴진다.

그러는 사이 천형이 기다리는 버스가 승객 서넛을 버리듯 토해내고는 줄행랑을 친다.

우리는 다시 무료히 앉은 자리를 지킬 수밖에 없었다.

"심 형! 나 봄 모자 있어야겠다! 봄 모자!"

"여보게, 봄 모자가 어디 있소! 여름 모자지…."

"그래그래, 여름 모자!"

꼭 구해 주겠다고 한 약속을 지키지 못한 채 천형은 겨울 모자를 쓰고 저세상으로 가 버리고 말았다.

천형은 가고 없지만 '귀천'에는 그의 사진이 그대로 그 자리에 걸려 있다.

아니 천형이 1주일에 한 번 토요일에 나와 앉았을 때보다 그를 그리는 친지, 제자들의 발길은 줄어들지는 않는다.

목 여사의 나지막한 목소리와 유자차, 모과차의 향기는 여전히 큼지막한 천형의 사진 코끝에 어른거리고 있다.

거의 40년 전인가. 1955년쯤일까. 나는 당시 광화문 조선일보 뒤에 있던 '서울중앙방송국' 아나운서로 다닐 때인데 직장이 끝나면 곧바로 명동으로 가 친구들과 술타령으로 세월을 보낼 무렵이었다.

누구의 소개로 무슨 계기로 천형과 처음으로 친교를 맺게 되었는지는 기억이 없다. 당시의 이른바 명동패(실은 주정뱅이패라는 것이 적절하겠지만) 사이는 몇 군데의 정해진 술집과 다방에서 자주 만나다 보면 술도 나누고, 차도 나누고, 그리고 친구가 되는 관계였으니 말이다.

6·25 난리 직후라 사는 꼴도 모두가 말이 아니요, 또 경험하지 않아도 좋을 끔찍한 일들을 겪은 끝이라 조금만 술기운에 젖고 보면 헛소리가 나오던 그런 시절에 우리는 어울리기 시작했던 것이다.

그로부터 다시 얼마가 지났던가.

1967년 난데없이 '동백림 사건'에 연루되어 이른바 '스파이' 혐의로 고생을 하더니 심신이 엉망이 되어 정신병원의 신세를 지는 등 눈뜨고 볼 수 없는 꼴이 되고 말았었다.

그런데 사람 팔자 참으로 알 수가 없는 일이다. 우리들의 친구 '목순복'의 여동생 문학소녀 목순옥 양이 그의 인생을 몽땅 책임을 지고 나선 것이다.

제자이자 아내이자 어머니였던 목순옥은 지난 4월 30일, 남편의 무덤을 의정부 송산에 만들 때까지 그의 곁을 떠나지 않았다.

8년 전에 간 오빠(목순복)의 옆에 나란히 모셨으니 옛날 친구가 다정스레 만난 격이 되었다.

천형! 엊그제 '귀천' 엘 갔었소. 당신의 아내 말씀이 돌아가신 지 1백 일을 당하여 당신의 유작시와 그리고 당신과 가까웠던 옛 친구들의 글을 모아 또 한 권의 책을 준비하고 계시더군. 날 보고도 추억담을 써 달라 하시는데… 당신에게 빚진 '여름 모자' 생각이 불쑥 나는군.

짤막한 원고 이제 다 썼으니 '귀천' 으로 가지고 가야겠는데… '여름 모자' 는 어디로 보내 드려야 하는가….

(1993년 10월, 《천상병 유고시집》 청산)

# 34 운학 선생님 부디 명복하옵소서

운학 이동안(1906-1996) 선생께서 세상을 떠나신 지도 어언 3년이 되었다. 중요 무형문화재 제79호 '발탈'의 인간문화재이시면서 실은 그보다도 우리 춤의 기둥이셨던 운학 선생은 90평생 우리 전통예술계에 큰 공적을 남기셨다. 그러나 이제 그가 가신 우리 춤판은 텅 빈 한구석을 메우지 못하고 있다. 그의 성장의 터이면서 마지막 은거지였던 '화성 재인청' 자리인 '화령전(수원시 장안구 신풍동 123)'도 어딘가 허전하기만 하다. 뒤이어 화령전을 지키고 있는 경기도 무형문화재 제8호, 살풀이와 승무의 예능보유자 정경파 여사가 선친의 유지를 받아 재인청의 복원을 갈망하고 있지만 아직은 반가운 소식이 없다.

이제 못난 제자들이 모여 선생의 삼년상을 기리며 뒤늦게나마 묘비를 세우기 위한 기금 마련의 발표회를 갖는다니 반가우면서도 뒤늦은 일인가 한다. 선생의 꽃다운 예술의 자취를 또박또박 써 넣을 소중한 묘비를 세우려는 이 추모 공연에 우리 모두 정성을 모아 보자.

다음은 지난 1991년 꼭 이맘때, 서울의 문예회관 대강당에서 있었던 발표회로 기억한다. 지금은 역시 고인이 되신 '밀양 백중놀이'의 인간문화재 하보경 선생과 펼치셨던 그 큰 춤판을 우리는 잊지 못하고 있다. 평소 무척이나 가까우셨던 두 어른은 한 춤판에서 전혀 다른 춤사위로 맞춤을 추시는데 조금도 서먹한 데가 없으시다. 늘 말씀하셨듯이 어느 경지에 이르고 보면 유파니 계보니 하는 것이 부질없음을 실증하여 주시는 자리였다. 지금쯤, 두 어른께서 저승에서 만나셔서 그 멋들어진 맞춤으로 저승 세계 사람(?)들을 행복하게 해주시고 계시리라.

운학 선생은 줄광대로서 줄을 타시는 것도 춤꾼으로서의 몸매를 바로하기 위함이라 하셨고, 누구도 흉내내지 못한 그 춤장단들은 보배로운 재인청 춤의 숨결이라 하셨다. 이제 선생의 이처럼 고매한 예술의 세계를 기리며 제자들이 한자리하여 다소곳이 옷깃을 여민다.

선생님의 유업을 이어 열심히 그리고 건강하게 우리 춤의 본디를 찾고 빛내기 위하여 신명을 다할 것을…….

운학 선생님 내내 명복하옵소서.

(1998년 8월 22일, 운학 선생 추모 공연)

## 35 나의 춤선생 김숙자 여사
### 역동성, 건강성, 남성다움을 되찾아

## 한국 무용계의 활력소

1970년대말부터 김숙자가 일으켜 온 새바람은 한국 무용계의 뜨거운 쟁점이었다. 또한 한국 무용계에 새 지평을 여는 활력소로 평가되기도 한 것이었다. 흔히 연약성, 유약성, 한(恨)스러움 등만을 한국 무용의 특징처럼 알아 오던 무용계에 김숙자 춤의 등장은 실로 파격적이라 할 만 했다. 왜냐하면 김숙자의 춤은 역동성 · 건강성 · 남성다움을 간직하고 있었던 한국 무용의 한 특징을 그대로 살리면서 재현시켰던 까닭이다.

그러나 김숙자의 춤을 놓고 아직 그 시비가 그친 것은 아니다. 특이하면 탁월한 춤솜씨라는 찬사가 있는가 하면, 아니라는 측도 있다.

그의 살풀이(정확히 말하자면 도살풀이)를 소재로 하여 무려 3편 이상의 석사 논문이 나왔는가 하면 그가 주재하고 있는 '한국무속예술보존회'의 발표회에는 많은 인파가 몰려든다.

그런데 다른 한편에서는 집요하게 헐뜯고 있다.

실제는 무속 집안이 아니라는 출신에 대한 불신이 있고, 그가 보유하고 있는 많은 전통 무용들이 대단치 않은 것이라고 쑥덕이고 있다.

그의 춤을 본격적으로 서울에서 선보이기 시작한 것은 불과 10년 전의 일이건만 어찌하여 이렇게 그를 평가하는 의견들이 중구난방으로 시끌시끌할까?

그 이유가 이 글을 마무리하는 동안에 밝혀질 수 있었으면 하는 욕심이다.

출신부터 알아본다.

경기도 안성군 보개면 곡천리에서 1927년에 태어났으니 올해로 쉰다섯 살이 된다.

지금도 보개면에는 신당을 모신 옛집을 그대로 지니고 있는데 외가와 친가가 모두 무속 계통임을 마을 사람들은 서슴없이 증언하고 있다.

할아버지 김석창이란 분은 기호 지방에서 꼽는 명창으로도 알려진 가객이었으며 아버지 김덕순도 무속 음악뿐만 아니라 전통 예능 분야에 조예가 깊어 안성 지방은 물론이요 경기, 충청을 오가며 실연도 했고 많은 제자를 길러 냈다.

불과 일곱 살에 바로 아버지로부터 가야금과 판소리 등을 배우기 시작한 그는 이어서 경기 지방 도당굿의 무속 무용을 익혔다.

어머니 정귀성도 세습무가 출신으로서 외할아버지 정창호라는 분은 경기도 일원에서 꼽히는 예인이었으니 무속 무용은 부모로부터 세습한 것이라 하겠다.

진쇠춤 · 제석춤 · 터벌림춤 · 손님굿춤 · 군웅님춤 · 도살풀이 등 모두가 도당굿을 수놓았던 무속 무용의 노른자위들이다.

지금으로 치면 초등학교인 '보개보통학교'를 졸업할 즈음에는 근동에 알려진 만큼 기예를 닦았다. 여기에 그치지 않고 더

큰 제목으로 키우려 한 아버지의 주선으로 당대의 명인 조진영
의 무릎제자로서 소리와 춤을 배우게 되니 조진영이란 인물은

'화초사거리'와 '승무' '태평무' '신선무' '포구락' '입춤' 등 전통 무용 전 분야에 소상한 춤꾼이자 춤선생이었다.

그러나 두 해가 지났을 때, 일제는 태평양 전쟁이라는 엄청난 불장난을 터트리게 되니 굿판과 춤판은 자취를 감추게 되고 그는 아버지와 함께 안성 쑥굴사에 은거하며 근 2년간 소리와 춤, 줄타기까지를 익혔다.

이 기간이 그로 하여금 오늘을 있게 한 발판이 되었다고 말하고 있다.

지금까지 살펴본 바로는 그의 출신과 성장 과정이 훌륭한 춤을 추기에 모자람이 없다.

그런데도 그의 춤에 대한 평가가 통일되고 있지 않음은 첫째로 충청남도 대전을 비롯하여 주거지를 지방으로 했던 기간이 길었던 관계로 이른바 중앙의 무용계에 알려져 있지 않았음으로 해서 서먹한 데가 있고, 또 중앙의 기존 무용계의 질서가 김숙자라는 무용가의 등장으로 다소 흔들림으로 해서 질시가 따르게 마련이니 입방아의 표적으로 되었다 해도 과언이 아닐 것이다.

특히 그의 춤 가운데 간판으로 알려진 도살풀이에 대하여는 무용계의 이론가나 실연자가 무슨 안경이건 안경을 쓰고 보는 경향이 있다.

모름지기 살풀이란 무엇인가? 하는 기본적인 분석과 인식도 없는 상황에서 김숙자의 등장 후 '살풀이론'의 꽃을 피우게 되었으니 직접 간접으로 큰 공헌을 한 결과로 됐다.

"…남도 무악인 시나위가 살풀이가락으로 되어 있고, 또 굿을 할 때 무녀가 그 가락에 맞추어 신무를 하기도 하고….”

위의 글은 정병호 교수(《공간》, 1993년 1월호)의 의견인 바, 시나위의 연원을 남도 무악 그 가운데서도 남도의 굿 가운데 씻김굿에서 찾으려 했음은 시야를 너무 좁게 잡은 것이 아닐까 한다.

심지어 해서 지방의 탈춤이나 경상도의 덧배기춤에서도 시나위 청이니 시나위 가락을 말하고 있으며, 특히 기호 지방의 도당굿에서는 ‘도살풀이’라 하여 호남 지방에서의 ‘동살풀이’에 해당하는 짜여진 무악 장단이 있건만 이 모든 살풀이의 연원을 전라남도 진도 지방의 씻김굿에서 찾으려 했음은 그의 내용을 분석 하는데 획일성이 앞서 보편적이며 통시적인 안목을 잃게 되지 않을까 하는 두려움이다.

논과 밭에서 부르는 들노래는 팔도에 고루 있는 것이고, 방언권에 따라 가사와 가락은 약간 다르지만 고장마다 그 고장에 걸맞은 멋을 담고 있는 것이니 ‘시나위’도 마찬가지의 경우가 아니겠는가 하는 의견이다.

성급하게 연원이나 유래를 규정지으려 할 때 오히려 그의 실체를 파악하는 데 군더더기가 되는 수가 있기 때문이다.

실상 정병호 교수는 전통 무용가 김숙자의 오늘을 있게 하는데 어느 면 학문적인 뒷받침을 한 분이다.

그런데도 불구하고 앞에서 인용한 같은 논문의 서두를 보면 “…김숙자의 도살풀이는 종교적인 무속 무용이 아니고 남도 무악 살풀이 가락에 맞추어 추는 예술적인 춤이라 할 수 있다”고 규정하고 있다.

내가 알기로는 간혹 제자들에게 ‘민살풀이’를 가르칠 때 남도 무악을 쓰기도 하지만 본디 도당굿에서 보이는 진쇠춤, 제석춤, 터벌림춤, 손님굿춤(깨끔춤), 군웅님춤(올림채춤), 도살풀이 가운데 마지막 순서로서 '도살풀이'의 장단 변화는 섭채 → 모리 → 자진 굿거리 → 섭채'로 이루어진 향토색 짙은 것임을 말하여 두고자 한다.

오늘날 김숙자가 추고 있는 도살풀이가 실제 종교 의식을 떠나 무대에서 자주 연희된 관계로 다소 변질되었다 할지라도 반주를 맡고 있는 잽이들은 경기 지방 무업에 종사하고 있는 분도 있다.

이용우 · 이충선 · 임선문 · 정일동 · 전태용 모두가 선재하다.

도당굿의 현장에서 추어지는 것이 아니기 때문에 종교성을 내세울 수는 없다. 그러나 분명한 경기 무악에 추는 춤이고 보면 전적으로 예술 무용 또는 기방 무용 등으로 밀어붙일 수는 없다.

거듭 남도 무악에 맞추어 추는 것이 도살풀이가 아님을 분명히 해두고자 한다.

이밖에도 김숙자의 살풀이는 유연치를 못 하다든가 살기가 심하다든가 하는 비판은 그의 춤이 무속 음악을 바탕한 것임을 염두에 둔다면 그럴 법도 하다.

시비란 나쁜 것이 아니라는 생각이다. 시시비비를 하지 않고는 시도 비도 가려지지 않는 것이기 때문이다.

# '도살풀이'로 '살풀이'를 풀어 본다

'살'이란 인간을 비롯한 삼라만상에 끼어 있다고 믿는 독하고 모진 해치는 기운을 말한다.

'살'이란 끼어 있으면 안 좋은 것인데 널름 대지 않는 것이 없어서 그것을 몰아내는 굿도 있고 그와 함께 춤과 음악도 생겨난 것이리라.

'살'을 푸는 굿을 '살풀이굿' 또 '액풀이굿'이라 하며, 음악으로 말할 때는 '시나위' 또는 '살풀이'라 부르며, 춤일 때는 그대로 '살풀이'라 하는 것이 통례이다.

이처럼 무속 의식에서 비롯된 것이어서 의식 무용으로서의 성격이 짙었던 것이나 근세에 굿의 내용이 다분히 연희성을 띠게 되고 또 귀신을 즐겁게 하는 '오신'이란 이름으로 유희화되다보니 속성(俗性)을 많이 가미케 되기도 하였다.

그로부터 춤 '살풀이'도 의식 무용만이 아닌 분화의 과정을 거치게 된다.

요즘 와서 살풀이 하면 여자가 흰 치마저고리에 수건 들고 막판에 뺑뺑이 도는 춤으로 알고 있다. 아니면 교태가 넘쳐흐르는 여자의 춤으로 슬픔이란 뜻의 '한'이 담뿍 서린 새큰한 춤으로 통한다.

그러나 이러한 통념은 올바르지 못한 것임을 다음에서 알게 된다.

흔히 무격들이 추고 있는 살풀이를 중부 지방에서는 '도살풀이,' 호남 지방에서는 '동살풀이'라 하는데 이와는 별도로 민간에서 추어지는 것을 '민살풀이'로 부르고 있다. 본디의 살풀이인 '도살풀이'나 '동살풀이'는 보기가 힘들게 되어 가고 그에 대신해서 민살풀이가 전부인 양 알려지고 있는 것이 오늘의 설정이다.

한마디로 무속 의식 속에서의 살풀이는 퇴화의 과정을 걷는 반면 기방과 한량 춤판을 거쳐 오늘의 무대에서 연희성을 짙게 새로 꾸며진 것이 판을 치고 있다.

이 마당에 살풀이의 옛 모습을 찾는 일은 자생적인 전승과 발전을 위하여 시급한 과제라 생각한다.

한편 지역에 따라 무속 의식에서의 살풀이장단의 차이가 있는데 결국 '살풀이'만큼의 차이이지 핏줄이 다른 것은 아니라는 점을 지적하고자 한다.

어느 면, '살풀이 음악' 그것은 지역마다의 특성을 지닌 민속 음악의 '산조'로 보아야 할 것이며, 춤으로 되면 민속 무용의 잘 닦여진 총합체라 할 것이다.

'민살풀이'라 해서 털어 놓고 매도함도 무리가 있다. 그의 '한'이 집단 의지인 차원에는 미치지 못하지만 개인적·소집단적 의지의 발산으로서 발전하기도 했기 때문이다. 다만 근세 이후 이것이 지나치게 관능화하고 유락화한 까닭은 주로 이 춤이 젊은 여인들에 의한 '기방춤'으로 자리잡으면서 문제가 된다.

넋두리조의 '한'과 외설적 관능의 발산을 통하여 식민지 시대를 이겨내지 못한 병든 모습으로 변질했고, 그것이 그대로 오늘에 전하고 있음을 지적하게 된다.

고장마다의 '당굿'에서 집단 의지의 표상으로서 추어졌던 것이 사사로운 푸념으로 둔갑하게 된 예는 비단 '살풀이'만이 아니다.

우리의 전통 예술 전 분야에서 체득하게 되는 쓰라린 역사의 소산임을 확인하게 된다.

김숙자 그도 식민지 시대에 장성했고 8 · 15와 6 · 25를 거쳐 오늘을 살고 있는 한 자연인이다. 숱한 부대낌 속에서도 용케 그만한 내용을 오늘까지 지니고 있음에 고마운 줄을 알아야 할 것이다.

10년 전 나와 만났을 때 뻔히 아는 사실이련만 자기는 무가 출신이 아니라고 할 만큼 제대접을 못 받고 산 인생이다.

지금으로는 전국에 몇 분 남지 않은 의식 무용으로서의 살풀이를 보유하고 있는 춤꾼 중의 한 사람이다.

솔직히 그의 증언을 들어본다.

"…아주 어려서는 살풀이를 출 때, 오늘날처럼 명주 수건을 든 것이 아니라 긴 쌀자루나 전대 또는 성주에 걸었던 필목을 들고 추었습니다. 그러나 명주 필목이 굿청에서 바쳐지면 그것을 들고 추기도 했죠. 다소 옛날과는 다르지만 선생님으로부터 배운 대로 추는 것이에요."

동해안의 이름난 무격 김석출도 수건을 드는 것은 아주 옛날 격식은 아니라 한다.

전라남도 진도의 '박선내 할머니'와 씻김굿의 예능보유자 '박병천'은 '지전'이란 종이장식을 양손에 들고 추고 있다.

황해도 무속(우옥주, 김금화 등)에서도 명주 수건은 보이지 않는다. 일일이 열거할 수 없지만 제주도의 경우도 마찬가지다.

그러니까 오늘날 살풀이에서 명주 수건을 드는 것은 경기 지방에서 비롯되었으리라 믿어진다. 왜냐하면 도당굿에서 들고 췄던 쌀자루, 전대, 필목의 변형으로 받아들여진 것이 아닌가 한다.

오늘의 김숙자 도살풀이가 도당굿을 떠났음은 사실이다. 가장 중요한 전승의 현장을 잃어 가고 있는 것이다.

어정(무가)을 하며, 당나무 아래, 또는 당집이나 마을의 큰 마당에서 벌였던 당굿이 김숙자의 주변에서 멀어져 버렸다. 사사로운 재수굿이나 병굿은 흔하지만 중부 지방에서의 당굿은 거의 인멸된 지 오래다. 간혹 있다고 한들 본격적인 무속 무용을 곁들일 만큼 규모를 갖추지 못하고 있으며, 또 어떤 경우는 인간문화재나 되어 볼까 해서 주어무더기로 꾸며 구경거리 행사로 치르고 있다. 어느 쪽으로도 외롭게 되어 버린 것이 오늘의 처지이다.

'한국무속예술보존회'라는 모임을 꾸려 가고 있지만 무속에 무슨 예술이 해당하느냐는 판국에 그가 헤쳐 갈 길은 갈수록 태산이다.

다시 얘기는 돌아와서, 여러 가지 내용상 깔끔치 못하다 할망정 살풀이는 의식 무용 계열로서의 '도살풀이' 그리고 '민살풀이'의 두 흐름으로 분간되어야 하겠으며, 그것들의 우열을 따지기 전에 배경, 내용 등이 분석·검토되어야 하리라.

어느 한쪽만 보고, 또는 긴 흐름을 어느 한 토막을 잘라서 분석하려 함은 요즘 흔히 유행하고 있는 바탕 없이 서양식 자를 들고 나서는 '미학적 분석'을 반복하는 데 불과하리라는 생각이다.

## 우리 춤의 수원지로

김숙자를 무속 무용가에 그치질 않고 전통 무용가로 표현하고 있음은 그가 부모로부터 세습한 무속 무용과 그뒤로 조진영으로부터 배운 다음과 같은 민속 무용들이 있다.

승무 · 태평무 · 검무 · 학무 · 한량무 · 신선무 · 팔선녀 · 입춤 등을 용케도 오늘까지 보유하고 있다.

꽃다운 나이 열일곱에 당시 조선총독부의 마수에 걸려 '위안부'에 끌려가는 비운을 겪으면서도 춤을 추어야 했으니 침략자들이 생채기를 낸 남방 군도와 황망한 만주까지를 떠돌기도 하였다.

또한 창극단에 들어가기도 했으니 '동일 창극단'과 '조선 창극단'이 모두 그가 거친 창극단들이다.

그후로 무용 학원을 자영하기도 했지만 경제적으로는 쪼들리기만 하며 이제 60을 눈앞에 두고 있다.

초년에 짧은 기간 결혼생활을 했지만 사별하고 그의 충실한 조교인 딸(김운선)과 함께 무용소에 붙은 작은 방에서 지금도 춤추며 춤 생각만 하며 살아가고 있다.

'한국무속예술보존회'를 겸한 무용 연구소(서울특별시 종로구 낙원동 232번지)를 지나다가 불현듯 생각이 나 찾아 간 나에게 이런 말을 불쑥 건넨다.

"…아무래도 죽어야 할까 봐요. 왜 가만히 있는 사람 보고 어쩌니 저쩌니 한대요? 업신여김당하는 것만 해도 서러운데 왜들 그런대요…."

사연을 들어보니 그의 춤이 진짜가 아니라는 둥, 많이 변질되었다는 둥 등등의 얘기를 어디선가 전해들은 모양이다.

"별것 다 걱정이시오, 사람이 많으니 눈도 많지 않겠소, 제 눈이 안경일 것이구요. 아무 소리 없는 것보다 낫다고 생각합니다. 가만히 앉았기에 불편해서 하는 짓거리로 생각하세요."

이렇게 응했더니

"…참말로 병 주고 약 준다니까요! 언제는 무속이란 말을 붙여야 한댔다가 또 떼어야 한댔다가, 그저 이 김숙자는 학문은 뭔지 모르지만 춤만은 배운 대로 추는 것이니까 정신 나가게 좀 하지 말래요!"

"뭘, 그걸 가지고 그러십니까, 요즘 어디 제대로 정신 박힌 사람 있습디까? 모두 새로 나온 권주가(못 듣던 술 권하는 노래)가 판을 치는 세상인데…."

나의 새로 나온 권주가란 말에 안색이 좀 펴진 그는 웃음을 머금으며 한마디 더 한다.

"옛날부터 새로 나온 권주가가 사람 잡는다고 했지만 내 판단으로는 뭐가 뭔지 모르겠어요. 그저 가만 두기만 했으면 좋겠어요."

김숙자는 그는 이제 나이도 나이려니와 건강이 몹시 좋지 않다. 정신으로 버티는 것이지 체력은 쇠잔할 대로 쇠잔해 있다.

간간이 들은 그의 소망을 모아 보면 다음과 같은 것이다. 그가 지니고 있는 무속 무용과 민속 무용을 차분히 제자에게 전하고 싶은 것이다.

논문을 쓰네, 조사를 하네, 할 때에는 그렇게 드나들다가도 소관사가 끝나면 얼굴 보기가 어렵다. 춤은 어디까지나 춤이고 보면 춤을 배우는 제자가 목마르게 그립단다.

돈을 벌려고, 외국에서 박사하려고 가는 시간이 급한 제자는 달갑지 않다는 말씀이다.

또 자기의 춤에 대하여 과분한 평가도, 공연한 헐뜯음도 함께 반갑지 않은 것이니 있는 대로를 보아 달라는 그의 눈시울에 이슬이 맺힌다.

나머지 여생을 건강이 허락하는 한 부모와 조진영 선생으로부터 배운 20여 종의 춤을 마음껏 추다 갔으면 하는 것이 그의 소망이다.

넓지 않은 연구소나마 난방이 시원치 않으니 을씨년스럽기만 하다.

박아 놓은 제자 10명은 있어야 이 춤들을 되살리겠는데, 그저 1년 2년 배우고는 잘 돼서 떠나고 보면 또 이렇게 쓸쓸해진단다.

몇 분 중의 한 분인 전통 무용의 대가 김숙자는 우리 춤의 수원지로 비유되리라. 그 물을 끌어 갈 탄탄한 물길인 제자를 기다린다.


(1992년 12월 1일, 김숙자 선생 1주기 추모 공연)

# 36  춤에도 '눈'이 있지요

　나에게는 잊혀지지 않는 한 춤꾼이 있다. 1991년에 세상을 떠난 김숙자 여사이다.

　1927년 경기도 안성의 세습무가 출신인 그는 1991년 예순다섯 살로 생을 마감할 때까지 참으로 변화무쌍하고 기구한 역경을 겪은 분이다. 예순다섯이면 넉넉하진 못해도 평균 수명은 된다 하겠지만 그의 경우는 아쉽기 그지없다.

　열 살 미만에 무속의 예능을 닦기 시작한 이래 어정(무가)과 춤과 소리, 줄타기까지를 익혀 스무 살에는 무용학원을 차릴 만큼 조숙하기도 했지만 그의 생에는 가시밭의 연속이었다. 가난과 주변의 멸시와 토착신앙에 대한 일제의 탄압을 이겨 내기에는 연약한 소녀였으니 몇 번이나 스스로 목숨을 끊으려 했었다고 실토한 적이 있었다.

　1947년 타향인 대전에서 첫 무용학원을 차리면서 사랑도 많이 받았지만 그로부터 10여 년간 자신이 무가 출신이라는 것을 철저히 숨기면서, 1960년대초 활동무대를 서울로 옮긴다.

　1968년 나는 풍문으로만 들었던 춤꾼 김숙자를 처음으로 만나게 된다. 그로부터 1주일이면 닷새는 그의 학원을 찾았는가 싶다. 이렇게 되다 보니 두 사람 사이가 좀 수상쩍다 할 만큼 오해를 받기도 했다.

　"…당신이 추고 있는 살풀이는 예사 살풀이가 아니외다! 우리 신앙의 바탕이 되는 굿에서 추어진 소중한 흐름이 도도히 이어지고 있습니다!"

나의 이 말을 듣고 그는 덥석 손을 잡으며 눈물을 글썽였다. 설레인 나는 사방에 나발대기 시작했다. 김숙자의 춤은 우리 민속춤의 기둥이라고….

1971년 봄, 서울의 남산에 있는 '드라마센터'에서 그의 첫번째 민속무용 발표회였던 '도살풀이(경기 지방 무속 살풀이춤의 이름) 큰 마당'이 열리자 젊은 춤꾼들과 신문·방송이 적극 거들어 주어 대단한 성과였다. 이때를 전후하여 중견 춤꾼 몇 분이 그의 초라한 무용학원을 찾게 되면서 '도살풀이'라는 이름이 춤판의 유행어인 양 퍼져나가게 되었다. 그러나 한편에서는 이러한 현상을 몹시 못마땅하게 여겼던 것이 사실이다. 무속춤이 바로 민속춤의 바탕이라 외쳐대는 심우성에 대한 비아냥과 김숙자에 대한 곱지 않은 눈초리가 뒤따르게 되었다. 여기에 한술 더 떠서 1979년 '한국무속예술보존회'라는 간판을 만들어 그의 학원에 붙이면서 더욱 입방아의 대상이 되었다.

당시는 무속이 무형문화재로 지정되기 전이라 전국의 이름 있는 무당과 박수들이 똘똘 뭉쳐 전국적인 조직을 만들었다. 황해도 출신의 우옥주·김금화, 경기 출신의 이용후·임선문·조한춘·정일동, 부산의 김석출, 진도의 박병천 등이 손을 잡았던 것이다. 그리고는 문예회관 소극장, YMCA 강당 등 조촐한 자리를 마련하여 무속예술의 진국을 보여주고자 다분히 학술적인 발표회를 거듭하게 되었다.

이렇게 되고 보니 이제껏 무속 자체를 업신여겨 온 일부 학자들은 더욱 못마땅히 여겨 몇 차례나 무속예술을 무형문화재로 지정하기 위한 조사보고서를 냈건만 비토되기 일쑤였다.

그러나 젊은 무용가들을 비롯하여 전통문화를 연구하는 전문학자들의 관심이 방면에 기울게 되면서 '한국무속예술보존회'와 이 모임을 이끌고 있는 전국의 대표적인 무속인에 대한 인식이 하루가 다르게 바뀌게 되었다. 전통예술의 바탕은 바로 토착신앙인 무속에서 찾아야 함을 공감하게 되면서 한국무속예술보존회를 찾는 발길이 붐비기 시작했다.

언젠가 김숙자 여사는 이렇게 말했다. "…이젠 당장 죽어도 눈을 감겠어요. 조상 대대로 이어온 무속예술을 이처럼 대접해 주니 아무 원이 없어요… 그까짓 인간문화재가 무슨 소용이에요. 그저 우리 무속을 위해 힘써 주신 여러분이 고마울 뿐이에요…."

눈자위는 촉촉이 젖으면서 표정은 환했다. 그로부터 우여곡절 끝에 1990년 그의 빼어난 무속춤인 '도살풀이'가 중요 무형문화재 제97호로 지정이 되고 그는 당당히 인간문화재로 위촉되기에 이른다. 경향 각지에서 그의 춤을 배우려고 제자들은 모여들고 젊은 학자들은 그의 춤을 소재로 석사논문 박사논문을 다투어 냈다.

그런데 이 일을 어찌하랴. 인간문화재가 된지 불과 1년 만에 산더미만큼 할 일을 남겨 놓고 눈을 감지 못한 채 이승을 떠나고 말았다.

평생 춤만 추다가 고생만 하다가 이제는 평온을 찾는가 했는데 어처구니없이 떠나고 만 것이다.

언뜻 그와 함께 일본에 갔었던 일이 떠오른다.

1987년 여름, 일본 이와데켄에서 열린 '야치네 페스티벌'이었다. 한국·일본 등 아시아 3개국의 대표적인 토착신앙을 보여주는 '무속잔치'였는데 우리나라에서는 김숙자 여사와 황해도의 큰 무당 우옥주 여사, 그리고 무속을 골격으로 한 작품이라 해서 심우성의 1인극 '남도 들노래'가 함께했었다.

마침 넓은 마당 큰 정자나무 아래 굿청을 차려 놓고 우옥주 여사가 황해도의 대표적인 대동굿인 '만구대탁굿'을 올리고 있었다. 화려한 무복차림으로 '대감춤'을 추는 우 여사의 그 의젓함!

나는 김숙자 여사와 맨 앞자리에 나란히 앉아 있는데 묵묵히 굿판을 응시하던 김 여사가 불쑥 입을 연다.

"심선생, 저 춤 좀 보세요! 장단과 장단을 온몸으로 먹으면서… 저기 저것 보세요. '눈'이 있잖아요. 꼭꼭 장단 사이를 맺어 주고 있잖아요!"

"'눈'이라니요?"

"흘러가는 물에도 곳곳에 소용돌이가 있는 법이지요. 흐르는 물줄기에도 그 흐름을 잡아 주는 소용돌이가 있듯이 춤에도 저처럼 눈이 있어야 하는 법이지요."

고매한 이 '춤철학'을 내 어찌 짐작이나 할 수가 있으랴….

곰곰이 생각하건대, 김숙자 그가 바로 이 시대, 우리 춤의 '눈'이 아니었는가 싶다.

아둔한 나로 하여금 우리 춤의 본디를 살피게 해준 '눈'이기도 했던 김숙자 여사, 부디 명복하옵소서….

(1995년 12월, 인천제철)

# 37 '그늘 짙은' 두 거목의 마지막 춤판

유서 깊은 마을에는 수백 년이나 묵은 큰 나무가 서 있기 마련입니다. 으레 그 나무 밑 주변은 넓은 마당을 이루니 남녀노소의 쉼터, 마을의 공동관심사를 논의하고 결정하는 회의장소가 되기도 합니다. 마을의 지킴이로 숭상되는 이 거목이 때로는 나란히 서 있고, 그 옆에 단아한 정자를 갖추고 보면 더욱 운치가 있습니다. 이런 정자를 이름하여 흔히 '쌍수정'이라 하지요.

우리 민속춤계에 이에 비유되는 두 분의 큰 거목이 계셨으니 '진쇠춤'의 명인 이동안(1906-1995) 선생과 '북춤'의 명인 하보경(1909-1997) 선생이십니다. 이선생은 춤과 함께 춤 장단에 통달하셔서 이 바닥의 큰 어른이셨는데 조금은 엉뚱하게도 인형놀이의 일종인 '발탈'(중요 무형문화재 제79호)의 인간문화재이셨고, 하선생은 '밀양 백중놀이'(중요 무형문화재 제68호)의 인간문화재로 '양반춤'과 '범부춤'을 추셨는데 역시 장기는 '북춤'이셨습니다. 이 두 어른은 누구나 떠받드는 우리 민속춤의 두 기둥이셨죠. 나를 지극히 사랑해 주신 두 어른께서 이제 세상을 떠나시고 보니 텅 빈 쌍수정이 되고 말았습니다.

1992년 가을, 서울 종로구 동숭동에 있는 문예회관 대극장에서 두 어른이 나란히 춤을 추시던 자리가 결국 마지막 회우이셨는가 합니다. 그후로는 두 분이 다 몸이 불편하셔서 제대로 춤판을 펼치지 못하셨지요. 그 마지막 춤판이 있던 날 분장실

에서 주신 귀한 가르침이 지금껏 귓전에 생생하니 이렇게 고마
울 수가 없습니다.

이: 우리 이 늙은 것 구경한다구 웬 사람이 저렇게 모였다우? '인생칠십고래희'라는데 우린 구십이 내일 모레니 징글맞게도 살았어. 여보게, 나무나 바위는 묵을수록 귀물인데 이 인간은 늙을수록 추하니 그저 덧없는 것 인생이여.

하: 허허. 자넨 어떤가. 난 이제 겨우 '춤 속'을 알 듯도 하니.

이: 음 그래. 그건 나두 그런 것 같어.

하: 그렇기에 '철들자 망령든다' 했는가 봐.

이렇게 화두를 내신 두 어른께 옆자리를 지키던 내가 무엄하게도 불쑥 참견을 했었죠.

"아니에요. 두 분 선생님은 바로 천 년 묵은 고목이에요. 이 선생님 언젠가 말씀하셨잖아요. '춤은 그늘이 짙어야 한다'고. 쩍 벌인 손 아래 그늘이 짙어야 한다고. 그 그늘을 보려고 저렇게 사람이 모이는 것이죠. 하선생님도 '춤꾼의 무게는 가랑잎이었다 바위가 되고 바위였다가 가랑잎인가 하면, 한 몸에 가랑잎과 바위가 함께 도사려야 한다'고 하셨죠. 선생님 두 분께서는 바로 이 시대, 우리 춤판의 우뚝한 고목이십니다."

이때 나가실 차례라며 앳된 제자에 끌려 무대로 나가셨고, 사진작가 박옥수 님이 마지막 두 거목의 자태를 한 장의 사진으로 남겨 놓았습니다. 그늘 짙은 거목의 춤사위를 이제는 이 사진에서밖에 만날 수 없게 됐군요. 텅 빈 쌍수정 앞에 우린 외롭게 서 있군요. 내내 영면하옵소서.

(1999년 11월 29일, 교수신문)

# 38 그리운 사물놀이 옛 식구들

1998년 호랑이해가 토끼 꼬리만큼 남았습니다.

이제 며칠이면 토끼가 깡충 뛰어오겠으니 세월 빠름을 실감케 되는군요.

요 며칠 전 '사물놀이' 식구의 한 사람인 최종실로부터 전화가 왔습니다.

'사물놀이'가 탄생한 지 20년이 되는 올해를 그냥 보낼 수 없어 조그마한 잔치를 벌이니 글을 써 달랍니다.

허허… 벌써 20년이란 말인가. 그러니까 1978년 9월이었던가.

이제는 고인이 된 김용배 그리고 김덕수 · 이광수 · 최종실이 대물림으로 풍물패를 꾸며야겠는데 패거리의 이름을 지어 달라고 합니다. 서울 돈화문 옆 '소극장 공간사랑'의 커피숍에서였습니다.

거의가 남사당 출신이었던 이들의 선대로부터 가까이 지내온터라 냉큼 응낙은 했는데 적당한 이름이 떠오르지를 않더군요.

궁리 끝에 넷이서만 한다니 꽹과리 · 징 · 북 · 장구의 '사물'이겠고 여기에 '놀이'를 붙여 '사물놀이'라 하면 어떨까 했더니 썩 좋답니다.

마침 옆에 계셨던 만정 김소희 선생도 그럴 듯하다 하시기에

"그럼 선생께서 깃발을 한 장 써 주시지요" 해서 헝겊에 '사물놀이'라는 글을 받아 창립 공연을 했었는데……

연전에 만정 선생도 가셨고 세월이 이렇게 흘렀군요.

지난 20년, '사물놀이' 뿐만 아니라 나라 안이 온통 시끄러운 세월이었습니다. 난리, 변괴도 많았지요.

그러나 사물놀이 젊은이들은 열심이어서 사물놀이란 이름을 세상천지에 휘날렸으니 이름 지어 준 사람으로 이보다 더 영광이 있겠습니까.

그런데 그 기쁜 만큼이나 언짢은 일도 있군요. 한동안 나의 집에 함께 기거하기도 했던 김용배의 죽음이 안타깝기만 합니다.

엉뚱하게도 '국립국악원 사물놀이'가 생겨 딴 살림을 차린 지 얼마지 않아서의 끔찍한 최후였습니다.

또 한 가지가 있습니다. 사물놀이 20주년 기념 잔치가 이미 올해 2월에 따로 있었다 하는군요.

이 글을 청탁하면서 최종실이 일러 주어 알게 되었습니다. 어쩌면 좋을까. '사물놀이'가 둘로 쪼개진 이 마당에 내가 그 어느 한쪽의 잔치에 글을 써도 좋단 말인가. 무척 망설인 끝에 이 글을 쓰기로 작정했습니다.

하루 속히 다시 얼싸안으며 어울림의 한판을 신명으로 펼쳐 줄 것을 갈망하는 마음입니다.

남북을 오가며 민족의 통일과 겨레의 한 핏줄임을 울부짖는 사물놀이라면 먼저 자체의 통일이 선결 과제이겠기에 말씀입니다.

간절히 바라옵건대, 1998년 12월 28일 저녁 7시 국립극장 소

극장 무대로부터 죽은 김용배의 구원의 영혼과 살아 있는 세 사람의 구성진 가락이 도도히 다시 만나야 합니다.

'사물놀이'란 풍물·풍장·매구, 또는 농악과 같은 호칭으로 통용되는 '보통명사'가 아니라, 1978년 9월에 창단된 한 풍물패의 이름으로 지어낸 '고유명사'이기에 이들 네 사람은 죽어서도 하나로 뭉쳐야 합니다.

이번 공연이 사물놀이 다시 태어남의 계기가 되어 주기를 바라며 함께 판을 돕는 김대환·이애주·장사익·김광석·김헌선… 그밖의 많은 분들께 감사합니다.

그간 고이 간직해 두었던 사진 한 장이 있습니다. 창립 공연을 마치고 공간사랑에서 사물놀이와 가까운 이웃이 함께한 것입니다. 김용배의 모습이 더욱 새로워지는군요.

고 김용배 군 영전에 삼가 명복을 비옵나이다.

(1998년 12월 27일, 사물놀이 탄생 20주년 기념 공연)

# 39 민속학회 '시나위' 창립 30주년을 맞으며

평생을 두고 후회스러운 일 가운데 하나가 '서울국악예술고등학교' 학생으로 실기를 배우지 못한 일이다. 나의 30대 초반에는 이 학교를 그냥 '국악예술학교'라 했었는데 설립자인 박헌봉 선생의 후의로 명색이 국악 이론 선생이랍시고 당대의 국악계 큰어른이 다 모이신 이 요람에 안길 수가 있었다. 그런데 그때 그 선생님들의 무릎제자로서 실기 학습을 못했던 것이 아쉽고 한스러운 것이다.

1950년대말 '민속극회 남사당'이란 이름으로 남아 있는 남사당 식구를 모아 그의 놀이판을 다시 꾸미면서 아무래도 국악예술학교에 계신 큰 어른들께 먼저 배워야겠다는 생각으로 들어갔던 것인데 엉뚱하게도 선생이 되고 보니 내심 불편한 나날이기도 했다.

그런 가운데 또 하나의 일을 저지르는 데 참여하게 되었으니 1960년대말의 '민속악회 시나위'의 창립이다. 다소 주위의 눈총도 받았지만 찬사도 대단해서 이 바닥의 주목거리였다. 앞장섰던 이 학교 출신의 최태현·박범훈·이철주·김무경·김방현·박미령·김경희… 그뒤를 이은 많은 회원들이 허리띠를 졸라매고 민속음악운동의 전위라는 명분을 내세우며 신명을 펼쳤었는데 그것이 어언 30년 전의 일이다. 짧지 않은 햇수이긴 하지만 그 발자취를 더듬어 보면 우여곡절도 많았고, 한때는 그냥 사그라지는가 걱정스럽기도 했었다.

지난 30년의 세상 흐름이 다사다난한 격변의 연속이고 보니 세상 됨됨이와 맞지 않는 처신도 많았다. 남보다 앞서 깃발을 들었지만 바른 방향을 잡을 의식의 통일이 없다 보니 그렇게 된 것이리라.

그로부터 다시 10년 후인 1970년대말부터는 이 모임의 식구 가운데 몇몇이 '사물놀이'란 이름으로 분가(?)하면서 '민속악회 시나위'가 쪼개져 무너지는 것은 아닌가 우려스런 때도 있었고, 국립국악원을 비롯하여 여기저기 대학에서도 비슷한 패거리가 생겨나면서 많은 회원이 월급받는 직장을 잡게 되니 속 빈 강정이 되기도 했었다. 그러나 좋은 뜻으로 일찍이 시작한 모임이고 보니 어렵사리 생명은 부지하면서 이제 창립 30주년을 맞게 되는가 싶다.

어찌 '민속악회 시나위' 뿐이랴만은 이 시대 우리 음악 운동의 과제와 방향의 설정을 앞에 놓고 머리 조아려 새판을 짜야 할 바로 오늘이고 보니 더욱 옷깃을 여미게 된다.

이제 30년을 되돌아보며 후회만 하지 말자. 잘잘못을 거울삼아 창립 당시의 싱그러운 기개로 깃발을 다시 올려야 한다. 오늘에 살아 뿌리 내릴 민족음악의 재창조를 통하여 쪼개진 민족의 아픔을 치유하는 데 긴요한 패거리로서 다시 태어나야 한다. 민중예술의 큰 집을 자처하는 '남사당'과 '시나위'와 '사물놀이' 모두가 이제는 회고 취향, 현실 도피, 자기 도취의 잔꾀를 털고 독창적 민족음악의 전위로서 이 세상을 아름답게 꾸미는 데 앞장 서야 한다.

30주년을 되새기며―오늘이 다시 한 살이라는 다짐으로 손에 손을 잡고 새 첫걸음을 내딛자.

(1999년 11월 26일)

# 40  그리운 조성국 선생님

일봉(逸峰) 조성국(曹星國, 1919-1993) 선생은 올곧은 삶을 살다 가셨습니다.

선생을 처음 뵌 것은 1960년대초였으니 40년에 가깝습니다. '영산 쇠머리대기'와 '영산 줄다리기'가 중요 무형문화재로 지정이 되기 이전의 일이었습니다.

역시 지금은 고인이 되신 당시 문화재위원이며 한국문화인류학회 회장이셨던 임석재(1903-1988) 선생을 모시고 영산 지방의 민속놀이며 굿을 채록하러 다니면서 선생을 만나게 되었고, 곧 이어 자상한 안내도 받게 되었던 것입니다.

꼼꼼하신 임선생과 호탈하신 조선생은 의외로 의기투합하셔서 힘든 줄 모르고 '쇠머리대기'며 '줄다리기'며 '문호장굿' 등을 찾아 사진을 찍고 녹음도 하고 조사보고서도 만들어 뒤에 중요 무형문화재로 지정하는 데 기초 자료를 마련했었습니다.

자칭 타칭 농사꾼이요, 진보적 개혁운동가인 선생이 '영산 줄다리기'의 기능 보유자가 되면서 영산 민속의 큰 마당인 '3·1 민속문화제'가 우리나라에서 으뜸가는 민중 문화가 살아 숨쉬는 민족문화의 요람이 되었음도 그의 공적임을 우리 모두는 기리고 있습니다.

그가 떠난 영산 고을에서는 그가 뿌린 씨로 하여 오늘도 어김없이 '3·1 민속문화제'가 열리고 있으련만 어딘가 텅 빈 쓸쓸한 구석을 메울 수가 없습니다.

이제 뒤늦게나마 그의 무릎제자인 김종곤 씨를 비롯하여 영산의 줄꾼들이 〈화보로 보는 '영산줄'과 '대학줄'〉이라는 이름의 전수교재를 발간하기에 몇 말씀의 회고담과 축하의 뜻을 보냅니다.

조성국 선생은 줄다리기라는 공동체놀이를 통하여 평등과 민주의 세상을 개척하려 하셨으니 이화여자대학을 비롯한 경향 각지의 대학에서 벌인 응집과 용솟음의 줄판들이 그 증거입니다.

그것은 민주화의 한 도정이었고 통일로 가는 지름길의 모색이었습니다.

용케도 그 어려웠던 시절의 사진과 기록들을 모아 한 권의 책으로 엮는다니 이보다 기쁜 일이 있겠습니까.

또한 이 책이 중요 무형문화재 제26호 영산 줄다리기의 전수교재를 겸하는 것이라니 그 뜻이 가상합니다. 단순한 힘겨루기가 아닌 좋은 세상 만들어 가기 위한 힘의 조화를 이 화보를 통하여 터득할 수 있겠기에 말씀입니다.

줄다리기란 우람한 두 개의 힘이 끌리고 당기는 가운데 더 큰 하나의 힘으로 승화하는 팽배의 순간을 통하여 고매한 경지의 성취감을 맛보는 놀이입니다.

그러기에 이 단순하다면 단순한 놀이를 하루 종일, 아니 며칠씩이나 뒤엉켜서 놀았던 것이지요.

한때 선생께서는 줄다리기의 무형문화재 기능보유자가 자기 한 사람이고 보니 집단놀이를 되살리는 데 오히려 부담이 된다면서 '인간문화재 사표소동'을 일으킨 적도 있으셨습니다. 이 일이 주변의 만류로 무산되자 그러면 주어진 여건에서나마 할 일을 하셔야겠다면서 '한국인간문화재연합회'라는 것을 사재를 털어 가며 만드시기도 했었습니다. 그리고는 그의 창립을 기념하여 종합예술제(1978년 3월 28-30일, 세종문화회관 별관)를 마련하면서 다음과 같은 취지문을 남기셨습니다.

누렇게 바랜 그의 취지문 한 장을 소중히 간직하고 있기에 선생의 육성을 다시 접하는 심정으로 전문을 그대로 옮깁니다.

## 한국인간문화재 종합예술제 취지문

우리 조상의 얼과 멋의 모습을 재현하는 전통예술의 자리를 마련해 봤습니다. 지정된 거의 모든 종목을 엮어 인간문화재와 전수자들이 정성껏 펼치는 자리입니다.

반백세기(半百世紀)를 살아오는 동안에 숱한 애환을 우리 조상들은 환희로 노래하고 슬픔도 한으로 읊으셨습니다. 짓밟히고 소외당하면서도 그 억울함을 해학과 풍자와 또 직설(直說)의 예술로 발산시키는 멋과 여유를 잃지 않으셨습니다.

산맥(山脈)과 강류(江流)의 아름다움을 악곡(樂曲)의 선율로 삼기도 하고 그릇이나 연모의 선(線)으로 승화시키기도 하였습니다. 한 부족, 한 지방의 단결에도 민속놀이라는 제전으로 멋과 신명의 자율적인 총화를 이룩하였습니다. 이렇듯 우리 조상들이 남기신 전통예술의 유산은 궁중의식가무(宮中儀式歌舞)로부터 농군, 나무꾼의 넋두리에 이르기까지 하나같이 선인들의 아름다운 삶의 모습인 것입니다.

정부에서는 1960년대에 이르러 사라져 가는 각종 전통예술을 조사 발굴하기 시작하여 오늘에 이르기까지 59종의 중요 무형문화재를 지정함과 동시에 보호 · 전수에 주력하게 된 일은 다행한 업적입니다.

그동안 우리 전통예술은 숱한 고난과 학대를 겪어왔습니다. 그릇된 양반들의 발길에 짓밟히기도 했고 식민지가 되었던 이 땅에서는 대부분의 전통예술이 설 곳조차 없었습니다. 때로는 기방(妓房)의 술상 밑에 숨어 있기도 했고 무격의 무의식에 온 존하기도 했습니다. 더러는 학대와 굶주림에 못 이겨 아무도 돌 보는 이 없는 외로운 산골에서 숨을 거두어 버린 종목도 있었습 니다. 설령 살아남았다 해도 할퀴고 찢기어 본 모습을 알아볼 수 없는 처참한 꼴이 되어 남아 있기도 합니다.

한편 고향을 잃고 가족을 두고 헐벗은 채로 자유대한의 품에 안긴 저 가면(假面)과 사자(獅子)를 보십시오 !

이북 고향 땅이 그리워 그리워서 애처롭게 흐느끼는 저 서도 (西道)소리와 피리소리를 들어보십시오 !

전통예술 가운데에는 이처럼 조국분단의 서러움을 안고 통일 의 그날을 애타게 기다리는 종목도 있습니다.

이렇듯 역경에 시달려 온 우리 전통예술을 이제는 온 국민 자 신의 것으로 길이 간직해 주시기 바랍니다. 따라서 전통민속예 술의 멋과 얼을 우리 것으로 되찾아 승화시키는 일도 조국통일 을 앞당기기 위한 큰 일 중의 하나라는 사실을 잊지 말아 주시기 바랍니다.

무형문화재나 우리 인간문화재는 이제 정부의 보호만을 받고 있을 진열품일 수는 없습니다. 우리의 혈관에는 전통예술이 시 원(始原)하던 태곳적 그 시대로부터 오늘에 이르는 조상들의 뜨 거운 피가 맥박치고 있는 것입니다. 그러기에 우리들의 종목이 일상생활과 다소 거리가 있더라도, 또 우리의 기예능(技藝能)이 완전한 것이 못 된다 할지라도 쉽게 공감이 갈 것이며 저절로 일체감을 느낄 수 있을 것입니다.

우리 인간문화재들은 지정무형문화재의 원형을 그대로 지키고 이어줄 임무만을 맡고 있습니다.

이 시대를 살아가는 예술인으로서 이 시대의 새로운 전통예술을 창조하는 일은 우리들의 분야가 아닙니다. 예술은 살아 있는 것이며 시대에 따라 변하기 마련인 것이기 때문에 엄밀한 의미에서의 원형이란 존재할 수 없는 것임도 우리는 잘 알고 있습니다. 그러나 우리는 가능한 원형의 테두리 안에서 자신의 천부적인 소질로 명인대가(名人大家)의 경지에 이르는 길만이 있을 따름입니다. 꼭 언급하여 두고 싶은 것은 이러한 우리의 작업은 전통예술의 수원지(水源池)로서 갖게 될 것이며, 이 수원지를 통해서 오늘에 창출될 주체성 있는 우리의 예술이 피어나게 될 것을 충심으로 바라는 바입니다.

한국인간문화재연합회에서는 이번 종합예술제를 시작으로 지방 공연을 가질 예정이며 공예품전시회도 마련해서 국민 여러분을 모시고자 합니다.

전통예술의 바탕이 국민 생활 속에 자리잡을 수 있는 계기를 마련하는 데 이바지하고자 하오니 끊임없는 성원과 아낌없는 꾸짖음을 주시기 바랍니다.

전통예술이 온 국민의 관심에서 벗어나고 일상생활에 뿌리박지 못하면 우리 스스로 달리 존립할 수 없다는 엄연한 법칙을 우리는 뼈저리게 알고 있기 때문입니다.

지정 문화재는 이미 민족적인 보배이기 때문에 안이(安易)한

복고조(復古調)도 아니며 값싼 관광자원은 물론 아닙니다. 이번 종합예술제는 오로지 국민 여러분과 숨결을 같이하는 공동의 광장일 것을 진심으로 바랄 뿐임을 밝혀 둡니다.

다시 한번 숙연한 몸가짐으로 국민 여러분의 뜨거운 편달을 바라는 바입니다. 감사합니다.

1978년 3월 1일 한국인간문화재연합회

회장 조성국

이상의 취지문은 선생이 초안한 것을 당시 이 일을 추진하는 데 주축이 되었던 몇 분과 또 나도 말석을 차지하여 밤새워 축조심의했던 것입니다. 지금 보아도 선생의 앞을 내다보시는 안목에 감탄케 됩니다.

선생의 회갑잔치는 〈영산 줄다리기 쇠머리대기, 소민원〉(1978)이라는 알찬 민속지(民俗誌)의 출판으로 대신 했었습니다. 서문은 임석재 선생이 쓰셨는데

" '…줄다리기와 쇠머리대기'에 대해 이를 지정하기 위하여 담당 조사자가 현지를 답사하여 그 보고 문헌을 작성한 바가 있다. 그런데 이 문헌은 아무리 면밀히 조사하여 작성했다 하여도 외지인의 힘으로써는 누락과 미비가 있어 수박 겉핥기의 문헌이 된 모양이다. 이런 문헌에 미흡하게 여긴 영산 사람들은 올바르고 정확한 문헌 작성을 바랐으리라. 이런 지방인의 바람을 조성국 씨는 구현시키려 했다.

조성국 씨는 영산의 본토박이 인사다. 그는 영산에서 낳고, 자라고, 장가가고 살림하고 하면서 50고개를 넘긴 분이다. 그러므

로 그는 영산의 지리적 조건이며 지역적 역사는 물론, 그 지방의 사회성, 경제 상황, 문화성, 민심의 기미까지 현미경으로 검고(檢考)하듯이 샅샅이 검고하여 효달(曉達)하고 있는 분이다. 이러한 인사가 자기 고장의 민속문화를 문헌화하려 드니 그것은 올바르고 정확하고 타지인(他地人)으로서는 규지(窺知)할 수 없는 것까지 갖추어서 완벽한 문헌을 꾸몄을 것은 틀림없는 일이다. (중략) 조성국 씨의 향토문화에 대한 이러한 문헌화의 작업 태도와 기능은 다른 지방의 향토문화 연구가의 범례가 될 것이다. 지방 인사로서 자기 고장의 문화를 학적으로 구명하고 이를 문헌화한 사람은 여태까지 아직 보지 못했다. 이러한 점으로 모면 조성국 씨는 향토문화의 문헌화 작업의 효시자(嚆矢者)가 된 셈이다(후략)…."

한 분은 향토문화를 북돋기 위한 실천자요, 또 한 분은 이 방면의 전문학자로서 평생을 끈끈한 정으로 손잡았던 큰 어른이셨습니다.

넥타이를 맨 위에 흰 두루마기를 걸치고 영산 바닥을 휩쓸면서 줄다리며 쇠머리 대는 데 미쳐 버렸던 선생은 남은 신명 다 풀지 못하시고 우리의 곁을 떠나셨습니다.

그러나 해마다 영산 고을에서, 아니 젊음이 솟구치는 대학의 넓은 마당에서 그의 줄다리기는 오늘도 살아 꿈틀대고 있습니다.

소신껏 사시다가 홀홀히 가 버리신 일봉 조성국 선생님, 세상이 하 요상타 보니 당신이 더욱 그리워지는군요.

후학들이 엮은 이 〈화보로 보는 '영산줄'과 '대학줄'〉을 꼭

살피셔서 잘 잘못을 일깨워 주셔야 할텐데….

 그리운 조성국 선생님 부디 명복(冥福)하옵소서.

(1999년 5월 20일)

# 41 박진주 형, 고마웠습니다

내가 박진주(1936. 10. 22-1986. 9. 10) 형을 처음 만난 것은 1966년 2월, 부산에서였다.

당시 나는 지금은 세상을 떠나신 민속학자 최상수 선생의 소개로 '동래야류'의 자료를 수집한답시고 이곳을 자주 드나들 때인데…. 부산 날씨 치고는 꽤 추웠던 어느 날, 동래 복천동 어느 집에선가 고 신우언(동래 탈꾼) 옹, 고 박덕업(말뚝이춤으로 유명했던 동래 탈꾼) 옹 그리고 지금도 건재한 문장원(현 보존회장) 선생과 만나는 자리에서였다.

'동래야류'가 중요 무형문화재로 지정된 것이 1967년 12월이었으니 한동안 손을 놨던 탈꾼들이 놀이 재현에 몹시 분주한 무렵이었다.

말수가 적은 박 형은 그저 웃는 것이 인사였는데 어쩐 까닭인지 우리들은 이 첫 만남 이후 아주 가까운 사이가 됐다.

그 무렵 형은 사진 취미에 빠져들 때였고, 그의 전공 분야인 국문학 분야의 고문헌에 관심이 많아 고서점을 자주 드나들었다.

그후로부터 내가 부산에 가면 으레 그의 신세를 졌고, 서울에 오면 내가 안내했다.

관훈동의 통문관은 내가 소개했다. 여기서 우연히 만난 국문학자 고 정병욱 선생과는 아주 다정하기에 뒤에 물었더니 외가로 어떻게 된다고 했다.

줄담배인 그는 술은 입에 대지도 않았다. 고주망태인 나와는 어울리기가 어려웠을 터인데 술자리를 먼저 뜬 기억이 없다. 술 대신 담배를 연거푸 담배를 피워대서 함께 취했던 것이었나….

나는 1966년으로부터 10여 년 동안 부산과 경상남도 일원을 주로 탈놀이를 찾아 답사유랑을 했는데, 그는 제 일을 젖히고라도 나의 길라잡이가 되어 주었다.

동래 · 수영 · 해운대 · 부산진 · 송정을 맴돌다가는 진주 · 고성 · 충무 · 거제 · 가산 · 밀양으로 나다니는데, 노자는 그의 부담일 때가 많았다.

이러는 동안에 부산에서는 '동래야류'와 '수영야류'가 무형문화재가 되었고 '동래학춤'과 '동래 지신밟기' 등이 본격적으로 발굴되는데 여기에는 반드시 그의 사진이 일익을 했다.

그와 나는 1973년부터 출판사 등록을 준비했다. 자금은 그가 맡고 편집은 내가 맡기로 했다. 그 무렵 나는 '서울시 중구 충무로 1가 23의 30호 신영건물 504호'에 '한국민속극연구소' 연구실을 가지고 있었는데 이 주소로 '도서출판 민학사'의 등록신청을 했다.

출판사 등록이 어려울 때라 한해가 걸렸다.

"등록, 1974년 9월 21일, 2-186 발행인 박진주"

《민학총서》라는 이름으로 다섯 권과 두 권의 무형문화재 관계 책을 간행했다.

오지영, 《동학사》 / 함화진, 《조선음악소사》

손진태, 《민속학논고》 / 김재철, 《조선연극사》
구자균, 《조선평민문학사》

민학사 편, 《인간문화재명람》(1975년 3월 5일)
박진주·심우성, 《무형문화재총람》(1975년 8월 20일)

어렵사리 출판은 했는데 도무지 팔리지 않았다. 서점으로 보낸 것이 반품만 되고 연구소는 좁은데 책을 쌓아둘 공간이 없어 사정사정하여 내가 아는 집 반지하를 빌렸는데 너무 습하여 모두 못 쓰게 되니 미안해서 얼굴을 들 수가 없었다. 그러나 항시 빙그레 웃기만 하는 그는 흡사 도인이었다.

출판은 일단 접어 두기로 하고 우리는 다시 민속답사라는 명목으로 전국을 떠돌았다.

남으로는 진도, 북으로는 강릉에 이르기까지 마을굿과 탈판만 있다면 무거운 카메라 가방을 멘 옆에 나는 동행을 했다.

지칠 때도 됐다 싶은데, 그는 지치지 않았다. 그가 촬영한 필름의 분량은 엄청난 것이었고, 고문헌도 적지 않았다. 한때는 8밀리미터 촬영으로 부산 '김희영의 학춤'이니 '동래 지신밟기' '영산 대보름잔치' 해운대 백사장에서의 '여보지춤,' 모두가 소중한 것들인데, 그 막대한 자료들은 지금 어떻게 되었는지 알 길이 없다.

또 한 가지 애석한 것은 고 김영달 부부의 꽃일(지화장)을 채록한 자료의 행방이다. 나는 1970년부터 약 3년 동안 당시 '부산시 부산진구 양정 2동 156번지'에 거주하고 있는 김영달, 김수재 부부의 꽃일에 깊은 관심을 갖고 '무형문화재 조사보고서'를 작성하고 있었는데 여기서도 사진과 현지녹음은 그가 담당했다.

뒤에 보고서는 작성되어 문화재관리국에 제출했지만 '꽃일'의 중요성에 대한 문화재위원회의 무관심으로 휴지가 되고 말았다.

이 보고서에 첨부했던 세심하고도 명료한 사진 자료는 이제 문화재청의 보관 자료실에서도 찾을 수 없으니 안타까운 일이다.

어찌 이것뿐이랴만은 그의 성품이 너무도 온유하다 보니 그저 달라면 주는지라 좋은 일 많이 하시고 갔다.

나는 1980년대 들어 서서히 혈압이 높아지면서 현지답사가 어려워졌고 그도 몸이 나빠져 갔는데 그래도 열심히 뛰고 있다는 소식이 인편으로 간혹 들렸다. 그런데 1986년 10월인가 그가 타계했다는 전갈을 들었다. 서글픈 일이었다.


진주 형! 부디 명복하소서!


나는 형 생각만 하면 그저 미안한 마음뿐이구려…. '민학사' 한답시고 돈 고생시켜 드렸고, 오랜 답사현장에서의 정겨운 도움에도 몸둘 바 없었습니다.

1966년 5월 5일, '한국민속극연구소'를 창립할 때도 넌지시 보태라며 봉투를 주셨고, 1974년 나의 첫 책인 《남사당패연구》를 낼 때는 남사당패 꼭두쇠 남형우 옹과 나란히 선 사진을 만들어 주셨으며, 1975년 '창비신서'의 《한국의 민속극》에도 멋진 내 사진을 찍어 주셨습니다. 세월이 너무 흘러 이제는 내 사진을 바꾸는 것이 좋겠다고들 하지만 난 바꾸지 않고 언제까지나 그대로 두렵습니다.

　진주 형! 형이 세상을 떠나던 그 무렵 나는 경희의료원 중환자실에 있었습니다. 그해에 두 번을 구급차에 실려 입원했지요. 형보다는 내가 먼저 가는가 했는데 이렇게 구구히 살아남아 있군요.

　그런데 뒤늦게나마 형의 자취를 기리는 사람들이 점점 불어나 부산에서는 추모의 모임도 갖고, 학술적 업적을 기리는 크고 작은 행사를 준비하고 있습니다.

　형! 형이 뿌린 씨가 이제야 파릇파릇 움트고 있습니다. 반갑고도 반가운 일입니다.

　염치없이 임종에 못한 고별의 말씀을 늦게나마 올려야겠습니다. 당신과의 만남, 참으로 따뜻했습니다. 고마웠습니다.

　이렇게 두 손을 모읍니다. 고이 명복하옵소서.

(2000년 4월 10일)

# 42 그리운 두 할아버지

서울 시내에 전차가 다닐 때의 일이니 벌써 30년이나 훨씬 전인가 싶다.

오늘의 을지로 4가에서 돈암동 미아리고개 아래까지 다니는 전차노선이 있었는데 그때나 지금이나 대중교통의 승객이 어찌나 많은지 사람을 짐짝처럼 실어 날랐다.

바로 초여름, 이맘때쯤으로 기억된다.

당시 일흔두 살의 할아버지와 같은 연세의 대고모부를 모시고 돈암동 종점에 사는 두 어르신네의 친구 분 댁을 안내하게 되었다. 할아버지는 평생을 고집스럽게 초야에 묻혀 살아온 분이니 전차를 타는 것은 당연한 일이었으나 대고모부의 경우는 좀 달랐다.

며칠 전까지만 해도 대한민국 검찰총장을 지낸 분이었다. 그런데도 어찌나 곧고 깐깐한지 주위 사람들로부터 대쪽에 비유되었으니……. 은연중 두 어른은 남달리 마음이 통하는 그런 사이였다.

시발점인 을지로 4가에서 전차를 탈 사람들이 길게 늘어서 있는데 맨 끝에서 차례를 기다리니, 몇 사람의 젊은이가 앞으로 설 수 있도록 양보를 했다.

"아냐, 우리는 바쁘지 않아요!"

차례를 지켜 한참 만에 전차에 오르게 되었는데 앉을 자리는

커녕 설자리도 옹색하다. 손잡이도 마땅치 않아 두 분을 위해 나는 두 어른의 사이에 서서 부축하고 있었다.

덜커덩! 덜커덩! 그래도 달릴 때는 괜찮은데, 차가 섰다가 떠날 때면 으레 비틀거리게 된다. 그럴라 치면 비교적 중심을 잘 잡는 할아버지가 "아, 이 사람 정신 차려!" 하니, 대고모부는 무안해하며 짚고 있던 단장에 더욱 힘을 준다.

이렇게 하여 원남동 정거장을 거쳐 창경궁 모퉁이를 돌아갈 때에는 두 분이 다 한쪽으로 쏠려 쓰러지기 일보직전이다.

이 광경을 멀리서 본 한 중학생이 벌떡 일어서며 "할아버지 여기 앉으세요" 하고 외친다. 옆에 앉았던 같은 또래의 중학생도 슬며시 일어서며 "앉으세요!" 한다.

그런데 이 어인 일인가? 조금 전 까지만 해도 비틀대던 두 노인이 갑자기 아주 젊은이처럼 꼿꼿이 서며 "아냐아냐, 어서 앉아라" 하면서 사양을 한다.

눈동자가 까맣고 똘방똘방한 두 소년은 엉거주춤 선 채 계속 앉기를 권한다. 그러나 두 노인은 여전히 고개를 저었다.

주위의 분위기가 야릇하게 되고 말았다. 앉아 있던 다른 젊은 이들도 이쪽저쪽 눈치 보기에 바쁘다.

다행히 자리를 양보하던 중학생들은 다음 혜화동 정거장에서 나란히 내리게 되었으니 이제는 두 분이 마음 가볍게 앉아도 될 차례이다. 그런데 이때 헐레벌떡 올라탄 30대의 젊은 두 아낙이 번개처럼 앉고 말았다. 주위는 아무 말도 없이 조용한데 두 아낙의 수다가 온 차 안을 시끄럽게 했다.

종점에서 내린 나는 한동안 두 어른의 뒤를 따르며 생각했다. 너무하지 않은가. 귀여운 소년들의 성의를 그렇게 마다할게 뭐람. 그런 생각을 하며 앞을 보니, 두 분은 아무 말도 없이 묵묵히 걸어가고 있었다.

답답해진 나는 성큼 옆으로 다가서며,

"할아버지 왜 앉지 않으셨어요?"

"…음… 음…" 대답이 없다.

그래도 다그쳐 여쭈려 하니 고모부가 불쑥 이렇게 말한다.

"우리 늙은이들이 뭐 한 게 있어! 자라는 애들이나 잘 자라야지! 세상을 이 꼴로 만든 것이 다 이 늙은이들 탓이란 말야. 안 그렇소 형님?"

"음…."

다시 뒤로 처진 나는 앞서가는 두 어른의 뒷모습을 보며 뒤통수를 얻어맞은 그런 기분이었다.

비틀거리며 언덕길을 오르는 두 어른의 큰 고목인 양 커지면서 나는 자꾸만 왜소해지는 것만 같았다.

벌써 20년 전에 두 분 다 이 세상을 떠나고 말았다.

이제는 나도 어느덧 전철이나 버스를 타면 자리를 양보받는 경우가 있다. 아직 그럴 만한 나이도 아닌데 조로(早老)한 탓일까……. 하긴 그 옛날과 달리 버스에는 '경로석'이 따로 마련되기에 이르렀으니 격세지감(隔世之感)이 있다.

그러나 현실은 전혀 바뀌지 않았다. 경로석에는 노인보다 젊은이가 더 많이 앉아 있다. 그 바로 앞에 노인들은 서 있는 채 말이다. 반대로 무거운 책가방을 든 어린싹들의 고달픔은 아랑곳없이 늙지도 않은 사람들이 자리를 뺏으려 한다.

30여 년 전 두 어른이 보여준 고매한 정신을 오늘의 전철과 버스 안에서는 찾을 길이 없다. 아니 영 사라져 버리지는 않았을까 걱정이다.

돌이켜보건대, 이 세상이 점점 위아래가 없어지면서 어른의 소중함을 망각하는 지경까지 이르렀다. 이런 가운데 세상 살아가기가 너무도 외로워서 스스로 목숨을 버리는 노인이 있으니 너도 나도 옷깃을 여미고 깊이 반성을 해야 할 일이다.

만약 세상을 떠난 두 어른이 요즘의 신문을 보게 된다면 어떤 생각이 들까? '인신매매' '떼강도' '줄 방화' '성폭행'… 이 끔찍한 기사들…….

다시금 30여 년 전 붐볐던 전차 안에서 비틀거리면서도 자리에 앉기를 사양했던 크나큰 두 어른의 모습이 떠오른다.

그저 청소년들의 잘잘못을 탓할 것이 아니라 오늘의 기성세대가 먼저 정신을 차려야 세상이 바로 잡히리라는 생각이다.

'윗물이 맑아야 아랫물이 맑다'는 속담을 우리 모두의 좌우명으로 삼아야 하겠다.

(1994년 여름, 한국발전)

# 43 두 어른의 가르침

한평생을 사는 동안 소망스런 스승을 만나는 일처럼 행복함이 있으랴. 그런데 나는 삶의 고비고비마다 길을 잡아 주시고 사리를 분별토록 해주신 큰 어른을 모셔 오니 이보다 기쁠 수가 없다.

지금으로부터 25년 전인 1972년으로 기억된다. 지금은 국내외에 널리 알려진 경기도 용인의 '한국 민속촌'을 세우기 위해 부지를 정하는 등 준비 단계에 있을 무렵이었다. 요즘은 교통이 편해져서 그렇게 멀다는 생각이 들지 않는데 그때만 해도 아주 궁벽진 시골이었다.

처음 이 민속촌을 구상하고 착공한 설립자는 김정웅(金正雄)이란 분이었는데, 평소의 안면으로 해서 나는 자문위원이란 명색으로 처음부터 관계를 맺게 되었다(그후 주인은 바뀌었다).

몇 군데 후보지 가운데 지금의 자리로 확정되면서 김정웅 사장은 나에게 뜻밖의 부탁을 했다. 처음으로 세우는 이 민속촌을 제대로 꾸미려면 삼천리 금수강산을 가장 아름답게 그리는 화가와 그 땅 위에 보금자리를 마련하고 있는 백성들의 풍속에 밝은 분을 고증위원으로 모셔야 할 것이니 그런 분을 찾아 달라는 것이었다.

궁리하고 상의한 끝에 평소에 자주 만나 뵙는 당대 우리 화단의 원로이신 이당(以堂) 김은호(金殷鎬) 선생님과 풍속사에 조예가 깊은 희곡작가 고범(孤帆) 이서구(李瑞求) 선생님을 모시게 되었다. 정말 반가운 일이었다. 일주일에 한 번씩 두 원로 대가를 모시고 시골 나들이를 하는 행운이 내게 찾아온 것이다.

그러던 어느 날이었다. 널찍한 승용차의 뒷자리에 두 어른이 앉으시고 나는 운전석 옆에 앉아 창밖을 내다보며 간간이 들국화가 나부끼는 외진 길을 달리고 있었다.

모처럼 바깥바람을 쐬셔서인지 두 어른께서는 다소 상기하시며 좀처럼 말씀이 없으셨다. 그러나 막역한 두 분 사이에 어찌 침묵이 지속될 수 있으랴.

이당께서 먼저 말문을 여신다.

"여보게, 고범."

"왜 그러나(괜히 퉁명스럽게)!"

"저기 저산 좀 보게…. 대낮인데도 불을 환히 켜 놓은 것 같군…."

"(잠시 잠잠하다가 고범이 이당께 뱉는 말씀) 싱거운 사람! 웬 놈의 산에 불을 켜!"

"…허허, 저 환한 게 안 보여…?"

"허허, 이 늙은 환쟁이가 환장을 했나. 난 안 보이네!"

"뭣이! 이 늙은 광대야. 눈이 무뎠나 보군! 뭘 몰라요…!"

"여보게 이당! 내 본대로 얘기해 줄까, 저기 저 자라나는 소나무 숲을 보게. 잔칫날 손자새끼들 같군…."

"허허, 소나무가 손자새끼여!"

"아니, 그러면 저기 어디 불을 켰어!"

두 분은 좀처럼 양보가 없으시다. 그러나 피차에 악의 없는 말대꾸가 계속 되신다. 나는 멀거니 산을 바라보며 '환히 불을 켜 놓은 듯한 산' 과 거기에 뛰어놀고 있는 '잔칫날의 손자새끼들' 을 마음속에 또렷이 그릴 수가 있었다.

평생 한 길을 살아오신 큰 어르신네의 고매한 경지의 선문답이셨다.

민속촌이 들어설 벌판과 골짜기를 돌아보신 후 돌아가는 길에, 수원에 있는 흔히 얘기하는 아흔아홉 칸 집을 들르게 되었다. 민속촌으로 옮겨질 건물이었기 때문이다.

샅샅이 둘러보신 후 이당께서 한 말씀하신다.

"…조선집 창문으로 보이는 바깥 풍경은 더없는 산수화야…. 옛날 목수의 눈썰미가 오늘날 환쟁이들의 안목보다 훌륭했어요…. 그림공부하는 사람들은 고가(古家)의 창문으로 바깥 보기를 일 삼아야 해요…."

고범께서 여기에 한 말씀 보태신다.

"집이라는 건 사람이 살아야지, 비워 놓고 보면 하루가 다르게 못쓰게 돼요. 참 묘한 일이지, 안 쓰면 닳지 않아서 더 오래 갈 텐데 그게 그렇지를 않아요…."

민속촌을 세우는 데 이보다 더 적중한 가르침이 어디 있을까. 그저 아쉬운 것은 끝내 이처럼 깊은 뜻에 따르지 못했음을 뉘우칠 뿐이다.

치아가 좋지 않으셨던 두 어른과 '수원 갈비집' 에 들렀던 것이 엊그제만 같은데 세월과 함께 두 어른께서도 저 세상으로 가신지 오래이니 금싸라기 같은 말씀들을 구슬을 꿰듯 다시금 엮어 본다.

"…앉아서 밖이 내다보이는 동남쪽의 창은 주로 얕고 큰가 하면, 서북쪽의 창은 서야만 밖이 내다보일 만큼 높지막하다. 그 창을 통해 보이는 풍경들은 모두가 방 안과 바깥을 연결해 주는 마음의 통로 구실을 하고 있다.

방 안에 앉아 야트막한 창을 활짝 열어 놓으면 눈앞에 마당이 보이고, 담 너머로는 대자연이 탁 트인 정원으로 다가선다…."

물은 그 담기는 그릇에 따라 모양새가 달라지고 사람은 살고 있는 살림집과 또 그것을 감싸고 있는 대자연에 따라 성품까지도 영향을 받게 마련이라는 말씀이시다.

'자연관 인간의 섭리'를 깨우쳐 주려 하신 '이당·고범' 두 어른께서 홀연히 자연의 품에 안기신 이제, 오늘의 주변은 참으로 삭막하기만 하다. 황폐해져 가는 자연 속에서 어찌 곧은 인성이 피어날 수 있겠는가. 역시 같은 논리로, 사람들의 성깔에 따라 자연은 더없이 안온할 수도 있고 또 생지옥일 수도 있다.

'불을 켜 놓은 것처럼 환한 산, 거기에 자라는 소나무가 손자들의 재롱'이라 일러 주신 두 선생님의 훈훈하고 넉넉한 가르침을 이제 또 어디에서 만나 뵐 수 있겠는가.

생각생각 끝에 미숙하나마 더없이 소중한 두 선생님의 훈훈하고 넉넉한 가르침을 많은 이들과 함께하고자 두서없이 적어 보았다. "연로하심에도 손이 더우셨던 이당·고범 선생님이여, 길이길이 명복하소서."

(1998년 11월, 동아의보)

# 44 탈바가지한 얼굴로 이별도 하고 사랑도 하려니

왜 멀쩡한 제 얼굴을 두고 또 다른 모습의 '탈'을 만들게 되었을까?

흔히 탈의 기원을 말할 때, 원시공동체 사회의 제의에서 찾게 된다. 그것은 인간이 스스로의 능력으로서는 해결하지 못했던 질병과 죽음과 그리고 자연의 위력 앞에서 어떤 상징적인 모습의 '탈'을 내세움으로써 신앙적 뜻을 지니며 인간과 신을 이어주는 역할로서 생겨났으리라는 발상이다.

또 다른 의견으로는 짐승을 잡거나 전쟁을 할 때에도 경우에 따라서는 '탈'이 긴요한 기능을 했을 것으로 믿어 수렵을 위한 탈, 즉 생산적 기능으로서의 기원을 주장하기도 한다. 이 의견들은 아마도 각기 따로 떼어서 생각하는 것보다는 포괄적으로 해석하는 것이 바른 방법일 것이다.

애기는 다시 돌아가서 '탈,' 한자어로 적을 때 '가면'이란 무엇을 뜻하는 것인가?

그것은 물론 얼굴을 가리도록 만들어진 것이다. 그러나 그저 얼굴을 가리는 기능에 그치지 않고 본디의 얼굴과는 다른 인물이나 동물 또는 초자연적인 존재인 신 등을 표현하는 조형성과 꾸밈을 갖는 것을 의미한다. 하지만 같은 얼굴을 가리는 것이지만 복면이라든가 방독면 따위를 탈이라 하지는 않는다.

전문적으로 분류하는 경우, 수렵가면, 토템가면, 벽사가면, 의술가면, 영혼가면, 그리고 예능가면 등으로 표현되고 있다.

그러면 지금 우리나라에는 어떤 탈이 얼마만큼이나 전승되고 있는가. 가장 오랜 유물로서는 경주에서 발굴된 목심칠면(木心漆面)을 들 수 있겠고, 하회별신굿탈(河回別神祭假面)과 병산탈(屏山假面)이 있고 방상씨(方相氏)도 소중한 유산 중의 하나이다.

여기에서 각 지역마다 전승되고 있는 탈들을 살펴보면, 북쪽에서부터 북청사자놀음이 있고, 탈의 고장인 해서 지방(황해도)의 봉산탈춤, 강령탈춤, 은율탈춤 그리고 중부 지방의 산대놀이로서는 양주별산대놀이, 송파산대놀이, 경상북도의 하회별신굿탈놀이, 송파산대놀이, 경상남도 고성오광대, 통영오광대, 가산오광대, 부산직할시의 수영들놀음과 동래들놀음 등이다. 이상은 모두가 중요 무형문화재로 지정되고 있는 것인데 한 놀이에 탈의 수효를 평균 15개로 잡는다 해도 줄잡아 2백80여 개에 이른다.

오랜 유물인 하회탈의 이름들도 가지가지다. 양반, 부네, 선비, 초랭이, 할미, 이매…. 어떤 것은 생소하기도 하지만 실제 탈을 걸어 놓고 이름과 견주게 되면 참으로 딱 알맞고 구수한 이름들이다.

어느 지방의 탈놀음을 놓고 보더라도 일상적인 한 가족이 있는가 하면, 한 공동체에 있었음직한 배역들이 빠짐없이 다 있기도 하다. 착하고 악하고 비겁하고 용감한 인간 사회의 면면들이 고루 갖추어져 있다.

여기에 그치질 않는다. 민족 음악의 대표격이 되는 풍물(농악)

에 뒤따르게 되는 양반광대놀이는 바로 원초적 탈놀음의 흔적이자 또한 그의 발전 과정을 가장 잘 대변하고 있다. 어느 면 오늘에 이르기까지 역사 발전과 함께 아주 자유분방하게 그러면서도 직설적으로 민중의 의지를 표출하고 있는 것이 이 양반광대놀이다.

지금도 마을마다의 풍물놀이에서 옛날의 양반과 초랭이와 포수가 등장하는가 하면 오늘의 타락한 인간상과 못된 권력의 독이빨들이 지극히 희화적이면서도 생생하게 표출되고 있다. 극복해야 할 오늘의 실상을 꾸밈없이 내보이면서 집단이 만들어내는 사회극으로서 맥을 이어 주고 있다.

탈 탈 탈…. 그런데 '탈' 하면 일단 꺼림칙한 느낌부터 갖게되는 것이 지난 시대의 통념이었음을 상기하게 된다. 탈에 신앙적 기능이 부여되고 보면 가깝다기보다는 외경스럽기가 십상이다. 끔찍하고 두려운 존재로 둔갑되어 때로는 가까이 하기가 싫어진다.

또 반드시 무서워서만이 아니라 되도록 이른바 '탈'이 없는 바에야 '탈'과 가까울 필요가 없다. 이 '탈'이 문제이다. '큰 일 났다'가 '탈났다'로 통하고, 배가 아파도 '배탈 났다'고 한다. 그러나 이제부터 얘기될 탈들은 사고도 배탈도 아닌 우리의 역사적 유산으로서의 숱한 얼굴의 모습들이다. 어쩌면 얼굴을 가리기 위해서 만든 것이 아니라 더 적극적으로 표현하기 위하여 쓴 그런 탈들의 얘기를 해보자.

탈에 얽힌 얘기라면, 하회탈을 만들었다는 허도령의 슬픈 사연을 빼놓을 수 없다.

금기(禁忌)를 지키면서 남에게 보이지 말며 신성하게 만들었어야 했는데, 여기에 사랑하는 여인이 끼어들어 그야말로 탈이 나고 만다. 끝내 미완(未完)으로 그치고 마는 허도령의 얘기는 아마도 신앙적 기능을 한 벽사가면이거나 신성가면의 예로 해석이 된다.

우리나라의 탈들은 신성물로서 부군당에 모셔지는 것을 빼고는 일단 그것을 쓰고 놀고 난 다음에는 완전히 태워 버리는 것이 정해진 순서였다. 그런데 허도령의 작품인 하회탈은 하회라는 마을의 부군당에 보관되면서 1년에 한 번쯤 놀이에도 써졌으니 신앙성이 짙은 탈로 해석된다.

마을마다 있었던 부군당에 반드시 탈을 모셨던 것은 아니다. 부군님의 화상(畵像)을 걸거나 나무로 깎은 남자의 우람한 성기〔男根〕, 또는 그 지역마다의 특이한 숭상물이 모셔졌다.

좀 다른 예이지만 무격(巫覡)들의 굿판에서도 탈이 보이는데 범굿이라든가 심청굿, 다시라기〔死者結婚式〕 등에서 보이는 여러 가지 탈이 있다. 이것들은 굿이 진행되는 동안에 신성 내지는 영혼의 대상이 되기도 하지만 막판의 뒤풀이에서는 한 판 신명을 돋우는 연희 기능의 탈로 둔갑되면서 끝내는 굿에 쓰였던 여러 가지 지화(紙花)와 함께 깨끗이 태워 버리고 마는 것이다.

여기에서 생각되어지는 것이 있다. 그러니까 신앙적 기능의 탈이건 연희적 기능의 탈이건 간에 고정적으로 부군당에 모셔졌던 것이 아니면 모두 태워 없앴다는 사실, 이것은 하나의 의식의 순서이자 놀이의 마무리라는 점에서 일맥상통한다는 점이다.

어느 마을의 경우나 주로 당굿의 여흥으로 놀아졌던 탈놀음은 그 마을의 오랜 역사와 함께 마을 사람들의 의지가 함축·표현되는 것일진대 한해를 결산하는 기분으로 탈놀음은 꾸며졌고, 그것이 끝나게 되면 깨끗이 태워 버리고 새로운 마음으로 시작하고 싶었기 때문일 것이리라.

쓰고 놀았던 탈에 잡귀 잡신이 다닥다닥 붙어서 그것을 없애려고 놀이가 끝난 다음에는 태워 버렸다는 의견을 전적으로 부인하려는 것은 아니지만 아무래도 앞의 해석이 현대적 의미에서 주체적으로 그의 실체를 파악하는 바른 자세가 아닐까 한다.

각설하고….

탈의 기능은 현재로서는 크게 신앙과 연희의 둘로 나눌 수 있다. 그것이 때로는 서로 상관 관계를 맺으면서 습합(襲合)의 형태로 발전하기도 하지만 근세로 오면서 나누어지다가 지금은 연희적 기능이 돋보이는 탈놀음으로 전승되고 있다.

한편 탈판을 벌이기 전에 고사(告祀)를 올리는 것이 아직도 지켜지고 있지만 기원의 의미라든가 어떤 절실한 욕구에 의해서가 아니며, 오늘날 현대인이 기분전환으로 무슨 일에 앞서 목욕을 하는 상황으로 재연되고 있다면 과언일까.

순서 없이 우리 탈놀음에 많이 나오는 이름들을 살펴보자.

샌님은 양반이다. 그러나 양반이면서 체신이 말이 아니다. 낙반(落班)한 시골 샌님은 봉건적 가족 제도하의 일부다처를 흉내 냄으로써 집안 꼴도 말이 아니다. 그러면서도 겉치레나마 하인 말뚝이를 부리며 위세를 지키려 한다. 끝내는 망신만 당하고 말지만. 못생기고 주책없는 샌님을 통하여 바로 우리 역사의 어둡고 비극적인 대목을 만들고 만 양반 계층의 말로를 그대로 볼 수 있는 것이다.

취발이는 힘센 상놈이다. 파계한 중이 데리고 살던 젊은 소무를 빼앗는가 하면 샌님에게도 마구 대든다. 좌충우돌 무서운 게 없다. 그런데 문제가 있다. 오늘에 전하고 있는 취발이는 들떠서 날뛰기만 하지 '자기 의지,' 다른 말로 하자면 역사 의식이 없다. 아마도 조선 왕조와 일제 36년을 거치는 동안 변질·왜곡된 데서 온 결과일 것이다.

술 잘먹는 취발이, 분수없이 날뛰는 취발이보다는 그의 억센 힘이 이 세상을 바로 잡는 데 한몫해야 한다는 생각에서 취발이를 꼽아 본다.

말뚝이는 샌님의 종이다. 종이면서도 고분고분하지 않다. 때로는 샌님을 비난하고 욕보인다. 헌데 취발이나 마찬가지로 끝마무리가 흐지부지이다. 너무도 못살다 보니 눈치만 남은 그런 면이 때때로 보인다.

파계승인 먹중은 누구에게나 조롱의 대상이다. 그러면서도 젊은 계집만 보면 기고만장이다. 끝내 취발이에 쫓기고 말지만 음흉하기가 이만저만이 아니어서 또 언젠가 다시 나타날 그런 인물이다.

단순한 외래 종교라기보다는 외세에 대한 비판과 극복의 대상으로서 먹중이 아주 옛날부터 등장하고 있음을 오늘의 우리는 어떻게 받아들여야 할 것인가. 걸리적거릴 만큼 숱한 오늘의 먹중들에게 우리는 어떤 자세로 오늘을 지키고 있는 것인가. 참으로 찔리는 자책을 금치 못하게 하는 것이 먹중의 존재이다.

영노는 제 입으로 자기는 사람도 짐승도 아니라고 한다. 그저 무엇이든 먹어 치우는 불가사리와 같다. 그러면서도 제일 식성에 맞는 것은 '양반'이라며 양반만 보면 침을 삼킨다. 양반 계층에 대한 분풀이를 영노를 통하여 잔인하게 전개하고 있는 것이다. 때로는 끔찍하기도 하지만 유별난 배역임에 분명하다. 다만 기왕이면 짐승도 사람도 아닌 영노가 아니라 당당한 사람이 적극적으로 모순을 극복했더라면 하는 아쉬움이 있다. 영노의 등장과 그의 희화적인 성격은 우리의 탈놀음 속에서 큰 비중을 차지한다.

한쪽은 붉고 다른 한쪽은 흰 두 얼굴을 가진 사나이 홍백가는 이중인격자임을 나타낸다. 옛날에도 그런 사람이 있었던가. 홍백가가 득실거리는 오늘이고 보니 두 얼굴의 홍백가가 생소하지 않다.

"…내 한쪽 얼굴은 남양 홍생원이요, 또 다른 한쪽은 수원 백생원일세…."

그의 말대로라면 애비가 둘이련만 그건 그렇지 않다. 다만 세상 살아가려면 이러지 않고서는 어렵다는 것이다. 홍백가의 등장은 물론 인간적 번뇌와 사회적 모순의 조합물이다. 그러나 그것은 일차적으로 자기 모순을 극복하지 못한 비극적 산물로 이해되어야 할 것이다. 그런데 그 홍백가의 두 표정마저 슬며시 웃고 있으니 웬일일까.

하회탈의 백정은 도끼로 소를 때려잡는 힘센 망나니와 같으련만 만면에 미소가 흐르고 있다.

봉산탈춤의 취발이도 이마의 울퉁불퉁한 주름살로부터 밑 턱이 툭 튀어나온 것까지 괴기스럽기만 하지만 그것이 한데 어울린 전체 얼굴에서 풍기는 느낌은 조금도 무섭지 않고 오히려 우스꽝스럽기까지 하다. 탈판이 무너져라 뛰어 오르면서 양손의 한삼이 번개처럼 하늘을 가리는데, 그 힘차고 투박한 춤사위에서도 비단결보다 더 매끄러운 선율이 흐르고 있다.

동래들놀음의 말뚝이는 그 크기로 해서나 생긴 모양이 끔찍스럽기로 우리나라 탈 가운데 꼽히는 것 중의 하나이다.

말뚝이면 양반의 종에 불과한데 크기도 양반의 다섯 곱은 실하려니와 코는 열 곱도 더 되리라. 너풀댈 만큼 큰 귀도 부처님 귀를 뺨칠 만하다. 이 말뚝이가 말채찍을 휘두르며 굿거리 늦은 장단에 덧배기춤을 추는 모습은 절구대로 땅을 짓이기는 모습이다. 그 큰 입은 축농증 환자처럼 딱 벌렸으니 침이 그냥 흘러나올 것만 같다.

그런데 이 말뚝이가 재담을 던지며 춤을 추노라면 그 기괴한 얼굴에 어느덧 한가닥 미소가 흐르니 무섭기는커녕 정겨운 얼굴이 되고 만다. 동래들놀음에 등장하는 숱한 양반 형제들이 이 말뚝이의 널 푼수 있는 풍채에 눌려 아주 초라해지고 만다.

그렇다면 우리의 탈들은 왜 이처럼 거의가 웃고만 있는 것일까?

웃음이란 속이 편할 때 나오는 것인데, 그렇다면 우리 조상들은 모두가 속이 편했었단 말인가. 그렇지 않다. 지지리도 찌들리고 못사는 가운데 그 어려움을 이겨내는 슬기로써 웃음을 택한 것이 아닐까. '소문만복래(笑門萬福來)'라 했으니 일단 웃고 보자는 속셈이었을까. 그러나 웃음이면 다 같은 웃음이 아니라는 것을 꼭 상기해야 한다.

더욱이 우리 탈들의 웃음이란 활짝 웃는 웃음, 씁쓸한 웃음, 찝찌름한 웃음, 툭 쏘는 웃음까지 있는 것이니 그 웃음의 실체를 파악하기란 참으로 간단한 문제가 아니다.

사회적·경제적 모순과 인간적인 번뇌를 몸으로는 적극적으로 표현하면서 얼굴에서는 일단 그 심상(心象)을 종잡을 수 없는 다양한 웃음으로 비양하듯이 고발·비판하고 있다. 그러니까 그의 웃음은 어느 면 세상만사에 달관한 여유까지를 보여주게 된다. 여기에 그치지 않고 '웃음 속에 비수'가 있으니 그 웃음이란 송곳보다 더 섬뜩하여 소름 끼치게 한다.

탈, 탈, 탈, 탈…의 웃음은 웃고 마는 그런 것이 아니라 일단 웃어 놓고 다음 얘기는 시시콜콜히 해보자는 속셈이다.

얘기머리를 돌리자. 탈이란 물론 고착된 얼굴이다. 그 고착된 얼굴로 사랑도 해야 하고 이별도 해야 하며 비리와 맞붙어 싸움도 해야 한다.

희로애락이 한 얼굴 속에 오순도순한 탈이 잘 만들어진 탈이라 한다. 어쩌면 오늘의 우리네 얼굴이 바로 성공한 옛날의 탈일지도 모른다.

희비(喜悲)가 항시 함께 도사리고 있는 오늘의 표정들에서 어떻게 하면 밝고 건강한 웃음만을 남게 할 수 있을 것인가. 옛 탈의 맥락을 이어받으며 오늘의 새로운 탈들이 주체적으로 창출되어야 함이 우리 모두의 당면한 과제이다.

(1984년 12월, 학원)

# 45 나의 삶, 나의 생각
### 〈쌍두아(雙頭兒)〉 하나되는 날까지 '외길광대'로

　남부럽지 않은 지주 집안의 3대독자 외아들로 태어난 나의 어린 시절은 온실 속의 파와 같다고나 할까. 여리기는 했지만 평온하기 그지없었다. 초등학교 5학년 때 8·15 해방이 되었는데, 남들은 양식이 없어 고생을 했지만 전혀 그런 어려움을 몰랐다. 그런데 해방이 되면서 우리 집안에는 큰 변화가 왔다.

　아버지께서 대부분의 논과 밭을 소작인들에게 무상으로 그냥 내주셨다. 그러고 보니 우리가정의 경제 사정이 달라지기 시작했다. 지금 생각해 보면 아버지의 이러한 결단은 혹자가 말하듯이 무슨 사회주의적 이념이 있어 그러신 것이라기보다 당시 30대 초반의 젊은이가 발산할 수 있었던 의분 같은 것이 아니었는가 싶다.

　어쨌든 이 사건으로 해서 우리 집은 필요 이상으로 남들의 입방아 대상이 되었다. 어떤 사람은 "지주가 갑자기 공산당이 됐다"고 비아냥 섞인 눈초리를 보내는가 하면, 또 어떤 이는 "양식 있는 지주의 결단"이라고 칭찬을 하기도 했다. 이렇게 되자 조용하기만 했던 우리 가정에 서서히 찬바람이 일기 시작했다. 어떤 때는 빨갱이집이라고 몽둥이든 젊은이들이 들이닥쳐 가재도구를 몽땅 부수는가 하면, 또 어떤 때는 그런 깡패를 막아 준다고 또 다른 패거리들의 젊은이들이 문전을 지키기도 했다.

그러나 이런 사건들은 우리 집 식구들을 더욱 불안케만 하여 1950년 한국 전쟁이 날 때까지 다섯 번이나 이사를 하게 했다.

한국 전쟁이 났을 때, 나는 중학교 4학년(당시는 중학교 6년제)이었다.

열일곱 살이었는데, 뜻하지 않은 '의용군' 경험을 하게 됐다. 심한 배탈에 탈수증까지 겹쳐 다행히 사지에서 빠져나올 수 있었지만 그후에 바로 제2국민병으로 소집되어 '국군'은 해봤으니 분단비극의 표본이라고나 할까, 아마도 경험하지 않은 사람으로는 그 아픔을 상상할 수도 없는 일이리라.

천석꾼이 망해도 10년 먹을 것은 있다고 했는데 우리 집은 6·25를 겪으면서 경제적으로 아주 바닥이 나고 말았다. 거리의 양담배장사, 시골장터를 돌며 문방구장사, 닭장사 등 닥치는 대로 호구지책을 찾아 행상도 했다.

그런 어느 날, 나는 이렇게만 살기에는 너무도 억울하다는 생각으로 서울 서대문구 천연동에 있던 가까운 친척집을 빌려 고향인 충청남도 공주와 서울에 뿔뿔이 흩어져 있던 가족을 모이게 했다.

어려운 대로 학교에도 다시 다니게 되었고, 아버지께서도 적은 벌이나마 다시 하시게 되어 조금씩 안정되어 갈 무렵이었다. '서울중앙방송국 아나운서 모집'이라는 신문광고를 보고 나는 선뜻 응시했다. 1953년의 일이니 꼭 40년 전의 일이다. 그때는 텔레비전도 없고, 라디오 방송국도 하나밖에 없을 때라 인기가 꽤 좋았다.

나는 아나운서 생활 3년을 하고는 주위의 손가락질을 받으며 하루아침에 '떠돌이 건달'이 되고 말았다.

　여기서 이야기는 다시 거슬러 올라가는데 한국 전쟁 때 '의
용군'에서 빠져나온 직후 나는 고향인 충청남도 공주에 숨어

살면서 정광진(丁廣珍)이라는 한 노인과 사귀게 되었다. 70 고령의 정노인은 명색은 머슴이었지만 늙고 병들어 일은 하지 못하고, 당신 말마따나 그저 죽을 날만 기다리는 처지였다. 바로 이 노인이 그 옛날 '남사당패'의 꼭두쇠(우두머리)였음을 나는 그의 입을 통하여 들었다.

다양한 남사당놀이의 설명과 그 종목들이 지녔던 탁월한 예술성을 알게 된 나는 언젠가 꼭 이 놀이들을 배워 훌륭한 광대가 되어 보아야겠다는 다짐을 한 적이 있었다. 또한 정노인으로부터 지금도 전국의 어디 어디에 상쇠에 '최성구(崔聖九),' 장구에 '양도일(梁道一),' 꼭두각시놀음에 '남형우,' 땅재주에 '송순갑(宋淳甲)' 등… 아직도 많은 떠돌이 광대들이 살고 있음을 듣고는 설레기까지 했다.

세상이 평정되고 혹시 내게 기회만 주어진다면 꼭 이 남사당놀이를 되살려 보겠다며 꺼칠한 정노인의 손을 눈물을 흘린 적도 있었다.

1953년 정노인은 세상을 떠났고, 나는 그의 부음을 듣고 곧 고향으로 내려가 개울곁에 마을 사람들이 마련한 그의 돌무덤 앞에서 한나절이나 멍하니 신명지게 돌아가는 남사당패의 환상에 사로잡히기도 했었다.

나는 서울 중앙방송국의 아나운서를 그만두고 나서도 한동안 이 일을 식구들에게 말하지 않았다. 그리고는 옛 남사당패를 찾아 나서면서 지방 방송국에 출장간다고 했다. 그러나 두어 달 후에 탄로가 나면서 아주 미친놈이 되고 말았다.

1959년 8월, 나는 남산 광장(지금 안중근 의사 기념관 앞)에서 나의 첫번째 남사당놀이판을 벌일 때까지 거의 전국을 떠도는

뜬광대 노릇을 했음은 물론이다.

세상에 죽으라는 법이 없다 했듯이, 내가 이처럼 집안 걱정을 하지 않고 방랑할 수 있었던 것은 아버지께서 이 기간 동안 비교적 안정된 직장을 가지실 수 있었기 때문이었다.

그러나 20년 가까이 서서히 잊혀져 가고 있던 남사당놀이 여섯 가지(풍물=농악, 버나=대접돌리기, 살판=땅재주, 어름=줄타기, 덧뵈기=탈놀이, 덜미=인형극 꼭두각시놀음)를 재현해 내는 데는 수월찮은 비용도 들어야 했으니 집안 꼴은 더욱 말이 아니었다.

어렵사리 아버지께서 장만하신 집을 팔기도 했고, 가족들 고생시킨 것을 생각하면 참으로 염치없는 일이었다.

1960년대로 들어서면서 떠돌이 광대인 나에게 월간지 학술지등에서 원고 청탁이 들어오기 시작했다. 전국을 직접 답사하고 있는 맹렬 '민속학자'라면서 갑자기 '학자'의 칭호도 얻게 되었다. 이렇게 해서 한 10년 발표한 글들을 모아 《남사당패》 《민속극》《민속놀이》 등의 저서도 내게 되었고 이와는 별도로 이 방면의 나의 소견을 쓴 글들을 모아 《심우성평론집 · 민속문화와 민중 의식》을 내면서 대학의 강좌도 맡게 되었다.

그런 가운데 1978년부터 나의 마음속에서는 잠재했던 한 욕구가 우글대며 터져나오곤 했다.

물론 그때까지도 남사당놀이에 직접 참여하여 풍물도 놀고, 탈과 인형도 만들고, 춤도 추었지만 이제는 그까짓 학자(?)의 허울은 벗어버리고 광대가 되겠다는 것이었다.

이제껏 익힌 전통예능을 바탕으로 대사가 없는 1인극의 세계를 개척해 보자는 속셈으로 나는 〈쌍두아(雙頭兒)〉라는 작품으로 무대 위에 서면서 그 인사말로 다음과 같이 썼다.

"…이제 뒤늦게나마 재혼하는 과부의 설렘으로 무대 위에 서렵니다…"

그로부터 나는 다음과 같은 1인극 작품들을 만들어 왔다.

쪼개진 민족의 자화상인 〈쌍두아〉, 우리가 처한 오늘의 자리를 확인하려 한 〈문〉, 분단에서 비롯된 원한과 원혼을 달래기 위한 〈남도 들노래〉, 거듭 분단의 쇠사슬을 한 핏줄의 단심으로 녹여내기 위한 〈판문점 별신굿〉, 거창 양민학살의 원혼을 얼싸안으려 한 〈넋이야 넋이로구나〉.

위의 작품들 가운데 특히 〈쌍두아〉와 〈남도 들노래〉는 국내외에서 2백여 회의 판을 벌임으로써 그런대로 1인극 세계의 문을 두드려 보았다.

나는 올해에 세 가지 계획을 세우고 있다. 순서대로 4월 3일에는 제주 4·3 항쟁 추념으로 〈남도 들노래〉를 현지에서, 6월 27일에는 서울의 문예회관 대극장에서 새작품 〈새야 새야〉를 올리려 한다. 이 작품은 동학농민혁명 1백주년을 기념하는 것으로, 1백 년 전 〈새〉와 오늘의 〈새〉를 한 무대 위에 날게 함으로써 동학농민혁명의 현재적 의미를 확인해 보려는 것이다.

돌이켜 생각하건대, 이만큼이나마 외곬의 길을 걸어올 수 있었음은 엉뚱하게도 내 어린 시절의 회오리바람의 덕이 아닌가 한다.

나의 10대를 엄습했던 8·15와 6·25는 한때 나의 정서를 삭막하게도 했지만 또 다른 면에서는 역사와 민족의 존엄함을 실천적으로 일깨워 주었다.

하찮은 이데올로기보다는 한 공동체로서의 민족의 끈끈함,

갈대처럼 바람에 민감한 외세에의 의존이 얼마나 덧없는 것인가를 일러 주었으니 말이다.

갑술년은 인생을 새로 시작한다는 예순하고도 한 살이 되는 해이니 옷깃을 여미며 있는 힘을 다하여 새 출발점에 서고자 한다.

거듭 재혼하는 과부의 설렘으로 새 작품을 만들어, 극장무대보다도 이 세상 한가운데로 나서야겠다는 생각이다.

(1994년 2월 24일, 경향신문)

# 46 마당굿은 전승되어야 한다

기존의 연극계가 전통적 연극의 하나인 마당굿의 존재를 의도적이거나 아니면 무지한 가운데 외면하고 있다. 그러나 마당굿 운동은 1970년대 이후 기층 문화를 바탕으로 한 새로운 연극작업을 서두르는 젊은 연극인에 의하여 상당한 진전을 보고 있음이 사실이다.

어느 면 오늘의 연극계가 안고 있는 일방적인 외래연극의 늪에서 스스로를 건져내기 위하여도 그의 전형과 내용이 허심탄회하게 논의되어야 한다.

또한 마당굿이 한국 연극의 중심적 역할을 하기 위하여도 마당굿 연회패들 사이에 간격 없는 의견이 교환되어야겠다는 생각에서 이 글을 쓴다.

## 삶을 설계하는 마당

금수강산 삼천리 어느 마을에를 가나 옛날에는 집집마다 마당이 있고, 또 그 마을에는 마을의 상징인 양 넓은 마당이 있었다.

근·현대로 접어들면서 이러한 마을 공유의 마당은 어느덧 없어져 버리고 말았으며 개인 집들도 담장이 높아지면서 그저 내 집 식구들만의 공간이 되었다.

어렸을 때 기억을 되살리면 어린이들은 내 집 네 집 없이 이 마당 저 마당을 뛰며 놀았던 것인데 지금은 감히 생각지도 못할 일이다.

특히 마을의 넓은 마당은 담도 경계도 없이 마을의 한쪽에 위치하면서 어느 집에서나 그곳을 통하여 큰 길로 나가게 되니 때 없이 이웃들이 만나는 장소였다.

그뿐이랴. 한해 농사를 시작하는 데는 씨앗을 고르고 말려야 하는데 이 일도 마을의 마당이 십상이다.

그 씨앗이 백배 천배로 되어 수확을 하게 될 때에도 마당은 그 타작 판이 된다.

두레농사를 주로 한 우리 조상들은 이 넓은 마당을 참으로 효율적으로 이용하여 왔다.

구성진 일노래를 부르며 보리와 벼와 갖가지 곡식을 털어 가마니에 담아 쌓으니 마을 한가운데에 새로운 산이 하나 솟은 듯 했다.

마을에 새 생명이 태어나 그 아기의 배에서 태를 잘라 내게 되면 그것을 태우는 곳 또한 여기다. 자라나는 그 아기는 흙 위에서 뒹굴며 동무들과 싸우며 노래하며 자라나 한 몫의 장정이 된다.

사시사철 명절이면 풍물을 치며 '지신밟기'를 하는데 이 신명진 패거리도 먼저 마을 마당에 모여 한판 울리고는 집집을 돌았다.

어린 시절의 추억으로 아직도 지워지지 않은 것은 이 지신밟기 놀이꾼들이 갖가지 '양반광대놀이'의 탈을 쓰고 춤추며 돌아가던 '마당놀이'의 장면이리라.

한 공동체의 희로애락을 오랜 역사와 함께 한 마당의 이야기는 끝이 있을 수 없다.

갓난아기의 태를 태우고, 그 아기가 자라 시집 장가가고, 때로는 불행하게도 젊어서 집을 떠난 자식이 돌아오지 않고 보면 늙은 어미가 때 없이 멍하니 서서 기다리는 곳이다.

기다리다 못한 어미가 한 많은 눈을 감게 되면 상여를 타고 저 세상으로 떠나는 곳이기도 하다.

해마다 이곳에서 벌이는 마을굿을 비롯하여 한 공동체의 보다 나은 삶을 설계하는 요람이요 싸움터요 마무리 짓는 곳으로 마당은 존재했다.


## 예술의 총합체로서의 마당굿


'굿' 하면 흔히 무격의 푸닥거리를 연상한다. 무당의 굿도 크게 둘로 나눌 수 있겠는데 그 하나는 '병굿'이나 '재주굿' 등 사사로운 개인굿이요, 다른 하나는 한 공동체의 안과태평을 기원하는 '도당굿' '별신굿' 등의 '대동굿'이다.

세시풍속에 따라 음력 정월, 5월, 8월, 10월에 주로 굿판을 벌이게 되는데 그 가운데 어느 한마을의 정월 대동굿을 다음에 소개한다.

굿을 시작하기 며칠 전부터 마을 사람들은 공동 추렴에 의하여 제물(음식)과 놀이기구(악기, 탈, 의상 또는 줄다리기, 고싸움놀이, 동채싸움 등에 쓰이는 기구)를 준비한다.

대동굿을 올리는 날이 정월 초하루라면 그 이전에 이 모든 것은 준비되어야 한다.

초하루 새벽 해뜨기 전에 당나무가 서 있는 서낭당이나 또는 마을의 마당에 굿청을 차리고 무당이 주재하는 의식을 갖는데 그 소요 시간은 한 시간 남짓으로 해가 넘기 전에 끝맺는다.

마을의 안과태평을 비는 이 의식은 집집의 가장들이 소지를 올리는 것으로 끝나며 차렸던 음식을 고루 나누는 데까지가 순서이다.

마을 치성이 끝나면 모두 서둘러 집으로 돌아가 집안 차례를 올린다. 그러니까 마을 차례가 먼저이고 다음이 개인의 순서이다. 아침을 먹은 후 집안 어른과 이웃에 세배를 드리고는 다시 집집의 가장이 마을의 마당에 모인다.

지난해에 겪은 일들을 되새기며 새로 맞는 한해를 어떻게 지내는 것이 좋은 것인가를 협의한다. 기탄없는 공동체의 관심사가 논의되고 그의 실천 방법까지가 결의되는 자리이다.

이러한 모임을 가진 후 대개 점심 때가 지나서 갖가지 놀이판이 벌어진다. 풍물놀이가 있고 탈놀음이 있고 다양한 민속놀이가 뒤따른다.

탈놀음을 하나의 예로 들어 보자.

이 마을에는 예로부터 탈놀음이 전해 온다. 이 놀이에 등장하는 배역의 탈들도 이미 정해 있으며 또한 미리 만들어 준비되어 있다. 그 줄거리도 전하는 것이 있으니 요즘 무형문화재 발표회처럼 따로 연습을 할 필요도 없다.

재담도 아이들까지 졸졸 외는 것이니 멀리서 탈들이 어울린 것만 보아도 대충 무슨 대목을 놀고 있는지 알 만하다.

그런데 이 탈놀음 판은 그해 그해가 똑같지 않다는 데 주목해야 한다.

앞서 마을의 어른들이 협의한 안건 가운데 절실한 마을의 실천 강령으로 채택된 것이 있다면 그 내용이 놀이 속에 수용되는 것이다. 주어진 놀이의 순서로 진행하면서 오늘의 관심사가 첨가 용해된다.

때로는 이 마을의 탈놀음에 등장하는 탈로서는 적합지 않은 새로운 배역이 필요할 때는 재빠른 한 탈꾼이 우그러진 양철통이나 비료부대 등에 눈구멍을 뚫어 쓰고 나와 무리 없이 끼어든다. 어제의 이야기에 오늘을 살아가는 의지가 하나의 흐름을 이루면서 탈놀음은 밤 깊은 줄을 모른다.

풍물놀이도 마찬가지요, 단순한 민속놀이에 이르기까지 옛을 흉내내어 놀고 있는 것 같지만 그의 내용은 줄기찬 물줄기와 같은 역사의 흐름을 체험하고 예행하는 순간들이다.

마당에서 하는 굿인 대동굿은 한 공동체의 모임을 통한 기원의 자리요, 예술의 총합체임을 확인하게 된다.

전통에 바탕하여 오늘을 극복하며 내일로 발전하는 민족적 슬기로서 굿은 이해되어야 한다.


## 관중까지 한배 탄 협력 체제의 자체 수련

역사 민족이라면 세계 어느 나라나 역사의 산물인 문화재를 지니고 있다. 그의 수효가 많으면 많을수록 자랑으로 삼는다.

석기 · 토기 · 청동기 · 철기 · 도기, 그밖에 다양한 건조 건축

물과 생활기기, 공예품들이 여기에 포함된다.

이런 유형문화재들은 나라마다 보물, 국보로 지정하여 보존에 힘쓰고 있다. 그런데 무형적 문화재를 국가가 문화재로 따로 지정하고 있는 곳은 전세계에서 일본·대만·한국(지정 순서)뿐이라는 데 우리는 주목해야 한다. 쉽게 무형문화재 하면 춤·음악·연극 등을 연상하지만 실은 그의 범위는 광대해서 일체의 유형문화재를 만들어 내는 기술이 여기에 포함된다.

그렇다면 왜 위의 3국만이 무형문화재라는 것을 지정하고 있는 것일까.

솔직히 말하면 간단하다. 지난 역사 가운데 스스로 주인 노릇을 못한 역사를 지니고 있는 결과이다. 자신을 망각하여 외래문화의 시녀 노릇에 치중했거나, 외세의 힘이 스스로를 지탱하지 못할 만큼 강렬했을 때 일어나는 현상이다.

일본·대만·한국의 경우가 바로 이러한 결과의 표본으로 된다는 결론이다.

그러니까 전통문화가 가장 위급한 상태로 병들었거나 나약해 있다는 증거로 된다. 속없는 사람들은 무형문화재가 80여 종이나 된다고 자랑을 한다.

영국이나 프랑스·독일은 역사가 짧아서 무형문화재가 없다던가. 미국이나 소련은 국고가 허약해서 지정을 못하고 있다는 말인가. 아니다. 그들도 나름대로의 어려움이 있기는 했지만 그들의 전통이 흔들릴 만큼 자기 역사의 수레바퀴를 남에게 빼앗겼거나 억압받은 시간이 짧았다는 결과이다.

이 문제를 길게 물고 늘어질 시간이 없다. 오로지 무형문화재의 지정이란 피치 못할 경우의 잠정·과도 조치이지 영구 조치

일 수 없다는 사실을 분명히 해 두고자 한다.

지금 이 시간에도 일본·대만 그리고 한국에서 자기 생성적 전승력을 갖고 전승되어야 할 춤과 음악과 연극들이 박제화되어 가고 있다.

마당굿도 같은 어려움을 겪고 있는 중이다. 이를 극복하는 데는 위의 세 나라들이 자기 역사의 분명한 주인으로 되돌아갈 수 있을 때 가능하리라.

우리 민족의 형편은 또 다른 데가 있다. 첨예한 분단의 현실이다. 실상 이 분단은 우리 민족이 자초한 것이 아니다. 막강한 열강의 이해에 의하여 생으로 잘린 세계사적 비극이다. 그러나 우리의 통일이 원치 않는 열강의 속셈으로 해 늦어지고 있다 하더라도 방관 방조하는 역사의 죄인이 될 수는 없다.

여기에 외람되이 오늘의 현실 위에 창출되는 새로운 마당굿의 긴요함을 역설코자 한다.

물론 그것은 등 돌리고 살아온 지 반세기인 남과 북의 혈연적 일체감을 일깨우기 위하여도 전통적인 이지와 양식에 바탕한 것이어야 한다.

여기에는 획기적인 작품을 해낼 작가·배우·연출가도 필요하고 그를 뒷받침해 줄 제작자도 있어야 한다.

그런데 이 작업을 원대한 안목에서 성공시키는 데는 우리 마당굿의 기본이기도 한 모두의 참여에 의한 집단 창작이란 정신적 배경이 자각·실천되어야겠다는 생각이다.

우리는 1970년대 이후 마당굿의 선진적 연희패들이 적지 않은 시행착오를 겪으면서도 멈추지 않고 있는 작업을 보고 있다. 한국 연극의 정신적 한 전형으로 받아들여야 할 마당굿 운동이

이들에게만 맡겨질 수는 없다.

이제까지의 타율적 가치관과 개념들이 비판·불식되는 가운데 모든 연극인이 관심을 갖고 참여해야 할 일이다.

처음은 생소하고 서투르겠지만 당당한 의견을 가지고 토론을 통한 공동 창작의 과정을 수없이 거치면서 다양한 생각들이 보편적 염원으로 발전할 수 있도록 해야 한다.

연출과 배우는 물론이요, 이러한 굿판에 함께할 관중까지도 한 배를 탄 마을 사람이 될 수 있도록 내용과 형식을 통일하는 자체 수련이 전제되어야 한다. 상식이지만 마당굿은 춤과 음악과 연극이 분리된 상황에서 짜여지는 것이 아니라 그것들의 총화에서 이룩되는 것이다. 여기에 관중의 목소리와 몸부림까지가 하나로 용해되며 분출하는 것이라는 데 의견이 일치될 때까지 토론이 거듭된 끝에 제 새끼 낳듯 분만하는 것이어야 한다.

이 고되면서도 선뜻 성과가 없을 작업은 오늘의 현실이, 그리고 오늘의 한국 연극계가 난삽하면 할수록 그만큼 절실히 요구되는 것이다.

태를 태우고 씻나락을 말리며 타작을 하고 죽어서는 상여가 떠나는 마당, 이 평온해야 할 마당이 반으로 쪼개지면서 온갖 짐승들이 난무하니 최소한 살아남기 위하여도 마당굿은 논의되고 실천되어야 할 단계이다.

서양의 것은 총체연극이니 민중연극이니 하여 유식을 토로하는 자료로 삼으면서 막상 제것에 이르면 일단 색안경부터 쓰는 옹졸함을 버려야 한다.

원형 보존이니 문화재 선양이란 명분으로 생명력을 제거하는 어리석음도 더 이상 지속될 수 없다.

각설하고 한국적 연극의 전형을 세우기 위한 연극 운동의 하나로 마당굿의 긴요함을 제언하는 바이다.

(1988년 8월 25일, 마당굿 연희본 머리글)

# 47 마당굿은 분단 극복의 민중 운동

## 50대 자책의 마음

이 글을 쓰면서 나는 새삼 자책을 금치 못한다. 나이로 해서 1950년에는 학도병과 이른바 의용군 대상이요, 다시 휴전이 되자 제2국민병으로 소집되고, 얼마 안 있다 4·19 터지고, 5·16 나는데 그동안에 고등학교와 대학교를 다니다 말다 했으며, 그 사이사이에 직장도 가져야 했고 양담배 장사도 했다.

1950년대말, 어려서부터 좋아하던 연극 공부가 하고 싶어 책을 뒤지다 보니 탈춤이니 농악이니 광대패·사당패 얘기가 나오는데 그런 것이 모두 내가 자란 시골에서 다소나마 경험했던 것이라, 아예 찾아 나서기로 작종하고 1960년대말까지 현장을 찾아 사진도 찍고, 녹음도 하고, 또 어울려 생활도 하면서 남들이 붙여 준 대로 '자료 수집광' 행세를 하게 되었다.

무슨 논문을 쓴다든가 저서를 만들기 위해서 시작한 일이 아니다. 나름대로는 독창적 민족 형식을 바탕으로 한 새로운 연극을 창출하는 터전을 다지자는 뜻이 있었던 것인데….

그런데 사정이 점점 달라져 갔다. 무슨 무슨 학회니, 잡지사, 출판사에서 강연이나 글의 청탁이 있었고, 방송국에서도 심심찮게 부르기 시작하니 생각지 않은 수입원이 되기에 이르렀다. 사람이 망해 가는 데 십상인 길이 솔직히 나를 충분히 유혹하면서… 언젠가 스스로 신변잡기에서 밝혔듯이 '민속 탤런트'로 전락하였다.

'마당'이, 이번에 '소집단 문화 운동의 향방'이란 특집을 마련하고는 그 가운데 민속 연희와 연극 분야에서의 현장을 확인하고 앞으로의 방향을 잡는 데 있어 좀 먼저 뛰어든 50대의 의견을 듣자 함이 이 글 청탁의 속셈이라 생각하고 가능한 한 덧붙임 없는 나의 오류들을 보기로 들고 싶은 심정이다.

무슨 일이나 애정이 기초가 된다는 데 인색할 필요는 없는 일이다. 나의 민족 예술에 대한 생각도 논리적 당위성보다는 막연하나마 애정으로부터 시작되었다고 믿는다. 다만 민족직으로 가장 처절했던 시기여서 그의 애정이 그만큼 뜨거울 수도 있었으리라.

그로부터 10년 후 각설하고 1971년 5월 5일, '한국민속극연구소'란 이름으로 당시 이 방면에서 관심을 함께한 21명의 서로 전공이 다른 20-30대가 모여서 다음과 같은 내용의 뜻을 모았다.(다음 편의 한국민속극연구소 취지)


## 1980년대에 팔을 걷은 젊은 집단들

엉뚱할지 모르지만 일단을 소집단 문화 운동이란 호칭 그 자체가 주는 느낌이 만족치를 않다. 하지만 실제로 민중 문화를 바탕으로 하는 각 분야에서 선진적 작업을 하고 있는 일꾼이 아직은 많질 않으며, 그러한 집단도 손꼽을 만한 데서 붙여진 것이라면 그런대로 수긍할 수도 있겠다.

좀 다른 얘기가 되겠지만 나는 1981년 일본 가와사키에서 열렸던 '아시아 · 아프리카 · 라틴아메리카 문화회의'에 참석한 적이 있었는데, 그때에도 회의의 명칭을 이렇게 붙인 것은 '제3세계'라는 말은 쓰고 싶지 않다는 중의에 의해서였다는 후문을 들은 바 있다.

이제 거론되는 내용의 큰 제목으로서 '소집단'이 앞에 붙고 보니 그들이 펼칠 기능과 결과에 비하여 왜소하게 느껴짐으로서 명칭 문제를 되씹어 보는 것이다.

나는 제목을 이렇게 고쳐 본다. '발전적 민족 문화 운동의 향방'을 잡는데 1980년대에서 팔을 걷은 젊은 집단들에 대하여 나름의 의견을 첨언코자 한다.

제주도의 마당놀이패 수눌음은 그 활약이 돋보이는 패거리 중의 하나이다.

"…우리의 민속 유산이 일정한 거주 지역을 부여받은 아메리카 인디언들의 고독하고 절망적인 전쟁 무용처럼 되는 것을 한사코 거부하며, 우리 조상들의 땀과 고통이 스며 있는 생활 도구들이 호화스런 응접실을 장식하기 위해서 육지로 실려 나가는 것과 같은 반문화적인 현상들을 지켜볼 것이다."

오늘의 현실 속에서 제주도는 오히려 스러져가는 우리의 전통 문화에 새로운 활력을 공급할 수 있는 그런 자원이 살아 있는 전위의 자리임을 자부하며 무속 의식과 놀이를 오늘의 얘기로 창출하는 데 몰두하고 있다. 몇 번의 서울 나들이는 서울 촌놈들에게 충분히 경각심을 주었으며, 그 영향으로 경향간의 교환과 협조가 이루어지는 계기를 만들어 주기도 하였다.

전북 지방을 중심으로 마당놀이패 백제마당은 삶과 놀이의 일체화를 내세우며 '1876-1894'라는 워크숍 공연을 1981년 4월에 가진 이래 꾸준히 터를 다지고 있다.

"…이제 우리는 한 시대와 사회를 살아가는 과정에서 쌓여가는 공통의 느낌을 우리의 놀이 정신을 바탕으로 표현할 수 있는 연극을 시도하고자 하며, 항상 역사적인 사실을 기본으로 하고 그 사실을 현재화하여 목격하고 증언하는 행동의 연극을 하고자 한다."

비단 백제마당에 한한 것이 아니라 1980년대의 발전적 문화운동 집단들의 공통된 의지로 '일과 놀이의 일치'를 들어야 하겠다.

도도한 민족문화의 흐름이 순간적으로는 정치적·경제적·문화적으로 밀치움을 받는다 하더라도 뚝심 있게 무한한 저력을 지니고 있는 생활인을 표현하고자 가려운 곳을 긁어 주며, '일하는 것'과 '노는 것'을 일치시킴과 동시에 공동의 의식을 가진 사람들이 서로 만나 그들의 뜻을 확인하고 결속하는 만남의 자리를 제공할 수 있는 연극을 시도하고 있다.

결국 민속의 전승과 현대적 수용이란 명제를 놓고 전북 문화권 내에서 자체 모순을 극복하며 전북 사람의 감각에 밀착할 수 있는 방법을 발견하느냐에 앞으로 사활이 결정된다고 선언하고 있다.


## 활성화될 마당놀이

물론 이 집단의 작업도 소수에 의하여 진행되고는 있지만 그의 파급 효과는 만만치 않아 특히 대학가에서의 호응을 얻어 많은 가지로 늘어나고 있음을 본다.

전라남도를 배경으로 한 일과 놀이, 연극 동인 연우무대 등의 성과도 1980년대를 살리는 데 빼어 놓을 수 없는 존재들이다.

연우무대의 경우 "경험을 공유하며, 공동 작업을 목표로 한다"는 기치를 세우고 있다.

연극 동인 연우무대가 준 영향은 크다. 물론 당장 자체 내의 갈등도 있고 향방에 있어도 다른 의견이 함께 도사리고도 있으리라. 그러나 한 가지 분명히 공헌하였음은 '예술의 민주화를 수행하겠다' 는 목표이다.

이 목표를 놓고, 이 작업을 공동으로 밀고 나가면서 생겨나는 자질구레한 갈등은 하잘것없는 필요악이기도 하다. 비단 이 집단만이 아니지만 지나치게 전문화를 내세울 때, 민중과의 괴리가 염려된다는 것을 한국 민속극 연구소의 전철을 들어 노파심으로 적고 싶다.

사실 요즘 마당극이란 이름으로 대학가는 물론이요 20-30대의 젊은 일꾼들에 의하여, 전통 예능을 바탕으로 한, 또는 그의 발전적 해체를 통한 새로운 '놀음놀이'로서 창출되고 있음에 전문 연극인이나 기성세대가 응분의 관심을 갖지 못하고 있는 것이다.

아는 체 안하는 것이 신변에 유익해서 그런 층도 있고, 의도적으로 무시함으로써 자라나지 못하게 하고자 하는 계산도 있다.

그러면서도 이 운동은 크게 확산될 것만은 분명하다. 왜냐하면 오늘의 역사 단계가 발전적 민족 문화 운동을 펼쳐야만 하는 시기로 되어 있기 때문이다.

# 분단을 마무리짓는 기초 작업으로

가장 향토성을 띨 때 민중적으로 되며, 그 향토성의 총합체로서의 민족적 독창성은 보편적 통일 의지로서 공동체의 이념으로 부각되는 것이다. 우리가 구태여 주체적 민족문화를 때 있을 때마다 거론케 됨은 분단이란 현실에서 더욱 그러하다.

일과 놀이가 별개의 것이 아니요, 그것이 바로 하나일 때의 소중함을 앞서 지적한 바 있거니와 다른 말로 생존(생활이라도 좋다)과 연희 역시 별개일 수는 없는 일이다.

남에 의하여 쪼개지고, 남에 의하여 부서진 강토와 혈연과 의지를 하나로 하는 역사적 과업에서 연극이 짊어져야 하는 몫은 다른 어느 분야에 비하여 작지를 않다. 전통연극·노래·춤·놀이·의식을 찾아 오염 전의 형제로서 이마를 맞대야만 한다.

권력이나 경제적 이해, 상관 관계와 부수된 고질적 병폐의 하나인 개인주의의 극복을 이 문화 운동을 통하여 실천해야 한다.

민족적이며 보다 민중적 통일된 내용과 형식을 갖춘 민족 문화의 창출을 서둘러야 한다는 말이다. 구태여 매판이니 외세 의존이니 그런 말들은 접어두더라도, 끈적끈적하게 이 땅에 살고 있는 양심이 자생적 진보 지향성을 띠며 뭉쳐질 때, 상황은 아주 극적으로 달라질 수밖에 없다는 역사적 교훈을 우리는 알고 있기 때문이다.

한편, 이른바 1980년대의 소집단 문화 운동의 일꾼들이 스스로 시행착오와 영세함을 탓하고 있지만 나의 생각은 전연 그렇지를 않다. 참으로 선각적으로 용감하게 밀고 나가고 있다고 본다. 바른 일은 시작은 어렵지만, 터를 잡았을 때 그 확산력은 대단한 것이다.

그들에게서 회고 취향이나 선호 의식이 되는 한 역사적으로 뉘우침 없는 한 기를 장식하리라 본다.


## 공동체의 염원과 의견을 담아야

1월호 좌담 중에 '마당굿'으로 쓰느냐 '마당극'이냐에 대한 언급이 있었다. 말하기를 좋아하는 사람이 분간하는 것은 아닌가 하는 분위기로 이 얘기가 잠시 나왔음을 보았다.

짤막하게 말해서 '마당굿'은 '의식+회의+놀이'가 함께했던 전통적 당굿을 이르는 말이고, '마당극'은 1970년대말부터 생겨난 조어임에 분명하다. 내용만 올바르다면 '굿'이든 '극'이든 신경을 쓰고 싶지는 않다.

다만 이제부터 창출될 우리의 연극이 전통적 당굿에서 만들어졌던 놀이처럼 공동체의 기원(염원)과 공동체의 의견과 그에 따른 내용으로 놀아졌으면 하는 생각에서 '마당굿'이고 싶을 뿐이다.

"…연구지의 이름을 서낭당이라 하였음은 지난날 우리 문족 예술의 발상지이며 요람이었던 곳이 바로 이곳이기에 그 연원에 연결함으로써 전통극뿐만 아니라 음악·무용·미술에 이르기까지, 더 나아가서는 그러한 독립 변수를 지닌 우리의 민속 예능들을 품었던 서낭당의 기능 면까지도 고려함으로서 현장학으로서의 민족 예술학의 확립을 기하려 함에 있다.

식민지 시대의 전통 파괴 수단의 핵심적 정보 자료이거나, 오늘도 일고 있는 취향적 골동학의 멍에에서 벗어나 생명 있는 민족학 연구에까지도 그 폭을 넓히고자 하는 데 뜻을 갖는다.

서낭당은 본시 우리 민중이 스스로의 현재와 내일의 문제를 토의하고 행동 원칙을 결의하고 단행하며, 또 민중의 염원을 통일하는 민주적 광장이었다. 또한 이 서낭당이 마을을 굽어 보는 마루턱에 자리하고 있음은, 여기에서 자기 마을을 지키고 나아가서는 이 땅 전체를 지키는 요새로서의 구실 때문이었다.

그러나 이 서낭당의 기능 중에는 토착 신앙이 정주하는 신앙적 통로로도 구실하고 있는 것으로 이곳에서 벌어지는 '당굿'에서 '부군님'과 민중과의 결합 유대를 통하여 외환·내우에서의 투쟁 및 자기 발전을 위한 민중의 의지가 전인적인 힘의 상징인 '부군의 집' 마당에서 모색되고 행동하였다는 점에서 객관적으로 볼 때, 그것은 한갓 '무꾸리' 이기 전에 진보적 구성으로 보아야 할 것이다.

동태적인 사회 구조의 민중적 지향을 실천하려는 스스로의 의지를 최고의 형태로 객관화하여 놓고, 최고의 힘의 타당성을 확신하는 과정의 대상으로서 부군님은 존재하였던 것이다.

해마다 정월이나 동지섣달에 벌어졌던 당굿의 장소였던 서낭당이 우리 민족 예술의 요람이었음은 앞서 말한 바 있거니와, 당굿의 여흥으로 가졌을 뭇예능들은 자칫, 민중 의지의 통일 및 그 예술적 승화를 기피하려 했던 봉건 지배층과 일제의 손으로 변질·인멸되어 버린 이때에 본 연구소는 봉건적 질곡 속에서 반체제 운동의 자생적 핵심체였던 서낭당의 현대적 부화와, 그 전통 예술의 재발견, 전승을 통한 민족 예술의 발양을 위하여… (중략) …연구지의 이름으로 정하였다."

'마당굿'을 설명하기 위하여 장황하게 서낭당을 예로 들게 되었고, 발간 취지문까지 소개를 했다.

우리의 연극을 어떻게 적당히 지키면서 서양스럽게 만드느냐 하는데, 한편에서는 관심을 보이고 있는 이때에 내용은 물론이요, 명칭에서부터 우리들의 작업은 '마당굿'이어야 하지 않겠느냐 하는 생각에서 끝이 길어졌다.

다시금 자책하는 글을 쓰지 않게끔 바른 길을 함께 손잡고 가게 되기를 간절히 소망한다.

(1984년 2월, 마당)

# 48 한국민속극연구소를 열며

아세아에 대한 관심이 아세아가 아닌 지역으로부터 강하게 일깨워지고 있는 이때에 전승문화에 대한 연구가 다분히 타율적·형식적·고식적인 자세에서 진행되고 있는 이 현실에 우리는 깊은 우려를 갖지 않을 수 없습니다.

한편에서는 민속극에 대한 연구가 민족유산 단절에 대한 소박하기 그지없는 한가닥 노파심이나, 또는 그것이 관광용 상품이 될 수 있다는 상업적인 관심에 의하여 그릇된 방향으로 진행되고, 다른 한편에서는 원형의 보존이라는 미명 아래 복고 취향에 빠져 민족 예술 전체를 과거의 한 시기 속에 박제하려 드는 결정적 과오에 의하여 왜곡되고 있는 것이 오늘의 현실입니다.

전통문화란 무너지면서 동시에 살아나는 것입니다. 그것은 민중의 구체적인 생활과 더불어 끊임없이 스스로를 변형시키면서 발전하는 것이니, 민속극 또한 예외일 수는 없습니다.

민속극의 참된 가치는 그것이 사회의 급격한 변천 속에서도 언제나 인간답게 살고자 몸부림쳐 온 민중의 절실한 염원과 의지를 날카롭고 생생하게 반영시켜 왔다는 점에 있으며 민속극의 원형이란 바로 이러한 변화 속에서의 그 예술적 본질의 발전을 깊이 이해하는 동태적 파악에 의해서, 그리고 그 변화 발전에 대한 적극적 가담에 의해서만 비로소 그 연구가 가능한 것으로 압니다.

우리는 민중의 거짓 없는 의지가 함축되어 이어질, 민중 속에서 피어날 새로운 사회극의 출연을 희구하며 이에 수반되는 제반 작업들을 갖고자 본 연구소를 여는 데 뜻을 모았습니다.

전통에 대한 바른 인식을 위하여, 그의 분명한 전수를 위하여 또한 새로 이어질 민속극 내지는 민중극의 창조적인 내용을 유도하고 가늠하기 위하여, 한국민속극연구소는 전문적인 연구를 위한 원탁의 자리가 되고자 하는 것입니다.

오직 여러분의 아낌없는 성원만이 본 연구소의 첫 발자국을 가능케 할 것임을 말씀드리며 먼저 인사를 보냅니다.

(1971년 5월 5일, 한국민속극연구소)

강명희 강택구 고태식
김문환 김세중 김윤수
김지하 김흥우 민혜숙
박영희 심우성 오숙희
오 윤 윤대성 임세택
정희현 조동일 조용숙
차미례 허 술 홍세화

# 49 겨레의 음악 '풍물'

## '농악'의 본디 이름은 '풍물'

우리 겨레음악의 대표격인 풍물을 흔히 '농악'이라 부르고 있다. 그런데 이 '풍물'은 지방에 따라 호남에서는 '풍장,' 영남에서는 '풍물' 또는 '매구'라 하기도 한다. 이것을 농악이라 한 것은 불과 1백 년이 되지 않는다. 조선왕조 말엽 일본제국주의자들의 침략에 의한 강제통치를 받기 시작한 1900년대초 이후에 쓰인 호칭인 것이다.

풍물을 농악으로 바꿔 부르게 된 데는 다분히 이것을 얕잡아 보려는 속뜻이 있었음을 발견할 수 있다. 사농공상으로 분별하면서 신분 차별을 조장했던 시기에 '농사꾼'이나 즐기는 음악이라는 헐뜯는 의도가 있음을 우리는 알아야 한다.

일제가 이 땅을 강점하면서 저희들 마음대로 토지를 몰수하고 생산된 곡식을 강탈하는 과정에서 농민들의 분노를 얼버무리기 위하여 시작한 이른바 '전조선농악대회'로 부터 농악이라는 이름이 쓰이게 된 것이다.

그러나 이 풍물은 비단 농민들만의 음악이 아니라 어민을 비롯하여 이 땅의 모든 일꾼들이 '일음악(노동음악)'으로 발전시켜 온 것일진대 농악이란 이름은 처음부터 적당치 않았다. 뿐만이 아니다. 역사의 어려운 단계마다 봉기했던 의병들과 또 근세

동학농민전쟁 당시 혁명군의 행악(행진곡, 군악이란 뜻도 됨)도 바로 풍물이었음을 상기할 때, 풍물이란 본디 이름을 서둘러 찾아야 한다는 생각이다.

어떤 사람은 풍물을 한자로 어떻게 쓰느냐 묻는다. '아버지'는 그냥 아버지이고 '밥'은 그대로 밥이듯이 풍물은 그냥 한글로 쓰는 '풍물'이다. '바람 풍(風)'과 '물건 물(物)'로 쓰기도 하지만 그것은 그저 같은 소리를 빌려서 적는 차음표기(借音表記)에 불과한 것이다. 비단 풍물뿐만 아니라 우리의 고유한 말을 적는데 한자(漢字)와 억지로 연관시키는 일은 없어야 한다.

이 풍물이 1970년대 이후 우리의 노동 현장에서 되살아나고 있음은 여간 반가운 일이 아니다. 오히려 농촌과 어촌에서 보다 공장지대와 각급 학교에서 새롭게 뿌리 내리고 있음에 우리는 주목하게 된다.

지난 해 전국적으로 일어난 농민들의 외국농산물 수입 반대 투쟁에서는 풍물이 잠시 살아나는 듯 했지만 그로부터 더 없이 어려워진 오늘의 농촌 형편이 감히 '풍물'을 생각할 짬을 주지 못하고 있는 것이 아닌가 한다.

그러나 농촌에서 결코 풍물이 사라지지는 않을 것이며 머지 않은 시기에 오늘의 농촌을 다시 일으킬 역동적인 '일음악'으로 재창출될 것이 분명하다. 여기에서 재창출·재창조라 함은 옛날의 농사법과 오늘의 농사법이 다르니 바뀐 일장단에 걸맞은 풍물로 발전하리라는 논리에 따른 것이다.

# 풍물의 역사

우리 민족이 어느 무렵부터 풍물을 겨레음악으로 지니게 되었느냐 하는 것을 문헌을 통하여 밝히기는 불가능한 일이다.

왜냐하면 문자로 증빙된 역사라는 것은 거슬러 올라가도 중국의 《수서(隋書)》와 《삼국지(三國志)》〈동이전(東夷傳)〉에 보이는 단편적인 기록이니 기껏해야 우리의 삼한 시기에 머무르는 것이기에 말이다. 오히려 그 보다도 앞선 시기인 원시 공동체 사회에서 풍물은 제의와 생산의 현장에서 놀아졌으리라 믿어지기 때문이다.

흔히 뭇 예술의 시원을 신앙적 제의(祭儀)에서 찾는 의견이 있지만 그와 함께 생산적 동기에서도 살펴야 한다.

풍물을 염두에 두고 먼저 제의면에서 보자.

원초적 음악이라 할 타음의 조작은 인간과 신과의 통화 내지는 인간이 신을 즐겁게 해주기 위한 것이었다. 또 다른 동기는 좋은 신을 불러들이고, 나쁜 신을 쫓기 위한 것이다.

다음 생산면에서 보자.

사냥을 하는데 맹수로 하여금 겁먹게 하기 위하여 또는 사냥꾼들의 행동을 통일하며 기세를 올리기 위하여 타음의 조작이 비롯되었을 것이다. 또 다른 동기로는 부족간의 싸움에서 신호로 또는 행동 통일을 위한 방편으로 보는 의견이다.

위의 두 시원설은 그 어느 한쪽만이 아닌 양자의 통일에서 보는 견해가 점점 우세해지고 있다. 우리의 풍물도 바로 같은 맥락에서 살피는 것이 바람직하다는 생각이다.

이렇게 시작된 풍물은 그 바탕에 본디의 제의성 내지는 생산성의 성격을 지니면서 점차 유희성까지 가세·발전하면서 오늘에 이르고 있다 하겠다.

한편 오늘날 전하고 있는 풍물의 형태로 보아 다음 두 종류로 나누기도 한다.

농사·안택·축원설: 농사가 시작되기 전과 추수가 끝난 다음 풍농을 기원하며 펼치는 풍농굿(어촌에서는 풍어굿)과 농사의 시작과 끝인 정월과 10월 상달에 집집을 돌며 행하는 '지신밟기' 등에서 풍물이 중심이 되는 것을 볼 때, 풍요와 평안을 축원하는 의식음악이라 할 만하다는 의견이다.

길 군악설: 수렵 시기를 거쳐 부족간·민족간·국가간의 싸움에서 풍물은 '행악'과 독전에 쓰인 '군악'의 구실을 했을 것으로 믿어 길 군악설을 주장한다.

이밖에도 오늘날까지도 무당과 박수들이 주재하고 있는 굿에서의 무속장단들이 거의 풍물장단과 일맥상통하는 것으로 미루어 제의설에 동조하는 의견도 있다.

앞에서도 언급했듯이 풍물은 '일음악'이라 하겠으니 그의 발자취는 일의 방식이 바뀜에 따라 함께 변화·발전했을 것도 짐작할 만하다.

논일·밭일·바닷일에서 각기 일의 동작과 그의 호흡에 따라 걸맞게 짜여지면서 오늘에 이르고 있는 것이다.

## '풍물' 의 종류

그의 목적에 따라 나누어 보면 '당산굿' '지신밟기' '걸립굿' '두레굿' '판굿' '기우제굿' '뱃굿' 등을 들 수 있는 바 다음에 간략히 소개한다.

당산굿 — 마을굿(당굿이라고도 함)에서 치는 풍물을 당산굿이라 하는데 실은 그 고장 고장의 모든 풍물가락이 동원되는 것이니 풍물의 모둠요리라 할 만하다. 구태여 설명하자면 당굿이 시작되기 전 울리는 '마당씻이가락' 이라든가, 절을 할 때의 '인사굿' 과 제의가 끝나고 노는 '뒤풀이' 가 특징이라 하겠다 (풍어굿에서도 흡사하다).

지신밟기 — 일명 '마당밟이' 또는 '매구' 라고도 하는데 '고사덕담' 을 외는 '비나리' 를 앞세우고 그뒤로 풍물잡이들과 온갖 치장을 한 탈 쓴 일명 양반광대가 뒤를 따른다.

긴 행렬의 지신밟기패가 마을의 크고 작은 길을 두루 누비다가 집집을 찾아 드는데 '문굿' '조왕(부엌)굿' 을 거쳐 '장독대' '마구간' '우물' '곳간' '뒷간' 을 돌아 대청에서 '성주굿' 으로 맺는 것인데 이때 집주인은 형편껏 성의껏 추렴을 낸다.

마을의 공공 기금을 마련키 위하여 주로 놀게 되는 것이니 어느 집에서나 지신밟기패를 반기게 된다. 주로 정월과 10월에 자주 한다(배굿의 비용을 염출하기 위하여 어촌에서도 같은 지신밟기를 함).

걸립패 — 앞의 지신밟기가 마을사람들의 자생적 놀이라면 걸립패의 풍물은 반농반예(半農半藝)의 다분히 직업적인 놀이패에 의한 풍물놀이여서 그 기량은 뛰어 나지만 호응은 덜하다 하겠다. 내용과 순서는 지신밟기와 흡사한데 때로는 그들의 탁월한 연주법을 배우기 위하여 마을에서 초빙하는 경우도 있었다.

앞의 지신밟기를 농군들의 풍물패라 하여 '두렁쇠'라 했고, 뒤의 걸립패는 세련됐다 해서 '뜬쇠'라 했다.

두레굿 ─ 농군들이 두레를 짜서 공동 협업을 하면서 치는 풍물을 '두레굿'이라 한다.

김매러 갈 때와 김매고 돌아 올 때의 행진곡이라 할 이름 그대로 '길군악'이 있고, 김을 맬 때도 고달픔을 덜게 하기 위하여 '지심가락' 등을 친다.

'백중날'이나 따로 정한 '머슴날'에는 마을의 상징인 '두레기'를 세우고 '풍농굿'을 올리거나 또는 '호미씻기'라 하여 호미를 씻어 벽에 걸고 하루를 쉬게 되는데, 이때에도 두레굿을 울리며 하루를 즐겼다.

판굿 ─ 보통 판굿하면 일반 농군들의 풍물이 아닌 뜬쇠들, 그러니까 남사당패라든가 걸립패들이 노는 풍물을 연상하게 되지만 옛날에는 우연만한 마을이면 너끈히 짜임새 있는 판굿을 놀 수가 있었다.

넓은 마당을 큰 원을 그리며 돌다가 여러 가지 도형으로 '진(陳)풀이'를 먼저 하는데, 그 대형이 흡사 적을 포위하고 섬멸하는 전법과 같다 하여 '팔진도 진법'이라 부르기도 한다.

'진풀이'를 마치고는 꽹과리·징·북·장구·벅구들이 장기를 보이고 끝에는 다시 마당을 돌면서 마을 사람들과 함께 어울려 한바탕의 판굿을 마무리하게 되는 것이다.

# 되살아나야 할 '풍물 정신'

풍물의 기본 악기를 흔히 '사물'이라 한다. 꽹과리·북·징·장구의 네 타악기를 이르는 말인데, 여기에 왜 벅구라는 작은 타악기와 날라리(호적이라고도 함)라는 관악기가 추가된다. 그러나 기본악기 하면 '사물'을 이르는 것이 보통이다.

이밖에 사찰에도 의식 음악에 쓰이는 네 악기가 있어 역시 '사물'이라 하기에 잠시 설명코자 한다. '절사물'은 법고(法鼓), 운판(雲板), 목어(木魚), 대종(大鐘)이니 앞의 '민 사물(또는 '염 사물'이라고도 함)과는 구별되는 것이다.

그러면 여기에 1960년대까지 남사당패의 풍물의 뛰어난 상쇠였던 최성구 옹의 '사물론'을 소개한다.

"…꽹과리 그건 사람으로 치면 팔뚝의 맥과 같은 것이여. 징 그건 가슴의 고동이구 심장소리지. 북 그건 목 줄기에 선 굵은 동맥이 뛰는 소리지. 이 셋은 서로 어울리기도 하지만 제각기 버티기도 하지. 그런데 이 셋을 장구가 북편 채편(장구의 양 편)을 도드락거려 살림 잘하는 마누라처럼 높낮이 없는 하나로 얽혀 노는 것이여. 하늘과 땅, 음과 양 그러니까 세상 이루어지는 이치와 꼭 같은 것이여…"

한마디로 최옹의 말씀처럼 풍물이란 어울림의 음악이다. 그것은 바로 민중음악의 철학이기도 하다.

오늘의 모든 노동의 현장에서 풍물이 되살아나고 있는데 우리는 기쁨을 금할 수 없다. 부디 그의 본디 정신인 높낮이 없는 평등과 어울림의 가락으로 뿌리 내리게 되기를 간절히 바라는 바이다.

(1995년 6월, 사람과 일터)

# 50 운학(雲鶴) 이동안(李東安)의 춤세계

우리나라 최고령의 전통무용가 운학 이동안 옹은 1906년, 경기도 화성군 향남면 송곡리에서 태어났다.

그의 선친 이재학(李在學; 1874-1946) 선생은 화성(華城) 재인청(才仁廳)의 출신으로, 특히 '기악'(해금)에 조예가 깊었다 하니 그는 세습적인 예인의 후예로서 어려서부터 전통예능을 익혀 온 셈이다.

실상 그의 선친은 아들이 자기의 대를 이어 '재인'이 되는 것을 원치 않았으나 열세 살에 '남사당패'를 쫓아 가출을 하는 등 방황을 하자, 열네 살이 되던 해 놀이판에서 강제로 데려와 어쩔 수 없이 뒷받침을 해주며 본격적인 수련을 받게 한다. 이때 소년 이동안이 만난 선생이 독선생으로 모셔온 '줄타기'의 김관보(金官甫)이다.

한편 선친 이재학은 어린 이동안에게 도대방 자리를 물려주었는데, 이동안은 약 1년간 도대방을 지내다 1922년, 일인들이 강제로 화성 재인청을 폐지하는 바람에 결국 마지막 도대방이 되고 말았다.

그러나 소년 이동안은 재인청 자리 화령전(華寧殿, 수원시 신풍동 소재, 史蹟 115호)의 풍화당(風化堂)을 근거지로 계속 학습을 쌓고 있었는데, 같은 시기에 선친의 가문의 대가 끊길 것을

우려하여 이동안에게 장가를 들게 하자, 장가든 지 사흘 만에
서울로 도망쳐 광무대로 진출하게 된다. 이때가 1923년, 열일
곱 살 되던 해이다.

바로 이 광무대에서 이동안은 새로운 전기를 맞이하게 되는

데 재인청 출신 선배들이었던 당대의 명인들로부터 높은 수준의 전통예능을 두루두루 학습받게 된 것이다. '춤과 장단'의 김인호(金仁浩), '발탈'의 박춘재(朴春才), 그리고 해금·대금·가야금·태평소·잡가에 이르기까지 모두 최고의 선생들로부터 두루 섭렵을 하였다.

이러한 시절이 얼마간 지나고 '줄광대' '춤꾼' '잽이'(악사) 등 다양한 기예로써 명성을 떨치게 되자 당시 전통예능계의 지도자로 명창들의 고수이기도 했던 한성준(韓成俊; 1874-1941)이 주관한 '조선음악무용연구소'에 초빙되어 춤과 춤장단을 가르친다.

이 연구소는 전통음악·무용의 전수뿐만이 아니라 창작에까지 손댔던 곳으로, 여기에서 이른바 우리나라 '신무용계'의 개척자 최승희(崔承喜; 1911-?)를 만나게 되고 그에게 '재인청 계열'의 '장고무' '태평무' '진쇠무' '입춤' 등을 전수하게 된다.

1930년대 이후 그는 순업(巡業)이라 해서 구극단(舊劇團)과 때로는 신파(新派) 유랑극단 등과 팔도는 물론이요, 멀리 중국 만주까지 공연을 하고 다녔는데, '줄타기' '춤' '발탈'과 또한 '춤장단'의 잽이로서 인정을 받아 왔다.

한때는 '수원' '인천' 등지의 권번(卷番: 기생학교)의 선생도 했고, 1941년 일제가 제2차 세계대전을 일으키면서 이른바 황군위문대(皇軍慰問隊)라는 것을 만들어 우리의 전통예술인들을 강제로 동원했을 때에는 여기에 본의 아니게 가담하게 되어 1945년 해방 직전까지 주로 만주 등을 무대로 순회 공연을 하기도 했다.

해방 이후로는 '무용학원'을 하기도 하고 국극단(國劇團)·

여성농악단(女性農樂團) · 국악예술단(國樂藝術團) 등을 운영하기도 하고 또는 개인적으로 참여하기도 하면서 1970년까지는 춤과 함께 '줄타기'를 이어 왔고, 그후로는 주로 '춤'과 '발탈'을 오늘에 전하고 있는 것이다.

1983년 그가 보유하고 있는 예능 가운데 오히려 작은 한 분야인 '발탈'이 중요무형문화재 제79호로 지정되면서 그는 발탈의 예능보유자(藝能保有者)가 되었는 바 이것이 계기가 되어 그의 활동무대에 급격한 변화를 가져오기도 했다.

그가 보유하고 있는 예능 가운데 작은 한 분야인 '발탈'의 보유자로 못박아지면서 소중한 '재인청 계열'의 '춤'을 비롯한 다양한 '기예'들이 별 가치가 없는 것인 양 엉뚱하게 잘못 인식되고 말았다는 사실이다.

그러나 현실적으로 그의 춤세계로부터 영향을 받았거나 무릎제자로 거쳐 간 인사들은 이제 우리 춤판의 큰 기둥으로 엄존하고 있다는 데는 이견이 있을 수 없다.

김백봉(金白峰) · 장월중선(張月中仙) · 최현(崔賢) · 김덕명(金德明) · 문일지(文一枝) · 배정혜(裵貞惠) · 정승희(鄭承姬) · 김백초(金白初) · 최경애(崔京愛) · 김진홍(金眞弘) · 오은희(吳銀姬) · 김명수(金明洙) · 정경파(鄭敬波) 등 그리고 지난 6년 동안 '이동안 전통무용연구소'의 조교를 맡으면서 '재인청 계열'의 모든 것을 이어받고자 노력하고 있는 이승희(李昇姬)가 있다.

'발탈'의 제자로는 박정임(朴貞任) · 조영숙(曺英淑; 명창 曺夢實의 따님) · 최병기(崔炳基) · 송영탁(宋英卓) 등이 뒤를 잇고 있다.

그러면 여기서 현재 이동안 옹이 기억하고 있는 '재인청 계열' 전통무용의 이름을 적어 본다.

기본무 · 살풀이 · 승무 · 태평무 · 엇중모리 · 신칼대신무 · 한량무 · 성진무 · 화랑무 · 도살풀이 · 검무 · 남방무 · 선인무 · 팔박무 · 진쇠무 · 승전무 · 장고무 · 노장무 · 소고무 · 희극무 · 아전무 · 바라무 · 나비춤 · 장검무 · 신보심불로 · 입춤 · 신선무 · 오봉산무 · 학무 · 하인무 · 춘앵무 · 화선무 · 포구락무 · 연화대무….

위의 춤들은 '정재(呈才)'를 비롯하여 '무속춤(巫俗舞)' '작법(作法; 불교 의식 무용)' '한량(閑良)' '기방춤〔妓房舞〕' 그리고 민중 취향의 '민속무용' 까지 총괄되고 있는 것이다.

그러나 일단 이러한 다양한 명칭의 춤들이 재인청의 춤으로 수용(受容)되고 보면 본디의 성격과는 또 다른 내용과 형식으로 재창조, 정립되고 있음은 물론이다.

옛날 '재인광대'를 크게 두 분류로 나누었음은 상식이라 하겠다. 정처 없이 떠도는 '뜬광대〔流浪廣大〕'가 있었는가 하면, 재인청처럼 관아(官衙)에 소속되면서 관(官)의 부름에 응했던 '대령광대(待令廣大)'가 있었다.

재인청 계열의 춤은 이 빼어난 예인들인 '대령광대'들에 의하여 닦아진(이동안 옹은 再構成 또는 按舞를 이렇게 표현하고 있다) 것이다.

1930년 '한성준'이 발기한 '조선음악무용연구소'에서도 역시 이 재인청 계열의 춤을 기본으로 하고 있었음을 보아도 그 가치는 인정하고도 남음이 있는 것이다.

여기서 한 가지 꼭 부연하고 싶은 것이 있다.

많은 사람들이 극구 부인하고 있는 것이기도 하지만 오늘날의 우리 춤은 다분히 퇴폐적이요 소비성향적인 변질된 '기방무'가 주종을 이루고 있다. 남자 춤꾼들의 춤도 여성화되어 있는가 하면 일상적인 생활습성까지 변태화되어 있음을 더 이상 외면해서는 안 된다. 이러한 상황에서 이동안 옹의 춤들은 재인청계의 춤 가운데서도 확연히 바지춤〔男性舞〕의 줄기를 지키고 있다는 데 주목하게 된다.

실상 재인청계의 치마춤〔女性舞〕도 1920년대초 이후 '권번'이 본격화하면서 '술상머리춤'으로 함께 타락한 것임은 우리가 다 알고 있는 사실이다. 그러니 그 이전의 재인청계 '치마춤'을 재구(再構)하는 데도 이 옹의 춤은 더 없이 참고가 되는 것임은 물론이다.

한편, 이옹의 '춤장단'을 놓고 어떤 이는 분명히 '무속장단'이라 한다. 하기야 '무속음악'은 우리 '민속음악'의 바탕이 되는 것이니 아주 틀린 말은 아니다. 그러나 한 예로서 그가 추고 있는 '도살풀이'는 '경기 도당굿'의 '도살풀이춤'과 꼭 같지는 않다. '무속장단'에 의한 '무속춤'을 재인청의 분야별 전문가들의 솜씨로 꾸며 닦아낸 것임을 알아야 한다.

한마디로 일상적인 생활 속의 민속춤을 전문인들의 안목으로 재창출한 것이 바로 재인청 계열의 춤이라 하겠다. 이동안 옹은 자신의 춤을 이야기할 때, '한배'라는 말을 자주 쓴다. 그리고 여기에 '눈'과 '그늘'이라는 생소한 용어를 섞어 다음과 같이 설명한다.

장단과 장단이 이어지면서 '한배'를 이루는 것인데 그 장단과 장단 사이에는 꼭 '눈'이 박히게 마련이란다. 아무리 물이 흐르는 듯한 유려한 춤사위에서도 꼭 찍어야 할 '눈'이 있는 것인데 요즘 춤은 두루뭉수리로 그저 나풀대기만 할 뿐 이 '눈'이 보이지를 않는다는 것이다.

아마도 '눈'이란 핵(核)과 같은 것이 아닌가 싶다. 이옹은 이 '눈'을 '매디'로도 설명하고 있다.

이처럼 분명한 '눈'을 놓치지 않으면서 이룩해 내는 '춤판'을 '그늘'이 짙다고 한다. '그늘'이란 어두컴컴한 그늘이 아니라 춤꾼의 절실한 몸짓에서 얻어지는 느낌의 여운(餘韻) 같은 것, 아니 절규(絶叫)를 뜻하는 것은 아닐는지? 어쨌든 '눈'과 '그늘'을 연상하며, 맛보며 우리 춤의 진솔한 춤판을 만나고자 할 때, 우리는 이동안 옹을 찾지 않을 수가 없다.

끝으로 그가 항시 말하는 '춤집'이라는 것을 설명하자.

'키는 작달막한데, 떡 버티고 서면 춤판이 꽉 찬다' 할 때, 이런 '춤꾼'을 '춤집'이 크다고 한다.

흡사 '풀솜'에 물 배듯이 온몸에 장단을 먹으며, 또 장단과 장단 사이를 오뉴월에 소나기 피하듯이 엮어 가면서 한 치도 어김없이 '눈'을 찍고 보면 그 '춤집'이 집채만 하단다.

이 바닥의 나의 큰 스승이신 이동안 선생님 부디 오래오래 건강하시어 그 집채만한 '춤집'으로 오늘의 이 헝클어진 춤판을 바로잡아 주시기 바란다.


(1986년, 민족문화론서설)

# 51 '마임'과 '발림굿'

## '마임'이란 뜻의 우리말은 없을까

오늘날 '마임'하면 흔히 "표현코자 하는 뜻과 기분 등을 주로 몸짓을 통하여 창출하고 있는 연극"으로 해석하고 있다. 어떤 사람은 이와 같은 이른바 '마임'의 기원을 오로지 서양에서 비롯된 것이요, 그것이 우리나라에 들어온 것은 1960년대로 잡기도 한다. 이러한 해석은 1900년대초 일본을 경유하여 들어오게 된 다분히 서구 양식의 연극을 '신극'이라 하고, 제것을 '구극'이라 하여 스스로 주체적 줄기를 차단하려 했던 부정적 전철을 밟게 되는 결과일 뿐이다.

우리에게도 무언극의 형식으로 진행되었던 '솟대장이패'의 '병신굿'을 비롯하여 '장대장네굿' '배뱅이굿' 등에서 보이는 이른바 '발림굿'에 주목해야 한다. 그리고 판소리에서 쓰이는 '발림' '사체' 등도 분석되어야 한다. 뿐만 아니라 박춘재(민요의 명창이면서 '발탈'을 비롯하여 '할량굿'에서도 뛰어난 재능이 있었음. 1881-1948)의 뒤를 이었던 신불출(만담가, 1905-?), 그리고 1930년대 이후 주로 악극단의 촌극 또는 막간극으로 등장했던 희극무대도 살펴볼 대상이 된다. 한 예로 '코미디'의 원조로 전하는 〈임생원과 신카나리아 콤비의 희극무대〉 등이다.

그러면 본론으로 들어가서 '마임'이란 뜻의 우리말은 없는가를 먼저 찾아보기로 한다.

첫째로 '판소리'에서 많이 쓰이는 '발림'이라는 것이 있다.

이희승 《국어대사전》(1961, 민중서관)에서 보면

● 발림(명사): 살살 비위를 맞추어 달래는 일.

● 발림 수작(명사): 발라 맞추는 수작. 비위를 맞추어 달래는 수작.

위에서와 같이 몸짓 연기라는 뜻으로는 설명되지 않고 있다.

민족예술사전(1979, 한국문화예술진흥원)에서 보면

● 발림: ① 장고놀이춤 동작의 하나로 한 장단을 치고 춤추는 동작의 명칭. ② 판소리에서 소리하는 이가 소리의 가락에 따라, 사설의 극적 내용에 따라 몸짓으로 형용 동작을 하는 것. 너름새. 사채. ③ 송파산대놀이의 춤사위의 하나. 전복 자락을 양손으로 쥐고 활개를 폈다 내렸다 하며 추는 것을 말한다.

《국어대사전》에서도 없었던 '발림'에 관한 이와 같은 설명은 대단히 획기적인 것이라 할 만하다. 다만 아쉬운 것은 '장고놀이춤'과 '송파산대놀이'에서의 예는 설득력이 없다.

장고뿐만 아니라 '사물'의 모든 악기에서 연주 동작이 아닌 사체놀이(뒤에 설명하겠음)가 있는 것이고 '송파산대놀이'에서의 경우도 "…전복 자락 쥐고…"의 경우만이 아니라 재담 없이 몸짓으로 표현하는 일체를 발림이라 함이 상식이고 보면, 자칫 '발림'의 뜻과 범주를 왜곡, 축소시킬 염려가 있다.

판소리는 이름 그대로 소릿광대의 소리(창)와 아니리(재담·대사)와 발림(몸짓 표현)이 잽이(고수)의 추임새(연출이라는 뜻도 됨)와 어울려 이루어지는 것이다. 어떤 소릿광대가 소리는 꽤 잘하는데 '발림'이 전혀 따르지 못할 경우 '청(목청)광대'라 하는가 하면, 그와 반대로 소리는 시원치 않지만 '발림'에 능하고 보면 '발림광대'라고 불렀음도 이 대목을 이해하는 데 단서가 되어 준다.

한편 판소리를 이론, 실기면에서 연구하고 있는 '한국판소리 연구소' 진봉규 소장은 '사체'와 '너름새'를 다음과 같이 설명하고 있다.

'사채'란 소리에다 동작을 곁들여서 사치스럽게(호사스럽게, 아름답게) 함을 이르는 말이다. '너름새'는 한마디로 모든 솜씨를 일컫는 데 비단 판소리에서뿐만 아니라 춤에서도 쓰인다. 달리 풀이하면 '사체를 벌이는 것'을 너름새라 한다.

여기서 한 가지 밝혀 둘 것은 '사채'냐 '사체'냐 하는 문제이다. 호남 지방에서는 '사채'로 발음하는데, 중부 지방에서는 팔등신이라는 뜻의 사체(四體)를 일컫는 말로 통하고 있다.

이제까지의 의견들을 종합해 보면,

● '사체'란 온몸을 뜻하고, '발림'이란 그 사체를 빌려 표현해 내는 동작, 바로 '연기'요, '너름새'란 그 연기의 잘 잘못이나 수준·폭 등을 말하는 것이다.

이밖에 '춤' '굿' 등에서도 '발림'이란 표현이 자주 쓰이고 있는데 그의 경우를 알아본다. 춤을 추다가 어떤 상황의 시늉을 한다던가 하는 것을 '발림춤' 또는 '발림사위'라 한다. '풍물'을 칠 때에도 '발림사위'가 있음을 옛 남사당패의 상쇠 최성구(1906-1976) 옹은 이렇게 설명한다.

"쇠를 치다가 발림을 하고 발림을 하다 쇠를 치기란 꽤 어려운 것이다. 발림을 하는 순간은 소리는 없지만 마음속 소리가 몸에서 나야 한다. 이것을 풍물에서의 '발림사위'라 한다."

이번에는 중요 무형문화재 제72호 '씻김굿'의 예능보유자 박병천 씨의 '발림'과 '사체짓'의 설명이다.

"굿청에 세워 놓은 병풍과 마찬가지로 무당이 부동으로 서 있지만 그 어느 춤사위보다 어려운 것이 '병풍사위'이다. '삥삥이 연풍대'보다도 이 '병풍사위'를 한 30분 하고 나면 전신에 땀이 비 오듯 흐른다. 그래서 서툰 무당들은 이 대목에서 너무 힘이 들어 어정(무가)도 부르고 또 군더더기 몸짓도 하지만 본디 '병풍사위'는 잽이들의 장단을 마음으로 먹으면서 '정중동' 춤사위로 이루어 내는 것이다. 이 '병풍사위'를 일명 '발림사위'라고도 하는데 '발림'이란 '사체짓'(사지를 써 표현해 내는 몸짓=박병천 씨의 설명)을 뜻하는 것이다."

'발림'은 바로 '사체짓'을 뜻하는 것이라는 그의 의견은 '발림'을 이해하는 데 큰 도움이 되는 것이다.


그러면 끝으로 옛 유랑광대의 하나인 '솟대장이패'의 무언극 형식인 '병신굿'을 알아본다. 흔히 우리나라의 유랑예인 집단을 들 때 '남사당패'나 '사당패'는 기억하고 있지만 '솟대장이패'에 대해서는 까마득히 잊혀 가고 있다.

'솟대장이패'란 명칭은 이 패거리들이 꾸미는 놀이판(무대)의 한 가운데에 반듯이 '솟대'와 같은 큰 장대를 세우고 그 꼭대기로부터 양 편으로 두 가닥씩(흡사 평행봉틀 넓이로) 네 가닥의 줄을 늘여 놓고, 그 위에서 갖가지 재주를 부린 데서 비롯된 이름이다.

'남사당패'나 '사당패'가 춤과 음악과 연극적인 연희를 주로 했다면 이 패거리는 곡예를 위주로 했으니 오늘날의 '서커스'

의 할아버지 격이 되는 셈이다. 그런데 이 '솟대장이패'의 여섯 가지 놀이(풍물, 땅재주, 얼른=요술, 줄타기, 병신굿, 솟대타기) 가운데 다섯번째 놀이인 '병신굿'은 우리 나름의 독창적인 무언극의 형식을 지니는 것이다.

"…지주와 머슴 두 사람이 엮어내는 특이한 무언극으로서, 올바른 일을 하지 않으면 신분·계층에 관계없이 모두가 병신이라는 아주 해학적인 굿…" '2마당'으로 이루어지는 이 '놀음놀이(길지 않지만 하나의 독립된 판을 이루고 있는 놀이굿)'는 두 사람의 광대(배우)와 판소리에서 잽이(고수) 역할과 맞먹는 '매호씨'가 모든 '재담'을 혼자 하면서 '주고받기식'으로 진행한다.

두 광대인 지주와 머슴은 완전히 재담 없이 '사체짓'으로 엮어 가는 것이다.

현재로서는 '솟대장이패' 연희자 가운데 유일한 생존자인 송순갑(1914- ) 옹은 이 '병신굿'을 말할 때, '발림굿' 또는 '사체굿' 두 가지로 분별없이 쓰고 있음도 한 단서로써 밝혀 두고자 한다.

이상으로써 '마임'이란 뜻과 유사한 우리말을 찾는 작업은 일단 마무리하려 한다. 우리 나름의 '용어'를 찾는 일, 또는 그것을 정하는 일이란 아무리 바쁘더라도 서두를 일이 아니라는 생각에서이다. 이 방면의 많은 사람들에 의하여 계속 찾아내, 분석되면서 그의 정립이 가능해지겠기에 말이다.

이제까지의 살핌 속에서 얻은 '발림굿' '사체굿' 등의 발견을 일단 나름대로의 소득으로 치부해 주고자 한다.

# 한국적 '마임'과 오늘의 '한국 마임'

1960년대 이후 이 땅에서 받아들여진 서구 취향의 '마임'이란 것은 다분히 '낯선 것' 또는 '외래 취향적인 것'에 대한 충동적 욕구에서 비롯되었음을 전적으로 부인할 수는 없을 것이다.

한 '예술 양식'이나 '사조'를 받아들이는 데는 스스로가 지닌 것을 발전시키기 위한 한 방편에 의한 것과, 전혀 새로운 것을 수입하는 방식이 있다. 비단 '마임'의 경우뿐만은 아니지만 외래문화를 받아들인 과정이 대충 후자에 속했음이 사실이다. 그 단적인 예로써 지금으로부터 2-3년 전까지만 해도 서양의 몇몇 알려진 '마임이스트'들의 분장과 옷차림을 그대로 모방하면서 그들 작품 가운데 생견한 토막토막을 흉내내는 데 치중했기에 말이다.

그러나 앞에서 말했듯이 지금으로부터 2-3년 전부터 우리 마임계 일부에서도 뒤늦게나마 새로운 움직임이 움트고 있다.

모방의 단계를 극복하여 어떻게 자기 발견을 통한 '한국적 마임'을 창출할 수 있을 것인가 하는 당연한 물음이 구체적인 작업으로 나타나려 하고 있는 것이다. 한 예로써 무용극 내지는 무언극의 형식을 띠고 있는 '강릉 관노 가면회'에 등장하는 '시시딱딱이'란 배역을 두고 새로운 '마임'을 시도했었음은 그 결과와는 관계없이 획기적인 사건이라 할만하다.

여기에 유진규·김성구·유홍영·임도완 등이 단편적이긴 하지만 그 소재나 또는 표현 양식의 일부를 전통적인 '내 것'에서 찾고자 했다. 이와 같이 마음가짐의 바뀜은 어쩌면 스스로의 자각에서 오는 것이기도 하지만 오히려 밖으로부터의 한국 문화에 대한 관심이 계기가 되는 경우도 있었다.

지극히 상식적인 이야기로 돌아가자.

'한국적 마임'이 존재하는가 하는 문제는 한국인이 존재하는지의 물음과 일치하는 것이다. 이와 같은 질문이 쉽게 대두됨은 우리 문화의 오늘이 다분히 주체적이지 못했음에서 연유되는 것이다. 예로부터 전하는 것이라면 되도록 말끔히 청산하는 것이 근대화하는 길(근대화=서구화라는 생각에서)이라 여겨 의도적인 자기 비하를 거듭해온 지난 1세기였다.

이러한 때에 '한국적 마임'을 창출해 가는 데는 전형성(典型性)의 논의가 전제되어야 하리라는 생각이다. '한국적'이란 하나의 개별성을 뜻한다. 그런데 그 개별성이란 보편성과의 통일에서 비로소 성립을 보게 된다.

그러니까 개별성과 보편성의 통일 과정을 통해서 우리는 '전형성'을 얻게 되는 것이다. 한 문화가 이 전형성을 얻지 못했을 때, 그의 독창성 역시 없는 것임은 물론이다. 하나의 전형을 획득하는 데는 먼저 역사적 유산이 밑거름으로 되어야 한다. 그리고 그것이 실생활 속에 어떤 기능을 갖고 전승되고 있는가를 분석하면서 오늘의 사회와 연관지어 그 가치가 판단되어야 한다. 물론 여기에는 외래적인 사조와 양식도 전혀 배제될 근거는 없다. 이것들을 주체적 입장에서 수용하고 있느냐만이 문제이다.

위의 상황을 다른 말로 설명하자면 개성을 전제로 한 통일만이 전형성을 획득하는 길이라는 이야기다. 애매하게 고유문화만을 되뇐다면 회고 취향에 빠져 생명력을 무디게 하는 오류에 빠지기 십상이다.

위와 같은 대전제하에, 한국적 전형성을 지니는 '마임'을 창출해 갈 때, 그 명칭이야 '발림굿'이든 '사체굿'이든 아니면 그대로 '마임'이건 간에 비로소 이 땅 위에 생존하는 굿(연극이라는 뜻)으로 뿌리내리게 될 것이다.

옛날 부잣집 제사에 대신 울어 주는 사람을 '곡쟁이'라 했다. 서양 짓 흉내만을 앞세우는 사람을 '양곡쟁이'로 표현하고 있다. 오늘의 '한국 마임'이 '양곡쟁이'의 허물을 벗는 데는 역사 공부(연희·연극사도 물론 포함됨)가 앞서야 한다.

그 위에 자잘한 자신의 애환을 그릴 수도 있겠고 무지개 같은 환상적 아름다움을 추구할 수도 있겠다. 그러나 자칫 '순수'라는 구실을 내세워 엄연한 현실로부터 도피하는 것이 '예술스럽다'는 생각은 부지불식간에 스스로의 작품 세계를 시녀화하는 결과를 자초할 뿐이다.

살아가는 세상 이야기를 진솔하게 속삭일 수도 있겠고, 목청껏 절규할 수도 있겠다. 우리 자신들이 당면한 개별적·구체적·생동적인 '사체짓'을 담을 때, '양곡쟁이'가 아닌 오늘의 '한국 마임'이란 탄탄하고도 광활한 영토를 획득하게 될 것이다.

가장 독창적인 것이 가장 국제적이라는 교훈이 있다. 아직은 몇 안 되는 우리의 발림 광대(마임이스트)들이지만 이 분들의 작품이 세계적으로 주목을 받을 날을 손꼽아 기대해 본다. '마임'이란 알쏭달쏭한 용어를 우리가 그대로 쓰고 있듯이, 우리들의 '발림굿' 또는 '사체굿'이라는 용어가 서양에서도 그대로 쓰이게 되기를 바라는 마음 간절하다.

(1994년 5월 14일, 한국 마임페스티벌 심포지엄)

# 52 '민속놀이'는 왜 전승되어야 하는가

## '민속'에 대한 바른 인식

'민속'이란 말이 그의 뜻에 대한 분별이 없이 애매모호한 상태에서 함부로 쓰이고 있다. 그러다 보니 '민속놀이'란 말도 역시 마찬가지이다.

'민속'은 한마디로 '민간의 풍속'의 준말이다. 그러니까 민속의 바른 뜻은 옛날의 풍속이 아니라 오늘의 일상생활 속에 살아 있는 풍속을 말하는 것이다. 그런데 '민속'하면 오늘이 아닌 과거의 것으로 인식하는 경향이 짙다. 이렇게 된 데는 지난 우리역사의 발자취 가운데 주체적이지 못한 대목이 있는 데서 오는 불행한 결과임을 알아야 한다.

다른 말로 하자면 민속이란 자기 생성적 전승력이 오늘의 생활속에까지 살아 있으면서 발전하고 있는 것을 지칭하는 말이다.

이와는 달리 '고전'이란, 앞에서의 자기 생성적 전승력은 지난 어느 시기에 단절되었지만 그 단절된 시기의 형태로 재구성·보존되고 있는 것이라 하겠다.

구체적인 예를 든다면 춤 가운데 '살풀이'는 그의 연원이 원시 공동체 사회의 제천 의식으로까지 거슬러 올라가는 것이면서도 지금 이 시간에도 무당의 굿판에서 또는 전문적인 춤판에서 그리고 일반인의 흥풀이에서까지 자기 생성적인 전승력을 지니며 추어지고 있음을 본다.

여기에 비하여 조선조 시기 주로 궁중에서 추어졌던 '처용무'는 심한 가뭄이나 장마 또는 나쁜 병이 돌 때, 악귀를 물리치는 '구나무'의 하나였는데, 실상 조선왕조가 끝나면서 이 춤의 자생력도 끝나고 말았다. 그러나 이 춤의 내용이 우리 춤의 발자취를 살피는 소중한 것이어서 그것이 자생력을 잃기 전의 모습으로 보존되고 있다.

위에서 '살풀이'는 민속무용이라 하겠고, '처용무'는 고전무용이라 하는 것이 마땅한 표현이다. 나아가서 거의 같은 뜻으로 분별없이 쓰이고 있는 '전통'이란 무엇인가.

'전통'이란 앞의 민속적인 것과 고전적인 것을 통틀어 지칭할 때, 쓰이는 말이다. 그러니까 '처용무'를 민속무용이라 하면 틀리지만 전통무용이라 할 수 있다.

'살풀이'는 고전무용이 아니라 민속무용 또는 전통무용이라 해야 한다.

그렇다면 여기에서 본론으로 돌아가자.

'민속놀이'란 전 시대의 조상들이 놀았던 옛 놀이가 아니다. 그것은 면면한 역사와 함께 우리 민족이 생활의 슬기로 지녀 오는 '놀이문화'인 것이다.


## 세시풍속과 민속놀이

세시풍속이란 것은 아득한 옛날로부터 한 공동체가 지켜 내려오는 남과 다른 습관을 말한다.

신앙·생산 수단·의식주에 이르기까지 한 공동체가 역사적으로 발전하면서 얻어진 전통적 생활 양식을 우리는 풍속 또는 습관, 관습 등으로 부르고 있다.

풍속이란 생활 공동체에 따라 서로 똑같은 것이 아니기 때문에 한마디로 이런 것이요, 하고 설명하기는 어렵다.

한편 '세시'란 1년 가운데의 때를 일컫는 것이니 계절을 이르기도 하고 또는 달달의 일이나 때맞춰 지켜지는 명절 등이 모두 여기에 포함된다. 인간이 한 평생을 지내는 것을 '통과의례'라 하여 '관(冠)' '혼(婚)' '상(喪)' '제(祭)'를 든다면 세시풍속이란 한 공동체가 해마다 집단적으로 되새김하는 1년의 일정표인 것이다.

이러한 일정표가 짜이는 바탕으로는 풍토와 생산 조건, 토착 신앙 등은 물론이요, 계절과 날짜, 시간을 분간하는 '역법'이 있다. 원초적인 방법으로 해와 달 등의 천체의 움직임에 따르는 것과, 식물이 돋아나고 말라 죽거나, 동물의 동면 등 생태·생활 변화에 의하여 짐작하기도 했다.

동양에서는 일찍이 달을 기준으로 하는 '태음력'의 역법을 만들어 냈는데, 중국의 경우는 삼짇(3월 3일), 단오(5월 5일), 칠석(7월 7일), 중구(9월 9일) 등을 명절로 삼았으나 우리 민족은 대보름(1월 15일), 유두(6월 15일), 백중(7월 15일), 한가위(8월 15일) 등의 달이 둥글게 뜨는 '보름'을 더욱 꼽는 명절로 삼고 있다. 그렇다면 이러한 세시풍속과 민속놀이와는 어떤 상관 관계가 있는가.

우리의 세시풍속을 소상히 알려 주고 있는 《동국세시기》 《영양세시기》《경도잡지》《동경잡기》 등을 보면, 비단 1년 열두 달 농사짓고 고기 잡는 순서만 적혀 있는 것이 아니다. 공동체의 염원을 하나로 모으는 정월의 '당굿'으로부터 계절에 걸맞게 가다듬고 풀면서, 섣달그믐에 이르기까지 '일'과 '놀이'를 하나로 조화하며, 다양한 공동체의 의견들을 통일시키는 의지가 그 밑바닥을 흐르고 있다.

생산의 단계 단계에 일꾼들의 건강과 계절의 변화와, 그리고 더 풍요한 생산을 위한 일정표로서 세시풍속은 짜여지고 있다.

이와 같은 세시풍속을 영위해 나가는데 있어 마치 기계에 쓰는 윤활유와 같은 역할을 하는 것이 바로 놀이라 하겠다.

여기서 잠시 같은 이름으로 놀아지고 있는 오늘의 변질된 '줄다리기'와 본디의 것을 견주어 살펴보기로 하자.

요즘 각급 학교에서 운동회 때, 줄다리기를 하는 것을 보면, 거의가 왜식(일본식)으로 놀고 있다.

화약 딱총소리를 신호로 죽기 살기로 당겨 어느 편이 상대를 끌어당기느냐를 3판 2승으로 가리는 왜식 줄다리기가 판을 치고 있다. 그런데 우리의 본디 줄다리기는 아주 다르다. '동' '서' 양편의 마을이 예로부터 정해져 내려오는 자기 마을의 줄(암줄 또는 숫줄)을 꼬아 그것을 하나로 결합시키는 데서부터 놀이는 시작된다. 줄꾼들은 징소리를 신호로 끌어당기는데 엎치락뒤치락 하루 종일, 때로는 2-3일 씩이나 이 집단놀이는 계속되었다. 놀이의 속뜻을 모르는 사람들은 맺고 끊음이 없는 지루한 놀이라 비판을 하기도 한다.

이리저리 끌리다가 두 힘이 어느 한쪽으로 쏠리지 않고 딱 맞수가 되는 순간이 있다. 둘의 힘이 더 큰 하나의 힘으로 팽배하면서 승화하는 순간인 것이다.

양편 줄꾼들의 발이 공중으로 붕하니 뜨며, 풍물패(농악대)들은 사물을 부서져라 마구 쳐댄다.

이 팽배의 아리따운 경지를 만끽하는 것이 줄다리기의 맛이요, 정신인 것이다. 승부의 끝마무리 또한 깔끔하다.

이긴 편 마을은 논농사가 잘 되고, 진 편 마을은 밭농사가 잘 된다고 한다. 시냇물 하나 사이에 그럴 리가 없다. 다 잘 되자는 마음씨다.

이번에는 한가위 때의 민속놀이인 '강강술래'와 '거북놀이'를 알아보자.

강강술래의 시원을 임진왜란 때, 이순신 장군의 의병술로부터 비롯되었다는 의견도 있지만 이러한 원무 형식의 춤은 가장 원초적인 무리춤(집단무용)의 형태로 보여진다.

'선소리꾼'의 '메김소리'(앞소리)를 받아 일동이 함께 받는 강강술래의 낭랑한 가락과 춤사위는 바로 민중의 애환을 그대로 담고 있다.

손에 손을 잡고 한없이 돌아가면서 몸도 마음도 하나가 되어 집단놀이의 최고의 경지인 무아지경에까지 이른다. 거북놀이도 남다른 뜻이 있다.

수수잎을 따 거북 등판을 엮어서 등에 메고 엉금엉금 거북 흉내를 내는 이 놀이는 중부 지방에 널리 전승되던 한가위놀이다.

거북은 용왕의 아들이라 한다. 용이란 비를 제도하는 영험한 상징적 존재이니 농사가 잘되고 못 되는 것이 용의 마음에 달렸다 해도 과언이 아니다.

8월 한가위 며칠 전부터 어린이는 어린이대로 어른은 어른끼리 따로 '거북 놀이패'를 짜 '지신밟기'와 흡사한 추념을 하며 집집을 돈다.

거북을 앞세우고 풍물패를 뒤따르며 온갖 우스꽝스러운 어릿광대가 신명을 돋우는 가운데 집집을 찾아들면 주인은 형편껏, 성의껏 곡식이나 돈을 낸다. '어린이패'는 그 수입으로 어려운 집을 돕거나 마을의 경로 잔치에 쓰며, 어른들 몫은 마을의 공공기금으로 다리도 고치고 길도 넓히는 데 쓰이니 이 얼마나 보람 있는 일인가.

세시풍속과 민속놀이는 이처럼 상호 보완적 관계를 맺고 있음을 발견하게 된다. 그러기에 민속놀이를 '세시놀이'라고도 일컫게 되는 것이리라.


## '민속놀이'는 왜 오늘에 전승되어야 하는가


그러면 여기서 우리나라 서울을 중심으로 하여 중부 지방에 전승되었거나, 지금도 전승되고 있는 민속놀이의 이름을 순서 없이 열거해 본다. 자치기/제기차기/고누/공기놀이/비석치기/그림자놀이/땅따먹기/술래잡기/그네뛰기/널뛰기/줄넘기/윷놀이/관등놀이/달맞이/다리밟기/지신밟기….

위의 놀이들은 변모의 과정을 겪고는 있지만 거의 전승되고 있는 것들이다.

겨룸놀이로 씨름/연날리기/줄다리기/편싸움(석전)/장치기(격구)/활쏘기/투호… 등 가운데 편싸움과 장치기 등은 사라져 버린 종목들이다.

실상 풍속이라는 것은 사회 변동에 따른 생활 양식의 바뀜에 따라 함께 바뀌는 것임은 하나의 상식이라 할 때 놀이도 예외일 수는 없다. 비근한 예로 옛날에는 손으로 모를 심고, 논을 매고 거두어들였는데 지금은 이것을 기계로 하고 있다. 그러니 옛날에 논에서 일하며 불렀던 '일노래'들이 이제는 필요없는 것으로 되고 말았다. 일노래란 일의 장단과 맞아떨어지는 호흡으로 불리는 것이니 아무런 효용 가치도 없어지고 말았다. 옛날 골목에서 어린이들이 즐겨 놀았던 '자치기'를 지금은 도저히 할 수가 없다. 창마다 유리를 끼웠으니 당치도 않는 놀이이다. 돌을 던지며 용맹심을 길렀던 '편싸움'이며, 들판에 불을 질렀던 '쥐불놀이'도 이제는 금기의 놀이가 되었다. 그런데도 우리가 민속놀이를 되찾아 오늘에 심으려 함은 무슨 연유일까?

첫째, 민속놀이가 지니는 '공동체성' '협화성' 때문이다. '놀이'와 '전쟁'을 명확하게 분별하면서 '겨룸을 통한 얼싸안음'을 터득한 조상님네의 슬기가 너무도 고귀하기 때문이다.

둘째, 우리의 전래 놀이 가운데도 '돈치기'니 '투전' 등 도박놀이도 없지는 않지만, 대부분 민속놀이들은 도박성이나 요행성 보다는 '슬기'와 '용기' '인내심'을 길러 주는 건강성이 있음을 높이 사게 된다.

오늘날 성행하고 있는 서구 취향의 놀이들이 상업주의적 안목으로 꾸며진 사행놀이(예로 컴퓨터 게임, 사격놀이 등)가 많은데 비하여 민속놀이(예로 공기놀이, 비석차기, 제기차기, 칠교놀이 등)들은 차분한 정신과 육체의 수련을 통해서 희열을 맛보는 것이니 이 얼마나 소중한가.

셋째, 민속놀이는 '일'과 '놀이'를 썩 잘 조화시키고 있다는

데 주목하게 된다. '도랑치고 가재 잡고, 마른 논에 물대기'라는 속담이 있다. 물이 잘 빠지도록 도랑을 치고 보면, 힘 안들이고 물고기를 잡게 되고, 그 덕분에 마른 논에 물을 그득히 담을 수 있으니 어디까지가 놀이이고 어디서부터가 일인지 도무지 분간할 수가 없다.

일과 놀이가 이처럼 조화를 이루기를 바라는 마음에서 우리의 조상님네는 이와 같은 속담을 꾸며내셨는지 모를 일이다.

벌써 언제부터인가, 세상 인심이 각박하여져서 살얼음판을 걷는 것 같다고 걱정을 한다.

어른 아이 할 것 없이 놀고 있는 놀이들이 도박이 아니면 살벌하기 그지없는 것들이어서 이대로 가다가는 무슨 큰 변을 당하지 않을까 불안해하고 있다.

놀이라는 이름으로 쏘고, 치고, 자르고, 태워 날려 보내는 끔찍한 장면들을 너무 자주 대하게 되다 보니 이제는 웬만한 것은 그저 덤덤하다고까지 한다.

자, 그렇다면 이제 우리는 인정스런 화합과 슬기로 이루어진 민속놀이들을 서둘러 되찾아 오늘에 걸맞도록 재창출하는 일에 심혈을 기울여야 한다.

앞에서도 언급한 바 있듯이 '민속'이란 민간의 풍속을 말하는 것이며 여기에 '놀이'가 덧붙은 '민속놀이'는 소비성향적인 사행놀이가 아니라 더욱 효율적인 생산을 위한 '쉼'의 뜻이 함께하는 것임을 깨달아야 한다.

쥐먹이의 '도리도리 잼잼'으로부터 '윷놀이' '널뛰기' '그네' '씨름' '줄다리기' '연날리기'에 이르기까지 나이와 체력과 지능에 걸맞은 밝고도 건강한 놀이들을 오늘의 생활 속에 수

용함으로써 역사 민족, 문화 민족으로서의 긍지를 되찾아야 하
리라는 생각이다.

(1996년 12월, 청소년 민속강화 국립민속박물관)

# 53 해방 공간 이후 민속학의 발자취

## 해방 공간 후 민속학이 걸어온 길

우리 민족 나름의 민속 문화에 대한 고구는 문헌 기록으로만 보아도 줄잡아 삼국 시기 이전(김부식, 《삼국사기》 신라 유리왕 5년 2조 …是年民俗歡康製兜率歌此歌舞之始也)으로 논의되고 있다.

그 뒤를 이어 단편적이긴 하지만 다 방면으로 민속 고구의 문건들이 시대에 따라 이어지면서 특히 임진·병자의 긴 난리를 겪은 뒤에 대두하는 실학파의 학자들에게서 그의 구체적 성과들을 발견하게 된다.

그러나 오늘날 우리 학계의 왜곡된 고정관념에 따라 근대적 학문으로서의 시작을 싸잡아 전세기초, 즉 서구제국주의의 거센 물결과 함께 대두한 이른바 신문화, 신학문으로 간주하는 의견에 따라 민속학도 그 가운데 하나로 포함되고 있는 실정이다.

또한 민속의 개념마저 복고 취향으로 인식되면서 '민간에 전승되고 있는 잔존문화를 대상으로 하는 학문'이라는 식으로 호도되기에 이른다.

이러한 경향은 일제의 어용학자들에 의하여 조사·간행된 상당 분량의 독소 어린 문건들을 해당 시기 민속학의 표본상으로 생각하는 잘못에서 비롯되는 것이기도 하다.

그것은 저들의 식민 지배를 효율화하고 정당화하기 위한 것이었음이 분명한 것인데도 말이다.

조선총독부에 복무한 고등경찰 출신의 풍속조사자들과 경성 제국 대학의 몇몇 일본인 학자들에 의한 방대한 '조선관습조사보고서'를 비롯하여 관의 적극적인 지원을 받으며 개별적인 현장답사를 통하여 저술한 조사·연구보고서들이 쏟아져 나온 시기가 바로 이 때이다.

한편 일제 강점기 동안에도 이능화·최남선·백남운·송석하·손진태 등에 의한 주목할 만한 학문적 성과가 아주 없었던 것은 아니다.

1945년 일제의 패망으로 맞게 되는 해방 공간에 있어 한국의 민속학은 제 구실을 하지 못했다. 아니 독립과학으로서의 학문적 기반을 이루지 못하고 있었다는 것이 솔직한 표현이겠다. 막연하나마 나라를 찾게 되었다는 감격과 함께 우국적 민족애를 바탕으로 한 예컨대 미풍양속 등을 발굴·선양하는 수준이었다.

해방의 기쁨이 1950년 분단이란 비극으로 이어지면서 어렵사리 눈뜰까 했던 우리 민속학계는 다시 아주 움츠러들고 만다. 앞에서도 지적했듯이 해방 공간의 민속학이 하나의 학문으로 정립되지는 못했지만 국문학 분야의 주로 구비문학 방면의 연구가 시작되었고 역사·지리·경제 등 사회과학분야에서도 보조과학으로 접근하려는 추세였는데 싹이 밟히고 만 것이다.

참고로 1949년 창립된 '진설학회'가 이 시기에 발족한 연구 모임의 하나였다.

1954년 잿더미 속에서 앞의 '진설학회'가 '한국민속학회'로 이름을 바꾸어 재발족하는가 하면 1957년에는 기존의 '국어국

문학회'에 '민속학연구분과'가 독립하여 꾸려졌고, 1958년에는 '한국문화인류학회'가 창립되었다. 그런데 '한국민속학회'와 '한국문화인류학회'는 명칭만 다를 뿐 참여한 회원도 중복되는 사람이 많았으니 민속학과 문화인류학이라는 별도의 전공자에 의하여 세워진 것이 아니라 하겠다. 이 시기의 실상을 말해 주는 것이기도 하다.

1964년 문화재관리국에 의하여 '중요 무형문화재'와 '민속자료'를 지정하기에 이르면서 영세하지만 분야별 전문학자의 활동이 돋보이게 되고, 1969년 '한국민속종합조사보고서 · 전남편'을 내기 시작하면서 전국에 산재한 민속학 관련학자의 모자람을 실감케 하는 계기가 되기도 한다.

한편 1969년 창립된 민속학회(현 한국민속학회)는 학회지와 월례학술발표회를 가장 꾸준히 계속하며 오늘날에 이르고 있다.

남한의 민속학자가 학문적 영역을 확대하고 기초 과제인 민속지를 서둘러 정리하기 시작한 것은 아무래도 1970년대부터인가 한다.

1970년대에서 80년대로 이어지면서 민속지의 정리를 거쳐 학문적 영역의 확대와 전공 분야로의 정착이라는 발전적 정리기를 맞는다.

그간에 연구대상의 주종을 이뤘던 구비전승, 민간사상, 세시풍속, 민간연희 등 이른바 정신민속의 범주에서 물질 · 생태 연구의 분야로 확대되는 조짐을 보이기 시작했다.

또한 대학 부설의 민속학 관련 연구소와 독립돼 별개의 다양한 학회와 연구소들이 설립되는 바 이 자료들은 발표 논문 끝에 박힌 참고 문헌을 참조해 주기 바란다.

이밖에도 안동대학과 중앙대학에 민속학과가 개설된 것도 우리 민속학의 발자취를 살피는 데 기록되어야 할 일이고, 국공립 민속 박물관을 비롯하여 경향간에 세워지고 있는 민속 관련 박물관 내지는 향토자료관 등도 살펴야 할 대상들이지만 여기서는 줄이기로 한다.

끝으로 1990년에 발족한 '한국역사민속학회'의 설립 취지에서 보이는 '법고창신'의 의지에 주목하고자 한다. 이 젊은 학회의 참신한 학문적 축적이 우리 민속학계의 고질적인 복고주의적 연구 경향을 불식하는 계기가 되었으면 하는 바람에서이다.

2001년 오늘의 민속학계는 연구 세대의 점진적 교차와 주체적 민속학의 방향과 방법론 모색이라는 당면과제를 안고 있다. 그 연구 세대의 교차란 먼저 선진적 역사 의식이 담보되어야 함은 물론이다.


## 남녘 세시풍속의 시대적 변이 과정


생활문화란 일단 풍속에서 생성되는 것이라면 1년 12달의 세시풍속을 살펴봄은 우리 문화를 이해하는 데 지름길이 되는 것이라 하겠다.

세시풍속이라 함은 일정한 시기가 오면 관습적으로 반복하여 거행하는 특수한 생활 행위, 즉 전기전승을 가리킨다.

요즘은 흔히 '연중행사'로 부르기도 하지만 옛날에는 '세시' '월령' '시령' 등 계절성을 강조하면서 생산 과정의 일정표 구실을 하였다.

사계절의 변화가 확실한 우리나라의 명절은 대체로 계절에 따라 그 행사 내용이 짜였으며 다시 '월령'이란 특히 생산 활동 (농경, 수렵, 어로, 채집 등)과 관련을 갖는다.

또한 우리는 주로 음력을 써온 민족이어서 세시풍속 역시 음력을 기준하고 있음은 익히 알고 있는 일이다. 농사짓는 일과 고기 잡는 일, 그리고 바닷물의 썰물과 밀물에 이르기까지 음력에 의하여 가려졌었다.

농사를 주로 하는 지역에서는 그의 시작인 파종으로부터 제초, 수확, 저장 등의 생산 활동의 변화를 가늠하게 하면서 그 사이사이에 의식과 놀이 등이 삽입되어 생활의 흐름을 부드럽게 하여 주었다.

이는 수렵과 어로의 현장에서도 마찬가지였다.

이와 같은 세시풍속의 큰 틀은 1945년 해방 공간을 거쳐 1948년 분단이 고착화되기 전까지는 남과 북이 같은 민속권이었음은 물론이다.

그런데 그 이후 북녘에는 어떠한 변이 과정을 거쳤는지 알 수 없어 조속한 자료의 교환을 바라면서 그간 남녘에서의 세시풍속의 변이 과정을 잠시 살펴보기로 한다.

1945년 일제의 속박에서 풀려나면서 주로 농어촌에서는 1-2년 동안 음력을 중시하여 음력으로 명절과 생일과 기제사 등을 지내는 집이 많았다. 또한 24절기를 생산 활동의 기준으로 삼는 경우가 많았다. 그러나 1948년 정부 수립 이후 이중 과세의 폐단을 들어 양력으로 통일을 강제하면서 서서히 음력은 사라져 갔다.

또 한 가지, 해방 공간에서는 '단기'와 '서기'가 함께 쓰이면서 '단군기원'의 표기가 광복의 표상인 양 인식되기도 했지만 역시 정부 수립 이후 '서기'로의 통일을 중요하면서 '단기'는 한동안 아주 없어져 버리는가도 싶었다.

정부의 시책으로 '월령'과 '24절기'의 개념에서 요일(월·화·수·목·금·토·일)과 양력의 열두 달 기준으로 아주 바꾸어 버리려 한 의도가 서서히 무너진 것이 1980년대로 들어서면서였다.

그 내력은 아주 깊으니 일제의 강압에 못 이겨 고종 32년 을미 11월 17일을 서기 1896년 1월 1일로 삼으면서 우리의 설 명절은 이때로부터 없어지고 말았다. 그러나 뿌리 깊은 세시풍속이란 한낱 '역'의 바뀜에 따라 그리 쉽사리 바뀌지 않는 것임을 민중들은 보여주었다. 정부의 강압에도 불구하고 설, 단오, 한가위, 3대 민족의 명절만은 굽힘없이 음력으로 지키고 있음에 손을 들고 만 것이다. 이 무렵에 이르러 '단기'의 겸용도 모르는 사이 복원되기에 이른다.

일단 설을 '민속의 날'이란 이름으로 공식 공휴일로 삼은 것이 1985년이었고, '설'이란 호칭을 제대로 되찾으며 공휴일이 된 것이 1989년이었다.

이제껏 거론한 세시풍속의 변이상은 아주 단편적인 것에 지나지 않는다. 왜냐하면 풍속이란 시대와 생활 방식의 변천과 한배를 타는 것이고 보면 해방 공간 이후 남한에서의 전통적 의·식·주, 생활 방식의 변모·변질은 상상을 초월하는 것이기에 말이다.

공동체 의식에 바탕한 '두레풍속'이라든가 나눔의 극치라 할 '반기 정신'에 바탕한 세시풍속의 발전을 기하지 못하고 해괴

망측한 서양의 기속들이 지금도 텔레비전을 통하여 안방 깊숙이 기어들고 있다. 그러한 현상으로 머리칼을 색색으로 물들이는 혼혈잔치가 난데없이 통과의례처럼 받아들이기에 이르렀다.

이러한 풍속의 타락은 민족의 장래를 나락으로 이끄는 데 결정적 역할을 할 것이다. 그렇게 되기를 원하는 외세 또는 그에 고용된 동조자가 바로 이웃인 양 함께하고 있음을 이제는 알아야 한다.

이 문제는 남북이 제가끔 그의 구체적인 변모상을 세심히 작성하여 교환·참고해야 할 시급한 문화교류사업의 하나라 하겠다.

세시풍속은 역사의 주인인 민중이 앞장서 역사 창조의 건실한 일꾼이 될 때, 평화롭고도 생산적인 것으로 창출되어지는 것임을 우리의 역사가 일러 주고 있다.


## 통일 세상을 위한 오늘의 과제

돌이켜볼 때, 오늘 우리가 당면하고 있는 조국의 분단은 그 연원이 비자생적이었던 사이에 아시아에 있어서의 근대화 초기 과정에서부터 타의에 의하여 획책되어진 것이다.

그러기에 암울한 지난 세기는 민족의 해방과 통일 운동의 시대였는 바 참으로 어처구니없이 많은 피의 대가를 치르고 이제 서서히 냉전 시대를 거쳐 국제 정세의 흐름은 통일 지향적인 긍정적 변화를 조성하기에 이르렀다. 남북간의 정세도 변화하는 가운데 남북 당사자간에도 통일 세상을 향한 해결 구도를 정착

시킬 필요가 쌍방에서 제기되고 있다.

이러한 때에 자성의 마음으로 지난 나날을 되새긴다.

조선왕조 양반 관료들이 빠졌던 열등 의식을 이어받으며 식민지 근성에 영향된 일부 지식인들의 고질화한 노예 근성이 오늘의 눈초리에서도 적잖이 발견되고 있다.

그러나 지난 2000년, 남북 두 정상의 '6 · 15 선언'은 토막난 민족을 하나로 잇는 화해, 용서, 얼싸안음의 몸부림이었다.

분단 세기를 거치는 동안 남과 북은 이념과 체재가 상이하면서 하나였던 민족 생활사에 심한 이질화 과정을 겪었다.

이러한 대에 다시 하나됨을 통한 민족의 부활을 꾀하려 함에 남과 북 함께 민속학이 감당해야 할 과업은 막중한 것이다.

- 반백 년이 넘도록 왕래도 없었음에도 여전히 자생력을 지니며 전승되고 있는 것은 무엇인가?
- 어떤 것들이 어떤 연유로 하여 어떻게 변화하는 가운데 이질화를 초래했는가?
- 어떻게 하면 이질화된 것들을 민족생활사의 큰 틀 속에서 용해 · 재생토록 할 것인가?

이와 같은 문제들을 풀어 가는 데 있어 우리 민속학자들은 남과 북에서 그간 이질화된 민속문화를 조사하여 재통합을 위한 기초 자료로 수합 · 정리하는 가운데 남북간 '사회문화교류사업'의 하나로 시급한 주고받음이 있어야 하겠다.

이는 이질화 극복을 위한 첫 걸음일 뿐, 그로부터도 숱한 벽이 예상되는 것이다.

1990년 문화부와 통일원에서 제시한 '남북문화교류의 5대 원칙'을 보자.

① 분단 이전의 우리 민족 전통문화를 우선 교류한다.
② 승부 및 경쟁적 분야는 배제한다.
③ 전통문화의 원형을 변형 훼손하는 표현 방식을 지양한다.
④ 쉽고 작은 일에서부터 시작한다.
⑤ 공동 실행을 위한 지속적인 노력을 경주한다.

위에서 ①의 '전통문화'를 예를 들자. 남한에서도 학자에 따라 다르기는 하지만 문화부·통일원에서 제시한 전통문화는 불변의 고유문화 같은 뜻인 데 비하여 북에서는 그를 바탕으로 하여 시대 변천과 함께 변화·발전하는 것을 뜻한다.

③의 '원형을 변형 훼손하는 표현 방식'도 문제가 된다. 북이 해석하는 전통문화의 개념에 따른다면 무엇이 원형을 훼손하는 표현 방식인가 하는 잣대가 모호하다.

이 문제는 뭇민속의 이질성 극복 과정에서 처음에는 적지않은 걸림돌이 되겠지만 남과 북 민속학자들의 거듭되는 만남과 사유의 발전으로 민족중심주의 공감대가 확대되면서 서서히 해소되리라는 생각이다.

비단 민속학자에게뿐만 아니라 민족의 동질성을 확인하는 작업은 이 시기, 주어진 당위적인 민족적 목표인가 한다.

먼저 우리 민속학자들의 통일지향적인 학구심이 요망된다. 무엇이 서로 다른가의 취향적 이질론자가 아니라 통일세상 구축을 위한 남북 동질성 확인 작업의 일꾼이 되어야 하리라.

이 글을 쓰면서 어렵게 구한 평양에서 펴낸 《조선풍속사》의 머리말 일부를 옮긴다. 무엇이 다르고 무엇이 같은가를 보기 위해서이다.

"조선의 풍속은 아득한 고대로부터 형성되기 시작하여 그후 매 역사 발전 단계에 따라 민족의 기질과 재능, 생활 감정과 정서 등 민족적 특성을 바탕으로 하여 부단히 발전되어 왔다. 조선 인민의 풍속은 반만 년의 민족사를 하나의 혈통으로 이어온 데서 이루어진 단일 민족의 풍속이며 투쟁과 창조의 과정에 이룩되고 공고화된 슬기로운 민족의 전통적인 생활 풍습과 미풍이다⋯."

이 글에서 '조선'을 '한국'으로 바꾸어도 서먹할 것이 하나도 없다.

이질화를 극복하는 일, 서로가 다른 것을 이해하고 보듬는 일, 그리고 하나로 되는 일이 어찌 몇 안 되는 민속학자들만의 몫이겠는가. 다만 동질성확인의 텃밭이 바로 민속의 현장이기에 우리 함께 짐승들만 산다는 휴전선을 헤치고 서로의 심금 없는 자료를 나누고 마음을 주고, 손을 잡아야 하지 않겠는가.

(2001년 8월 22일, 민족미학연구소 강연)

# 54 《창봉교정(槍棒敎程)》의 출간을 기리며

해범(海帆) 선생의 무예(武藝) 세계를 더듬는다

내가 처음 해범 선생과 만난 계기는 우리나라 전통무예의 족보라 할 《무예도보통지·실기해제》를 함께하면서였다. 그리고는 뒤이은 선생의 저술인 《권법요결》과 《본국검》에서도 어쩌다 서문을 쓰다 보니 참으로 막중한 무예 세계의 변두리를 서성인 셈이 되었다.

해범 말씀이 이번에 출간하는 《창봉교정》이 일단은 '무예도보통지 부문별 실기해제' 의 마무리라 하지만 나의 생각은 다르다. 이제껏 펼친 부문별 실기해제의 바탕 위에 심오한 논리적·철학적 전개가 이루어져야 하겠고 이일은 해범이 아니면 감당할 인사가 없다고 보기 때문이다.

《창봉교정》의 내용을 잠시 살펴본다.

고대 개인 병기 중 장병기에 속하는 장창(長槍), 죽장창(竹長槍), 기창(旗槍), 당파(鏜鈀), 낭선(狼筅), 곤봉(棍棒), 편곤(鞭棍), 장봉(長棒)에 대한 이론과 그 실기를 해설하고 있다.

제1장에서는 장병기의 기본 원리, 병기를 제어하고 운용하는 수법(手法)인 파법(把法), 병기로써 몸을 감싸 돌리는 무화(舞

Korean Art of Self-Defense
by Kwang-Suk Kim

海帆 金光錫 韓國武藝

韓國民俗劇研究所 · 附設劇団 서낭당 · 〒 100. 서울中央私書函 2279號
THE RESEARCH INSTITUTE OF KOREAN FOLK DRAMA
THEATRICAL GROUP SEONANG -DANG.
C.P.O. BOX. 2279, SEOUL. 100, KOREA TEL.: (02) 795-3567, 794-2420

花), 무예 동작의 완성을 위한 보형(步型)을 설명하고 있다.

제2장에서는 모든 장병기 사용법의 기초가 되는 곤법(棍法)의 기본원리를 설명하고 있다.

제3장에서는 창법의 기본 원리, 창을 잡는 파법(把法), 파법의 종류, 공격과 방어의 원리, 기본 동작을 설명한다.

제4장에서는 각종 장병기를 실제로 운용하는 투로를 도해와 함께 자세히 설명한다. 장창, 죽장창, 기창, 당파, 낭선, 편곤은

《무예도보통지》에 실린 투로를 해설하고 있으며, 장봉과 단봉곤(短棒棍)은 해범 자신이 일평생 배우고 익힌 것들 중 가장 기본적인 동작들로 이루어진 투로로서 독창적으로 창안한 것들이다.

무예란 목숨을 다루는 것인 만큼 그 엄밀함에 있어서는 머리카락 한 올의 빈틈과 섬광 같은 찰나적인 태만을 허용치 않는다. 이는 반드시 무기를 들고 상대와 겨룰 때만 해당되는 것이 아니라, 무예인으로 살아가는 일평생의 자세가 그러하다는 말이다.

이번 이 책 역시 단 한 자를 더할 수도 뺄 수도 없을 만큼 그 이론과 실기가 정밀하여 시종일관 시퍼런 칼날 위를 걷는 것 같은 긴장감을 느끼게 한다. 진실로 무예서란 바로 이런 것이겠다 싶다.

그러면 여기서 심오한 해범의 무예 세계를 두르려 보기 위하여 지난 1987년 《무예도보통지 · 실기해제》의 출간 기념으로 가졌던 '해범 김광석 한국무예 발표회'에 즈음하여 선생과 주고받았던 어록(語錄)을 다음에 소개한다.

"…나야 무예라기보다는 수양으로 시작된 일이지요. …사람은 누구나 안으로는 오장육부(五臟六腑)와 밖으로는 사지백해(四肢百骸)로 이루어지는 것인데 이를 활발하게 움직이게 하는 것은 기(氣)에 의존하는 것이다 氣에는 陰氣와 陽氣가 있다. '음기'란 음식을 먹어 장에서 소화시킨 영양의 氣로서 폐(肺)로 올라간다. '양기'란 대기권의 정기(精氣)를 호흡으로 당겨 폐로 받아들이는 기운을 말한다. 따라서 '음기'는 내적으로 오장육부를 다스리며 안으로 돌고, '양기'는 외적인 것을 다스리며 밖으로 돈다.

이 두 氣는 우리 몸은 50주천(周天)한 후에 한 생명체의 흐름인 氣로 변화하는데 이를 원기(元氣)라 한다.

'원기' 이전의 氣은 단지 육신을 보존하는 생기(生氣, 生神)로만 돌다가 '원기'가 되어서야 비로소 생명체의 힘이 되는 것이다. 이것을 영기(靈氣)라고도 한다.

예를 들면 나무는 생기만 있고, 원기가 없기 때문에 힘이 없고, 움직임이 없고, 사고능력이 없다. (후략)


…무예의 모든 동작은 오법(五法: 眼法, 手法, 身法, 步法, 腿法)에 따르는 것인데, 눈은 마음을 의지하고, 마음은 氣를 의지하고, 氣는 몸을 의지하고, 몸은 손을 의지하고, 손과 몸은 발을 의지한다. 따라서 이 모든 움직임이 원칙에 맞아 한식(一式)에 一體化해야 된다.

다시 말하자면 율동은 삼절(三節)로 이루어지는데 '제1절'은 주먹이 나가면 팔꿈치와 어깨가 따라 나간다. '제2절'은 발이 나가면 무릎과 대퇴가 따라 나간다. '제3절'은 허리가 나가면 가슴이 따라 나가고, 가슴이 가면 곧 마음이 간다. 따라서 한 동작마다 전신이 움직이는데 이때 반드시 '오법'에 맞게 율동해야 한다. (후략)


…무예란 인체를 단련하여 심신을 철석같이 만드는 데에 있다. 외적으로는 근(筋)과 피(皮)와 육(肉)과 골(骨)과 뇌(腦)·막(膜)·경(勁) 등을 단련시키고, 내적으로는 생명의 흐름인 氣를

한 숨에 이루는 공부(功夫)를 하여, 마음이 있는 곳에 氣가 흐르게 하고 氣가 흐르는 곳에 외적인 조건이 한꺼번에 따라 움직이게 해야 하는 것이다. (후략)

…무예를 연마하는 데에는 강유(剛柔)가 하나이고, 쾌(快)와 만(慢)이 상간(相間)되어야 하며, 허(虛)와 실(實)이 서로 조화를 이루어 거미줄이 연결되듯 동작이 연결되어야 하며, 힘은 부(浮)와 침(沈)이 편중(偏重)되거나 편부(偏浮)되지 않는 가운데 자유롭게 활용될 수 있어야 한다. (후략)

…또 무예를 수련하는 功法에는 크게 동공(動功), 역근공(易筋功), 정공(靜功)으로 나눈다. '동공'이라 함은 글자 그대로 움직여서 공을 이루는 것을 말하는데, 이 움직임은 반드시 그에 맞는 원칙에 의한 자세와 힘과 동작과 시간으로 움직여야 한다. '역근공' 또한 그에 맞는 원칙적인 움직임과 호흡에 의해 이루어진다. 또 '정공'이란 수단지도(修丹之道)의 정(精)·기(氣)·신(神)을 단련하는 것이다. 이를 위해 먼저 알아두어야 할 것은 (…) 천하의 모든 생물은 음·양의 이치에 따라 생장하는데 사람은 더 말할 나위 없을 뿐더러 수련하는 데에는 더욱더 중요한 것이다. 精·氣·神은 無形之物이지만 筋骨은 有形之物이다. 그래서 반드시 먼저 有形者를 수련하여 無形의 佐培로 삼고, 無形者를 有形의 보필로 삼아야 하며 이로써 하나가 둘로, 둘이 하나가 되는 법이다. 만약 無形만 배양하고 有形을 버리면 안 된다. 또 有形만 수련하고 無形을 버린다면 더욱 안 되는 것이다. 그래서 有形之身은 반드시 無形之氣의 의지를 얻어야 하며 서로 엇갈리

지 않아야만 不壞之體가 되는 것이다. 만약 서로 엇갈리어 의지하니 않는다면 有形도 역시 無形으로 화하게 되는 것이다.

그러므로 筋骨을 연마하려면 반드시 氣를 수련해야 된다. 하지만 筋骨을 수련하기는 쉬워도 膜을 수련하기는 매우 어렵다. 더하여 氣를 연마하기는 더욱 어려운 것이다. 그래서 극히 어렵고 난잡한 곳에서부터 확고한 기초를 세워 놓아야만 훗날 동요가 일어나지 않는다. 이를 眞法으로 삼아 之氣를 배양하여 中氣를 지키고 正氣를 보호해야 한다. (후략)


…흔히 말하는 건강 호흡은 인간이 인위적으로 심호흡을 하며 폐활량을 늘이고, 신경총을 원활케 하고, 횡경막을 발달시키는 것이다. 그리하여 신체의 순환 기능을 발달시켜 각 기능을 윤활케 해주는 의료적인 호흡이라 할 수 있겠다.

修丹之道를 이루는 정공(靜功)은 삼궁(三宮: 精ㆍ氣ㆍ神)을 단련시키는 것으로 이와는 달리 매우 어렵고 깊다. (후략)


…무예를 오래 수련하면 정신수계(精神修界)의 극치인 도(道)에 이르게 되는 것이다. 물론 무예를 익힘으로써 신체가 단련되고 무술도 얻게 되는 것이다. 하지만 무엇보다 먼저 인간이 되어야 하는 것이다. 이렇게 되고 보면 자연히 정(精)과 기(氣)와 신(神)이 단련됨으로써 신체 조건이 원활해져 쾌식(快食), 쾌변(快便), 쾌면(快眠)을 하게 되니 심신이 맑고 건강해지는 것이다. (후략)


…지금 내가 지니고 있는 무예란 소시(少時)로부터 스승의 가

르침에 따라 사람 됨됨이를 수양하는 가운데 함께 배운 것이니
......."

한번 입이 열리고 보니 '해범'의 이야기는 끊일 줄을 모르
고, 갈수록 그 깊이를 헤아릴 길 없다. 기회를 보아 그의 인생
관과 무예관을 함께 정리하여 보고 싶은 욕심이다.

각설하고…. 우리나라의 전래(傳來)무술을 병장무술(兵將武
術)과 도가무술(道家武術)로 크게 나누고 있다. 물론 이밖에도
불가무술(佛家武術)을 비롯하여 여러 갈래의 자취가 없는 것은
아니다.

'병장무술'이 병장기(兵仗器)를 주로 하면서 실제 전쟁에 활

용된 것이라면, '도가무술'은 心法에 의한 권장술(拳掌術)을 위주로 하여 심신의 수련으로 그 맥을 이었다 하겠다.

실상 이렇게 나누기는 하였지만 실제로는 위의 두 무술은 필요에 따라서는 서로 밀접히 왕래하기도 하였음이 우리의 武藝史나 宗敎史를 통하여 짐작하게 되는 것이다.

중국으로부터 유입된 도교(道敎)는 이 땅에 들어오면서 주체적인 종교 내지는 사상으로 수용되면서 도가(道家)라는 이름으로 독자적인 맥락을 이룩하고 있음을 우리는 알고 있다. 현실을 극복하는 데 앞장서기보다는 한걸음 뒷전에서 응시한 것으로 해석하는 것이 보통의 인식이지만 실제로는 삼국 시대 이래 고려, 조선왕조 그리고 현재에 이르기까지 사상과 무예 양면에서 단단한 뒷받침을 하고 있음을 발견하게 되는 것이다.

'해범'의 스승이신 오공(晤空) 윤명덕(尹明德) 선생을 비롯하여 이 분들의 인맥(人脈)이 다행히도 《무예도보통지》의 실기를 재현하는 데 큰 공헌을 하고 있음을 미루어 이러한 생각이 더욱 굳어지는 것이다.

해범 선생! 전통무예의 터 닦음을 위한 당신의 과업은 아무래도 이제부터가 아닌가 합니다. 부디 지치지 마시고 아니, 이 《장창교정》으로 마무리한다 마시고 내친 걸음으로 매진하여 주시기 바랍니다.

(2001년 4월)

# 55 장승에 관한 고고, 민속, 미술사적 접근

장승의 내력과 실상 그리고 그것의 전승을 살펴 가늠하는 다각도의 시도를 보이고 있는 《장승》은 우리에게 응분의 관심을 갖게 하는 충분한 이유가 있다. 우리의 민중사와 불가분의 관계가 있는 장승에 대한 연구가 아직도 미흡했음이 그 첫째이고, 간혹 있었다 하더라도 유상(隨想)의 단계를 넘지 못하고 있음이 그 둘째이다.

그러나 희귀하나마 이미 옛 문헌에서 약간의 기록을 찾을 수 있는데, 특히 1930년대 송석하(宋錫夏)의 《장승고(長栍考)》, 그리고 1980년대 이종철(李鍾哲)에 의한 민속, 민족지적 고찰에 고고학적 방식을 도입한 일련의 논고를 들 수 있다. 이밖에도 김원용·장주근·이두현·김태곤·이상일·김두하·김형주 등에 의한 답사 기록 및 논고들이 비로소 이 방면 연구의 기초를 이루어 주었다.

이러한 시기에 선보이게 된 《장승》은 전국에 분포된(물론 북쪽은 제외되었지만) 비교적 충실한 사진 자료를 곁들인 본격적인 연구서로 출간된 셈이다. 채록된 사진에 기초하여 글이 쓰였는지 그 반대인지는 알 수 없어도 서로 뒷받침이 되면서 친절한 입문서의 구실을 하고 있다.

'장승의 현장—황헌만'은 지구력을 요하는 민속 현장의 사진

촬영을 잘 견딘 결과라 하겠다. 이러한 참여 의지가 전승문화의 확인에 얼마나 소중한가를 보여주고 있다.

'장승기행―이종철'은 20년에 가까운 그의 외골수 집념의 소산이라 할 만하다. 주로 장승과 연관된 논고를 이미 20편이나 발표한 그이기에 내놓을 수 있는 알찬 글이다.

1인칭 형식으로 장승의 독백을 빌려 이야기조로 풀어가면서, '내력'과 '명칭' '신앙의 뿌리' '기능' '형태' '인간과의 만남' '벅수신앙' '향토색 짙은 장승문화' 등을 살피고는 끝마무리에서 '생사불명의 돌장승'이라는 항목을 달아 북에서 전승되고 있는 형제 장승들의 안부를 애절히 묻고 있다.

'공동체의 상상력―박태순'은 장승의 재발견이란 부제를 달면서 소설가답게 주로 구비문학(口碑文學)에 바탕하면서 민족지적 고찰도 잃지 않고 있다. '사람들은 왜 장승을 만드는가' '장승은 사람들에게 무엇인가' '사람들과 장승의 관계는 어떠한가'에 대하여 풀이하고 있다. 또한 장승이 처한 오늘을 직시하며 민중문화운동의 열기 속에서 어떻게 이것을 재발견하여 되살릴 것인가를 과제로 제시하고 있다.

'생명의 힘 파격의 힘―유홍준·이태호'는 미술사의 시각에서 접근하고 있다. 먼저 장승이 우리의 미술사에서 제외된 사정을 통탄하여 그와 연계되는 대목들을 찾고 있다. '미적 도전의 의미' '장승 형태의 변이 과정' '조선 후기 장승문화의 배경' '장승의 유형' '장승의 미학' '장승문화의 계승 방향'의 순서로 장승문화의 실체를 통한 오늘화를 주장하고 있다.

…지배층의 정제된 미적 규범은 새로운 미적 가치의 도전을 받아 무너지고, 그 과정에서 이루어지는 지적 질서의 새로운 개

편을 통해 우리는 보다 넓은 미적 결과와 함께 그 범주를 확인해 간다는 논리를 세워 장승의 부단한 창조력과 생명력을 말하고 있다.

어렵게 전승되고 있는 소중한 유산들을 잘 보존하는 일도 시급하지만 그의 바람직한 전승은 회고 취향으로 흉내내어 다시 만들어 내는 데 그쳐서는 안 된다는 생각이다. 그에 비하면 어제와 오늘에 걸쳐 각 대학에 세워지고 있는 '민족통일대장군'에서 민족문화 계승의 참뜻을 체득하게 되는 것이다.

한편 이종철이 작성하여 부록으로 삼은 '장승 관계 문헌 목록'과 '지역적 장승 목록'이 이 책의 값을 더해 주고 있다.

욕심 같아서는 이 책이 담고 있는 3개 분야의 조합에서 일단 별개의 발전을 보일 수 있는 다음 단계의 작업이 아쉬운 것이다.

(1989년 1월, 월간 미술)

# 56 우리나라의 탈놀이

## '탈'은 왜 생겨났을까?

인간은 왜 멀쩡한 자기의 얼굴을 가졌으면서도 또 다른 얼굴인 탈을 만들어 냈을까? 이에 대한 궁금증을 푸는 데는 원시 공동체 사회에서의 집단제의(集團祭儀)를 들게 된다.

극심한 가뭄이나 홍수 등 자연의 위력에 대한 두려움을 극복하기 위하여 천신께 빌었던 부족단위(部族單位)의 당굿이 바로 그것이다. 이러한 공동체의 굿은 결국 풍요와 평안을 기리면서 한 부족의 결속을 가져다주는 것이었다.

이때에 인간과 신을 이어 주는 한 상징물로서 등장하게 된 것이 탈이니 결국 신앙적 성격을 띤 존재라 하겠다.

그러나 탈의 시원을 신성물로서의 신앙적 발생물이라기보다 사냥이라든가 자연과의 대결에서 필수적으로 생겨난 것이라는 다른 의견도 있다.

이 서로 다른 의견은 어느 한쪽에서 이해되기보다는 두 가지 욕구의 통일에서 올바른 해석을 내리게 되리라는 생각이다.

'신앙탈' '사냥탈' 등에 점차 놀이의 성격이 가미되면서 오늘에 전하고 있는 것이 이른바 탈놀음에 쓰이는 '연희탈'로 된 것이리라.

신앙적·생산적인 탈로부터 연희탈로의 발전은 유구한 시간을 필요로 하는 것이어서 역사가 오랜 민족에게 많이 전하고 있다.

결국 탈은 인간의 자기 방어 내지는 풍요를 위하여 생겨나 오늘날에는 놀이문화로 정착된 것이라 하겠다.


## 탈놀음의 종류

우리나라 탈놀음은 크게 6종류를 든다.

황해도 일원에 전승되는 탈춤(봉산탈춤, 강령탈춤, 은율탈춤 등)과 중부 지방 산대놀이(양주 별산대놀이, 송파 산대놀이 등), 경상남도의 오광대놀이(통영 오광대, 고성 오광대, 가산 오광대)와 들놀음(수영 들놀음, 동래 들놀음)이 있고, 당굿의 일원으로 놀아진 강원도 강릉의 강릉 관노 탈놀이(가면희)와 경상북도 안동의 하회 별신굿놀이 등이 있다.

함경남도 북청 지방에 전승되는 북청 사자놀음은 전국적인 분포를 보이는 지신밟기의 한 형태로서 역시 훌륭한 탈놀음의 유산이라 하겠다.

이밖의 지역에도 옛날에는 고루 탈놀음이 있었을 것으로 짐작이 되나, 지금으로서는 전하지 않고 있다. 다만 각 지방에 전승되고 있는 풍물(농악)놀이의 짜임새 가운데 보이는 양반광대 등의 탈들이 우리의 관심을 모으게 한다. 또한 무격(巫覡; 무당과 박수)이 벌이는 굿에서도 간단한 탈놀음이 여흥으로 놀아지고 있다.

참으로 다양한 탈놀음이 전국에 고루 전승되고 있음을 알 수 있다.

요즘 대표적으로 놀아지고 있는 황해도의 탈춤류와 중부의 산대놀이 그리고 영남 지방의 오광대와 들놀음을 보면, 지역마다 사투리가 다른 만큼 탈의 생김새나 춤사위가 다름을 발견하게 된다.

탈춤류와 오광대, 들놀음의 탈은 울퉁불퉁하니 요철(凹凸)이 심한 가운데 빛깔도 자극적인가 하면, 중부 지방의 산대탈은 모양새도 오밀조밀하니 기하학적이면서 빛깔도 중간색을 많이 쓰고 있다.

춤사위도 전자가 활달한 도무(跳舞)가 주종을 이룬다면 후자는 장단에 따라 세련되게 감고 푼다.

탈의 자료는 지금은 종이나 바가지를 주로 쓰고 있지만 옛날에는 거의 나무탈이었다.

좁다면 좁은 나라인데 이처럼 풍부한 탈놀음이 전하고 있는 것은 우리 민족의 심성(心性)과 나아가서 그의 예능사(藝能史)의 발자취가 뛰어남을 알게 하는 것이다.

현재 나무탈 유산 가운데 경상북도 안동 지방에 전승되는 하회(河回)탈 9점과 병산(屛山)탈 2점 도합 11점이 국보 121호로 지정되어 국립중앙박물관에 보존되어 있다. `

이 탈들은 고려조 중기 또는 후기의 작품으로 짐작하고 있다.

한편 중요 무형문화재로 지정되어 있는 종목은 다음과 같다.

봉산탈춤(중요 무형문화재 제17호), 강령탈춤(중요 무형문화재 제34호), 은율탈춤(중요 무형문화재 제61호), 양주 별산대놀이(중요 무형문화재 제2호), 송파 산대놀이(중요 무형문화재 제49호), 통영 오광대(중요 무형문화재 제6호), 고성 오광대(중요 무형문화재 제7호), 가산 오광대(중요 무형문화재 제73호), 수영 들놀음(중요 무형문화재 제43호), 동래 들놀음(중요 무형문화재 제18호), 강릉 관노가면희(중요 무형문화재 제13호), 하회 별신굿 탈놀이(중요 무형문화재 제69호), 북청 사자놀음(중요 무형문화재 제15호).

## 탈놀음에 보이는 놀이 정신

실제 일하시 않는 사람에게는 놀이가 따로 있을 수 없다.

놀이란 생산을 위한 휴식이요, 더 많은 생산을 위한 예행(豫行)의 뜻이 있는 것이기 때문이다. 그러니까 새로 벌일 생산의 모습을 미리 놀이로서 승화시켜 보는 것이다.

요즘 놀이라면 도박성 짙은 노름이나 빈둥빈둥 허송세월하는 것을 연상하는 경향이 있다. 이러한 소비성향적인 시간 보내기는 엄격히 놀이에 소관 되는 것이 아니다.

우리의 민속놀이는 모두가 세시풍속(歲時風俗)에 따라 철 맞춰 생산과 연관되어 있다.

탈놀음도 여기에서 어긋나지 않는다.

그 놀이의 시기를 보면 정월 초순, 5월 단오, 8월 한가위, 10월 상달이니 주로 농한기나 명절에 해당한다.

그 내용은 기존 질서 가운데 잘못된 것을 정면으로 비판하는가 하면, 이웃과 공동체에 대한 사랑이 넘쳐흐른다.

흔히 탈놀음의 놀이 정신을 깊이 깨닫지 못하고 한 판 벌이는 마구잡이 난장판으로 잘못 인식하고 있다.

샌님, 할미, 말뚝이, 취발이, 포도부장, 각시… 모두가 낯선 이름들이지만 잘 생각해 보면 오늘에도 다 있는 산 배역들이다.

이웃과의 갈등, 세상의 부조리를 직설적인 재담(대사)과 생동하는 춤사위로 건설적으로 극복하는 신명진 놀이판이 바로 탈놀음판임을 말해 두고 싶다.

(1988년 7-8월, 한농)

# 57 우리나라 인형

## 인형은 어떻게 생겨났을까

인형을 《국어대사전》에서 찾아보면 "사람의 형상, 흙·나무·종이·헝겊 같은 것으로 사람의 모양을 흉내내어 만든 장난감"으로 적고 있다. 이밖에도 여러 가지 종류가 있다고는 되어 있으나, 실제 인형이란 무엇인가를 이해하는 데는 미흡한 설명이다. 그런데 인형의 시원(始原)은 그와 유사한 조형물인 탈과 함께 모름지기 원시 공동체 사회의 제의(祭儀)에서 찾아야 한다는 생각이다.

왜 인간이 스스로의 모습을 흉내내어 우인물(偶人物)을 만들게 되었을까 하는 데는 먼저 신앙적 동기가 인용된다. 또는 원시인들의 자발적이요, 민주적 모임인 이른바 '당굿'에서 인간의 힘을 능가한다고 믿는 신에게 바치는 공양물 중에 인형이 포함되어 있을 것이라는 의견이다. 때로 그 우인물들은 인간과 신의 사이에서 전달자로서의 역할로 존재하기도 하고, 어느 때는 바로 신의 상징물로서 대치되기도 했다. 그것은 제단 위에 모셔지기도 하고, 높이 매달기도 했으며, 때로는 손으로 들고 신의 흉내, 아니면 인간의 희원을 표현코자 했다. 신성물로서의 우인물들은 처음에는 정적이었던 것이 점차 동적인 것으로 바뀌어 간 것을 짐작할 수도 있다.

인간에게 재앙을 가져다주는 나쁜 귀신을 쫓기 위한 무서운 우인물과, 그와는 반대로 안녕과 풍요를 가져다준다고 믿은 이로운 귀신들의 출현이 아마도 인류가 창출한 가장 오랜 단계의 인형이 아닌가 한다. 이와는 달리 옛무덤에서 출토되고 있는 부장품으로서의 우인물들도 그 연원이 오래여서 우인물의 역사를 살피는 데 빼놓을 수 없는 대상이 된다.

이와 같은 신성물로서의 우인물들이 어떠한 연유로 해서 연희 인형으로 발전했는가를 알아내기에는 증거될 만한 자료가 드물다. 다만 원초적인 '제의의 연희성'에서 그 실마리를 풀어 나갈 수가 있다. 생산적 연희는 그 바탕이 제의와 함께하는 것이라는 인류학적 성과가 그를 뒷받침해 준다. 비단 신앙적 효용에서뿐만 아니라, 모든 정적 우인물에 점차 움직임이 가미되면서 하나의 연희물로 발전하는 흐름을 발견하는 것이다.

이를 뒷받침하는 한 예로서 우리의 전승 인형극인 '꼭두각시 놀음'을 들어 보자. 특히 주인공격인 박첨지와 꼭두각시는 아직도 신성시되고 있다. 놀이판을 벌이기 전 모든 인형들을 고사상 앞에 모시고 간단한 굿도 올린다. 놀이가 없을 때에도 덜미 궤짝(인형통)을 함부로 하지 않고 소중하게 모신다. 한편 주로 해안 지방에 전승되는 무격(巫覡)의 굿에 등장하는 제웅(짚 인형) 넋전(창호지 인형) 등도 신앙적 기능과 함께 소박한 연희성을 보이고 있다. 아직도 주변을 찾아보면 적지 않게 전하고 있으니, 우리나라에 옛 인형의 형태가 많이 남아 있다는 생각이 든다.

여기에 빼놓을 수 없는 우인물의 하나로 전국적인 분포를 지닌 장승이 있다. 신앙적 숭상물로만 존재하는 것이 아니라 마을과 마을 사이의 이정표로서의 구실을 했으며, 나아가서는 그의 우직하고도 푸근한 표정으로 삼천리를 이웃으로 감싸 준 장본인이다. 그리고 비바람 속에서도 논 가운데 우뚝 서 있는 허수아비는 생산적 기능을 도운 한 예다. 인형이 무엇인가를 설명하기에는 이처럼 오랜 연원과 종류가 있고 보니 간단치가 않다.

오늘날에는 그저 인형극 인형과 장난감 인형, 그리고 크고 작은 마네킹들을 연상하지만, 아직도 우리의 주변에는 그 뿌리가 되는 옛 유산들이 엄존하고 있음을 알아야 한다. 가깝게는 통과 의례의 기물(상여, 무덤의 목각물, 석조물, 토기물, 도기물 등)은 물론이요, 일상적인 생활 기기에 이르기까지 인형의 모습을 수 없이 발견하게 된다. 그러니까 처음의 신성물 인형들이 점차 연희애완물로도 발전하는 한편, 실생활 속에 깊숙이 잠재하게 된 것이다.

그러니까 신성물로서의 정적 인형에 움직임과 재담(대사) 노래 등이 가미되면서 연희 인형으로 된 흐름이 있고, 장난감 내지는 조형물로서의 별도의 발전을 하고 있는데, 이 모든 것의 시작은 스스로를 지키며 보다 풍요한 생산을 기리는 우인물로부터 시작된 것이라 하겠다.

끝으로 이름은 인형이지만 사람의 형색이 아닌 짐승의 조형들을 역시 인형(또는 동물 인형)이라 부르고 있음에 한마디하지 않을 수 없다. 원초적 우인물이 사람이 아닌 신의 표현이었다면, 오늘의 동물 모습들도 인간의 의지를 거친 인간 속의 동물이라는 데서 이런 이름을 거리낌 없이 붙이게 된 것이 아닐까?

인형이란 무엇인가를 깨닫게 해주는 단서가 어렴풋이나마 '동물 인형'이란 명칭에서 풀어지는 것은 아닐까? 귀신과 사람, 동물 그리고 삼라만상에 이르기까지 인간의 형상적 사유를 거쳐 창출되는 조형물이 이른바 인형이 아니겠는가 하는 광의의 해석을 붙여 본다.

## 우리 민족의 인형은 존재하는가

우리 민족의 인형이 존재하는가 하는 문제는, 우리 민족이 따로 존재하였는지의 물음과 일치하는 것이다. 이와 같은 질문이 쉽게 대두됨은 우리 문화의 오늘이 다분히 주체적이지 못했음에서 연유되는 것이리라. 비단 인형만이 아니다. 일상적 의식주에 따르는 생활 집기는 물론이요, 전통 공예에 이르기까지 남의 것 흉내내기로 지난 1세기를 보냈다.

심지어 예로부터 전하는 것이라면 되도록 말끔히 청산하는 것이 근대화하는 길이라는 착각에서 의도적인 자기 비하를 거듭해 온 지난 1세기가 아닌가.

이제 뒤늦게나마 자기 인식의 바람이 불고 있음은 천만다행이다. 찢기고 빼앗긴 끝에 민족의 분단을 맞은 지 반세기를 넘기면서 민족적 차원의 존립을 위한 변혁기에 접어든 것이다. 스스로를 찾는 이 작업은 한낱 회고 취향이 아니다. 옛을 거쳐 오늘에 창출되고 있는 모든 것이 그 대상이 된다. 한편 외래의 것이라 하더라도 오늘의 우리 사회에서 어떤 구실을 하고 있는 것이라면 한 범주에 넣어야 한다. 다만 그것들이 지닌 표현 의지가 주체적인 것인가에 문제가 있을 뿐이다.

그러면 간략히 우리 인형의 발자취를 알아보자. 우선 신앙성을 띤 신성물로서의 정적 인형의 자취가 거의 사라져 가고 있다. 간혹 남아 있다 해도 그것은 관광지의 한 장식품으로 잔존할 뿐, 본래의 기능으로 전승되지는 못하고 있다. 시대 변천에 따른 귀결이라고도 하겠으나, 이것들이 한 역사 유물로서는 보존되지 못하고 골동상을 거쳐 거의가 외국으로 팔려 갔다는 데 경악하게 된다. 소수 남아 있는 것도 일반과 관심자가 그것을 보고 깨달을 기회를 주지 못하고 있다.

이들 신성 인형의 생김새를 보면 아주 간결 소박하지만, 역사적 산물로서의 가치를 발견할 수 있다. 전문가에 의한 예술품이 아니면서도 당위성과 필연성에 의한 창조물이라는 데 그 특성이 있다. 그 종류를 보면 당집 인형과 굿청 인형 등으로 구분되며, 나무·종이·짚·흙 등을 주요 재료로 삼고 있다.

무덤에서 나오고 있는 부장품으로서의 인형도 나무·토기·도기 등 다양하며, 사람의 형상뿐만 아니라 여러 형태의 동물도 보이고 있다. 장승의 경우도 거의 자생적 전승력은 단절된 상태라 하겠는데, 아직도 몇 군데 마을에서는 철에 맞춰 장승제도 지내고 새 장승도 깎아 세우고 있다. 그러나 다양했던 장승의 유산물은 이제는 낡은 사진을 통해서나 접할 수 있을 뿐이다.

연희 인형의 경우도, 옛 유물은 전하지 않고 있다. 1964년 중요 무형문화재 제3호로 지정한 '꼭두각시놀음'의 인형들과 1983년 중요 무형문화재 제79호로 지정한 '발탈,' 충청남도 '무형문화재' 제26호 '박첨지놀이' 그리고 무형문화재의 지정은 받지 않았지만 유일한 그림자극 '만석중놀이'의 인형들이 있다.

꼭두각시놀음에 나오는 인형은 40여 점이며, 절(조립식 법당)

등과 4종의 동물이 있다. 재료는 주로 오동나무나 버드나무이며, 배역에 걸맞은 얼굴과 머리치장을 한다. 옷은 무명으로 입히는 것이 보통이다. 얼굴 등을 칠하는 물감은 '아교 단청'이라 하며 흰 돌가루와 아교를 녹인(끓여서) 물에 광물성 분말 물감을 첨가하여 원하는 빛을 낸다. 이 아교 단청은 뜨거울 때와 바른 후 식었을 때의 빛이 달라서 오랜 경험이 필요하다. 빛깔 자체로는, 그것이 인형의 얼굴과 머리를 보호하는 데 효율적이고 조명 효과도 탁월한 것인데 이제는 그 만드는 방법마저 잊혀져 가고 있다.

발탈에는 조기 장수라는 단 하나의 배역이 나오는데, 연희자의 발바닥에 탈을 씌워 몸뚱이가 되는 동체 위에 올려 놓고 주로 양팔을 움직여 굿거리 춤사위를 보여준다. 그 구조가 특이하여 새로운 인형극의 구상에 소중한 단서가 됨직하다.

박첨지놀이는 인형이 30여 점인데 주로 바가지로 만들며 상여, 절 등과 5종의 새와 동물이 있다.

만석중 놀이의 인형들은 두꺼운 장판지를 오린 십장생과 용·잉어·목어 등의 그림자 인형이다. 각 배역의 특징을 나타내기 위하여 용이면 용의 몸에 비늘구멍을 뚫고 물들인 창호지를 붙이니 그 빛깔도 아름다워 흡사 잘된 민화를 연상케 한다. 새로운 그림자극과 그림자 인형을 만들어 내는 데 소중한 자료가 된다. 끝으로 해설자이자 진행 역인 만석중은 나무로 깎은 1미터 50센티 가량의 나무 인형으로 크고도 특이하다.

그런데 이밖에 어린이들이 놀았던 '풀각시놀이'나 '수수깡 인형 놀이,' 흙으로 빚은 인형들이 이제는 거의 없어져 가고 있으니 서운하기만 하다.

한편 현대 인형극이란 명목으로 이 땅에 유입된 서구 형식의 인형극들은 1930년대초 이후 기독교 선교사들에 의하여 처음으로 보여지면서, 반세기를 지난 오늘에 이르기까지 수용의 차원이 아닌 흥내의 단계를 넘지 못하고 있다.

하나의 연구 과제로 남은 것은, 1930년대 중반 이후 1945년 제2차 세계대전이 끝나는 사이 주로 중국을 무대로 활약했던 독립군 문예대가 보여 준 인형극들이다. 서구적인 인형극 양식을 받아들이면서도 당시의 의지와 애환을 '박첨지놀이'(꼭두각시놀음)를 기본으로 삼으면서 엮어냈다는 참여자(1930-40년대 남사당패 연희자 고 丁廣珍 옹)의 증언이 있다.

또 한 어른은 한형석(먼구름 韓亨錫, 1910-1996) 선생이시다.

1950년대말로 짐작이 간다. 부산대학교 서국영 교수의 소개로 뵙게 된 '먼구름'께서는 1930년대말부터 중국에서 청년전지공작대(靑年戰地工作隊) 예술 조장을 맡으신 분으로 모양은 남사당패 꼭두각시 인형을 본떴지만 줄거리는 일본군과 싸워 이기는 이야기들로 고생하는 독립군들의 마음가짐에 힘을 주었던 인형극이었다 하셨다.

'먼구름'을 뫼시고 자세히 정리 · 기록하지 못했음이 아쉽고도 아쉽다.

우리나라에도 예부터 애완 인형이 있었느냐는 물음에는 흔히 그 답변이 궁색해진다. 왜냐하면 이제는 인형하면 파랗고 노란 눈빛의 서양 봉제 인형이나, 화려한 옷으로 감싼 값비싼 것을 연상케 되기 때문이다.

어렸을 때의 기억을 되살려 보자. 우리는 베개를 아기 인형으로 알고 잠재우며 업고 다녔다. 수수깡으로는 직접 사람이나 동물, 또는 방아 찧는 일꾼의 모습과 해와 달까지도 만들어 냈다. 누구나 흙으로 사람이나 동물을 빚어 보지 않은 사람이 없을 것이다. 우리에게 상품으로서의 인형은 없었다 하더라도 우리 민족도 인형 문화를 충분히 누려 왔음에는 틀림이 없다.

그렇다면 오늘날 과연 "민족적 인형이 전하고 있는가?" 하는 물음에 선뜻 "예" 하고 나설 용기가 있겠는가. 솔직히 과거에는 전하던 것이 지금은 그 명맥을 잇기에도 위험한 상태임을 고백하지 않을 수 없다. 이는 인형에 국한되는 문제가 아니다.

민족적 인형, 독창적 전형을 갖춘 인형이 만약에 있다면 우리 문화 전반이 지금처럼 병들어 있을 리 만무하다.


## 우리 인형의 전형(典型)에 대한 제언


상식론이지만 '우리적'이란 하나의 개별성을 뜻한다. 그러나 그 개별성은 일반성과의 통일에서 비로소 한몫의 성립을 이룬다.

이러한 개별성과 일반성의 통일 과정을 통하여 우리는 전형성을 얻게 되는 것이다. 한 문화가 이 전형성을 얻지 못했을 때 그의 독창성 역시 없는 것이다.

하나의 전형성을 획득하는 데는 먼저 역사적 유산이 밑거름이 되어야 한다. 그리고 그것이 실생활 속에 어떤 기능을 가지고 전승되고 있는가를 분석하면서 오늘의 사회와 연관 지어 그 가치가 판단되어야 한다. 물론 외래적인 사조와 양식도 전혀 배제될 근거는 없다. 이것들을 주체적 입장에서 수용하고 있느냐만이 문제이다.

위의 상황을 다른 말로 설명하자면, 개성을 전제로 한 통일만이 전형성을 획득하는 길이라는 이야기이다. 애매하게 고유 문화를 되놂은 봉건적 잔재에 빠져들기 십상이다. 또한 회고 취향에 머물러 생명력을 무디게 하는 죄과를 저지르게 된다. 한 예로 우리 인형의 한 전형을 찾는다며 조선 왕조의 허리 가는 기생을 1백만 개 만들어 봤자, 그것은 역사의 한 편린이나 찌꺼기를 답습하는 데 불과하다.

때로는 그러한 것도 필요하기는 하지만, 끝내는 역사의 주인인 보편적 민중의 모습들이 본보기가 되어야 한다.

오늘의 우리 인형들이 뒤늦게 서구 귀족 사회의 퇴폐적 유물을 재현하는 데 급급하다면 이는 전혀 창조적 작업일 수 없다. 인형이란 특이하고 예쁘기만 한, 속 빈 사람의 껍질이 아니다. 고민도 하고 일도 할 줄 아는, 그리고 꾸밈없는 슬픔과 기쁨을 머금은 그런 우리의 표정이어야 한다.

세 살 어린이의 품에 안긴 인형의 거의가 파란 눈에 노랑머리이다. 이 아기가 자라서 무엇이 되라는 말인가. 다섯 살 어린이의 손에 든 장난감은 해괴망측한 화학 무기의 모형들이다. 값이 비싸고 보면 불을 뿜기도 한다. 근년에 와서 장난감에 대한 각성이 어른들간에 전혀 없는 것은 아니다. 그러나 현실은 이런 것들의 홍수이다.

어린이 인형극을 보면 뜻모를 서양 귀신 이야기로 정의감보다 사행심을 일으키기 십상인 것이 판을 치고, 장난감도 한 수더 떠 어린 마음을 병들게 하고 있다. 어쩌다 생각 있는 인사들이 그렇지 않은 것을 만들고 보면 전혀 수요자가 없다 하니, 이

것도 그 책임은 어린이가 아닌 어른이 져야 할 일이다.

비관적인 이야기로 끝맺을 생각은 전혀 없다. 이른바 과도기요 시작이고 보니, 어려운 여건임에도 뼈대 있는 작품을 만들기 위하여 고생하고 있는 분들이 있다. 그런데 아직은 그저 옛 모습을 재현하는 데 그치고 있다는 아쉬움이 남는다.

모든 인형들이 다 그런 것은 아니지만, 꼭두각시놀음의 인형처럼 생략적이요 집중적인 표현 방식으로 이목구비를 그리고 수더분한 옷을 걸친 모습이 그립다. 도끼로 찍어 만든 장승의 얼굴에서 풍기는 위엄과 미소가 오늘의 인형들에서는 전혀 보이지 않음은 나 혼자만의 생각일까? 곡식을 축내는 새들을 쫓아 주던 허수아비의 모습에서 비바람 속을 꿋꿋이 살아온 우리들 농경민족의 소박한 삶의 모습을 연상케 되는 것은 무엇 때문일까. 이제는 허수아비의 효용 가치가 없어져 갈망정 새로운 안목으로 재창조됨직도 하다.

끝으로 재론코자 함은 어린이의 장난감이다. 장난감, 그것은 엄연한 어린이의 생활 기구이다. 또한 그것은 어린이의 발육을 도와 몸과 마음을 함께 풍요롭게 해주는 것이어야 한다. 행여나 이 장난감이 상인적 안목에서 어른들에 의하여 엉뚱하게 변질될 때 그 결과는 큰 비극을 초래한다. 쉽게 씻어지지도 않을 고질이다.

지금까지 살펴본 것을 종합할 때, 인형의 존재는 단순한 장식품이나 노리개가 아니라 절실한 생활의 반영이요, 슬기라는 데까지 이르게 된다.

또한 우리의 인형이 나름의 전형성을 지닐 때 '민족적 인형'도 존재하는 것임은 물론이다.

그렇다면 어떤 방법으로 이 전형성을 획득할 것인가 하는 문제가 남는다. 그 방법은 오직 인형 창작자들의 투철한 역사의식이 전제된다. 그리고 인형이란 조형물 속에 우리 겨레가 당면한 개별적이고 구체적·생동적인 예술 형상을 담아야 한다. 흔한 말로 가장 독창적인 것이 가장 민족적이요, 나아가 국제적이라 하겠다. 조금도 남의 눈치를 볼 까닭이 없다. 전통적인 것을 충실히 지닌 바탕 위에서 오늘의 생활 속에 잠재한 전형화의 응어리들을 찾아내 빚어내는 일이 있을 뿐이다.

이러한 작업을 수없이 지속하는 가운데 '우리 인형의 전형'에 대한 일차적 가능성이 보이게 되는 것이리라.

무덤 속 부장품의 복사품을 만들어 내는 것이 아니라, 오늘의 생활 속에 살고 있는 새로운 인간상을 창출해 내야 한다.

끝으로 우리 민족은 못된 열강의 잔꾀에 의하여 분단의 아픈 세월을 살고 있음을 말하고자 한다.

이 분단의 아픔을 쫓기 위하여 해야 할 일이 있다.

남과 북에서 그리고 해외 여러 나라에서 우리 민족이 만든 '오늘의 우리 인형'을 듬뿍 담은 《우리나라 인형》을 펴내고 싶다.

(2006년 9월)

# 58 목우(木偶)의 분류와 성격

인간은 왜 스스로의 형상으로 만족하지 못하고 또 다른 형상을 만들고자 하였을까?

실상 이러한 의문은 예술의 기원과 만나는 것이기도 하다.

선사 시대의 벽화를 보면 인물과 동물상이 거의 대부분인데, 풍요와 다산을 기원하는 것으로 해석되고 있다. 짐승을 쫓는 사람, 임신한 여인 등은 분명 생산의 현장을 표상하는 것들이다.

그러나 이보다 앞서 있었음직한 땅바닥을 비롯한 자연에 그려졌을 숱한 형상들을 짐작할 수가 있다. 바람과 비 등으로 바로바로 없어졌을, 다양하고 무수한 그림과 조소들이 헤아릴 수 없이 많았으리라. 오늘날까지 남아 있는 암벽화들은 그 일부에 불과한 것이니, 이것만 가지고 인간이 표현한 원초적 대상물을 살피려 함은 만족할 만한 것이 못 된다.

자연 조건과의 갈등, 그 속에서의 보다 나은 생산을 위해서 허공과 산천초목에 그리고 새겨졌을 더 앞선 많은 형상들이 있었을 것이기 때문이다.

## 우(偶)와 용(俑)에 대하여

이제 나무가 소재인 목우(木偶)의 발자취를 살피려 함에 있

박첨지, 큰 마누라, 작은 마누라

어, 그 보존의 한계로 해서 오랜 유물을 접할 수가 없다. 그러나 인간이 손쉽게 쓸 수 있었을 재료적 면에서 볼 때, 토우(土偶)보다도 앞설 수 있으리라 추측을 하게 된다. 여기에서 먼저 분간코자 하는 것은 우(偶)와 용(俑)과의 다름이다.

우가 인간의 형상으로 만든 인형과 같은 것이라면, 용은 그와 같은 것을 순장 제도가 있었던 옛날 순사자(殉死者) 대신으로 무덤 속에 넣었던 사람과 동물 형상들을 말한다.

그러한 연유로 해서 목우보다도 목용(木俑)이 오늘날까지 전하고 있는 수효가 많다. 밀폐된 무덤 속에 보존됨으로써 옛 형태를 전하고 있는 것이다.

실상 이러한 용 가운데도 흙으로 된 토용(土俑)과 도용(陶俑)의 유물이 훨씬 많음에도 나무보다 풍화 작용에 견딜 수 있었기 때문이다.

## 용(俑)을 사람 대신 무덤에

용을 무덤에 넣기 전에는 산 사람을 순장(殉葬)하는 제도가 있었다. 임금이 죽게 되면 그의 직속 신하들을 생매장하거나 목숨을 끊어 합장하기도 하고, 남편이 죽게 되면 아내를 순장하는 등, 이와 같이 끔찍한 장법(葬法)은 일반적인 것은 아니고 특별히 지배 계층에서 있었던 일이다. 용에 대한 역사적 기록을 살피기 위하여 〈소박한 표현 속에 담긴 한국인의 심성〉(이종석, 《계간미술》, 1987, 가을)을 인용한다.

옛 문헌에 의하면 부여에서는 많은 경우 수백 명을 함께 순장했다 했고, 마한에서도 산 사람을 순장했다는 기록도 보인다. 《삼국사기》에도 고구려 동천왕(東川王)이 승하하자(248년) 근신(近臣) 가운데 순장코자 하는 이가 많아서 사람들이 나무를 베어 그 시체를 덮었다고 하였다. 실제로 고분 발굴 결과 그같은 순장 사례는 더러 확인되었다. 경남 양산 부부총(夫婦塚)에서는 시신을 안치한 석상(石床) 밑으로 3명의 유해가 더 있었다.

또 창녕의 계성리 고분에서는 멧돌로 쌓은 넓은 공간의 부실(副室)에 수 명의 유해 흔적이 있었는데, 그 중엔 금귀걸이를 단 두 사람이 팔을 서로 베어 안고 누운 자세로 드러나기도 했다.

아무리 무덤을 통한 내세(來世)로의 지속을 시인한다 하더라도 그를 가까이 모시던 사람들을 무모하게 희생해야 할까. 이러한 반성이 곧 순장의 폐지령이며, 용(俑)은 그 대치 방법으로 강구된 제품일 것이다.

순장 제도가 비판을 받으면서 그 뒤를 이었을 것으로 믿어지는 용의 사용이 어느 때부터 시작되었는지 지금으로서는 알 수 없으나, 황성동(隍城洞) 고분의 토용을 7세기, 용강동(龍江洞) 고분의 것을 9세기경으로 추정하고 있음을 참작할 수 있다.

같은 동양 문화권에서 중국의 용과 연관을 지어 생각하게 되는 우리의 용은 토용서 도용으로 발전하며, 한편 서역의 영향도 받아들이고 있음을 알 수가 있다.

여기에 비하여 목용에 대한 문헌 기록은 거의 없다가 조선 왕조 성종(成宗) 6년에 개정 공포된 《오례의(五禮儀)》와 영조 22년에 간행된 《속대전(續大典)》에 나타나고 있다.

"국장(國葬)과 예장(禮葬)에 목인(木人)을 사용하는 것은 어느 때부터 시작되었는지 알 수 없으나, 예문(禮文)에 의거할 것이 없고 또 사용하는 것 자체가 적당치 못한 일이므로 해당 관서(歸厚署 조선왕조 때, 나라의 棺槨을 만들고 장례에 관한 사무를 보던 관아)로 하여금 영구 폐지하도록 하라"는 왕명을 내리고 있다. 그렇다면 그 이전에 이미 목인(木人)이 쓰이고 있었다는 증거가 되며, 그 쓰인 연대도 "어느 때부터인지 알 수 없다" 했음은 오랜 연원을 짐작케 해주는 것이 된다.

## 목우는 소나무로 조각

현재 전하고 있는 목용들은 그 수효도 아주 희소하고 형태도 소나무로 조각하여 소박한 채색을 한 것들인데, 토용이나 도용에 비하여 연대도 후대의 것으로 알려지고 있다.

한편 《위지동이전》의 〈동옥저조(東沃沮條)〉 장례 풍속에 '각목여생형(刻木如生形)'이란 구절이 있는 것을 보아도 목용이 토용이나 도용에 앞설 수 있는 가능성을 보이는 것이라 하겠다.

다만 그것들이 보존되지 못함으로써 목우도 역시 오래된 유물이 전하지 않아 그의 연원을 가늠하기가 어려운 처지이다.

1588년(조선왕조 선조 21년)에 간행된 《대동운부군옥(大東韻府群玉)》(權文海)에 보면 삼국 시대의 다음과 같은 기록이 있다.

高句麗俗 敬鬼神多淫祠 有神廟二所 一曰扶餘神 刻木作婦人像 一曰高登神云是其祖扶餘神之子.

여기서 '각목작부인상(刻木作婦人像)'이란 분명 용이 아닌 우에 속하는 것일 듯한데, 그것은 신성물로서의 목우로 해석하는 의견이 지배적이다.

한편, 이 '부인상'이 뒤에 연희인형으로 발전했을 가능성도 미루어 점쳐지게 된다.

간단히 분류해서 용은 순사자(殉死者)대신 무덤에 넣었던 것이요, 우는 무덤에 넣는 것이 아닌 그 밖의 것을 지칭하는 것이라 말할 수 있겠다.


## 목우의 분류

현존하고 있는 목우가 너무도 희소하여 그 윤곽을 잡아 분류하기란 여간 어려운 일이 아니다.

그러나 가능한 한 유물과 기록 그리고 구전하는 증언들을 바탕으로 시도해 보고자 한다.

일단 상식론으로 볼 때, 목용의 기능이 아닌 또 다른 신성물로서의 우가 있겠고, 장식물과 연희물·의인물·애완물 등으로 나눌 수가 있겠다.

아직은 이 방면의 살핌이 일천한 터여서 일단 목우로 됨직한 종류를 나열하는 데 불과하고 보니, 앞으로 풍속사·종교사·미술사·연희사의 각 방면에서 해결되어야 할 과제라 생각한다.

위의 도표는 어디까지나 가설적인 성격을 띠는 것이기는 하지만, 여기에 근거해서 세목별로 살펴보고자 한다.

## 신성물

'신성물'이란 명칭을 붙이기는 하였지만 역시 그 종류는 다양하다.

주로 부군당 안에 모셔졌던 목우나 남근(男根) 제웅 등이 여러 가지 형태의 것으로 전하고 있었지만, 지금은 골동상을 거쳐 외국으로 빠져나가고 말았다. 간혹 국내에 잔존한 것도 수장가들의 손에 들어가 쉽게 접할 수가 없다. 여기서 한 가지 밝혀 둘 것은 사람이 아닌 동물의 형상을 나무로 깎은 것도 적지 않았으나, 역시 전국적으로 몇 점이 보일 뿐 현장에서 보존되고 있지 못하다는 사실이다(경남 통영군 산양면 삼덕리 원정 마을, 당집의 나무말 등).

부군당의 목우들과 머리를 나무로 박고 짚으로 몸뚱이를 묶은 제웅 등, 가능한 한 두루 수합하여(외국에 나간 것은 사진으로라도) 정리하는 일은 시급하며 긴요한 일이 아닐 수 없다.

다음 '부적으로서의 형상'이라 이름 붙였는데, 이것은 종이에 그린 부적이 아니라 작은 나무쪽에 조각한 것으로 간혹 인물상도 함께 들어 있는 것으로, 끈을 달아 옷 속 보이지 않는 곳에 지니게 되어 있다.

역시 호사한 수장가가 깊숙이 보관하고 있거나, 외국으로 흘러나가 실물을 접할 수가 없다.

불상·동자상·동녀상·나한상 등은 현존하는 목우로서는 가장 많이 전하고 있다. 그러나 이것들도 1960년대말 이후 수장가와 외국인의 호기심을 끌게 되어 어느 사이 절을 떠난 것이 더 많다. 한편 근년에 와서 아주 그럴싸한 모조품들이 범람함으로써 진부를 가리기가 어려울 지경에 이르렀다. 목각 동물도 마찬가지로 이제는 절에 남아 있는 것이 드문 형편이다.

장승도 목우의 일종이라 하겠는데, 신성물인 동시에 마을과 마을 사이의 거리를 나타내는 표지물(標識物)로서의 기능도 함께 하고 있다(이 항목에 솟대도 포함하고 싶다). 그러나 역시 그

재료가 나무이어서 오랜 것은 없어졌고, 근년에 주로 관광지용으로 세워지고 있는 형편이다. 옛 장승들의 모습을 열심히 수집하고 있는 분들(장승 연구가 김두하, 신명덕 등)의 집념으로 그런대로 많은 자료가 수합되고 있다.

## 장식물

각종 가구·상여·가마 등에서도 다양한 목우 조각이 보이는데, 이것은 독립된 목우가 아니므로 해당되지 않는다는 의견도 있으나, 그 유물이 귀한 마당에 충분히 목우의 윤곽을 잡는 데 도움이 되는 것으로 여겨진다. 역시 수장가와 외국인의 손에 넘어가 접하기 쉽지 않다. 현존하는 것이나마 광범위하게 수집해서 도록으로라도 정리되었으면 한다.

## 연희물

연희물로서는 먼저 '꼭두각시놀음'의 목각인형(오동나무 또는 버드나무를 주로 썼음)을 들게 된다.

'꼭두각시놀음'에 등장하는 인형들을 지금도 그 연희자들은 놀이를 시작하기 전에 고사를 올릴 때, 고사상 앞에 모셔 놓고 (주로 박첨지와 그의 큰마누라인 꼭두각시) 치성을 드리는 것을 볼 수가 있다.

이밖에도 현재로서는 우리나라에 전하는 유일한 그림자극인 '만석중놀이'에 나오는 '만석중'을 빼놓을 수 없다. 크기도 보통 사람의 실물대이고, 관절을 장치하여 사지를 움직이게 만들어져 있다.

## 의인물

'의인물'이라 이름을 붙인 것은 달리 적당한 호칭을 찾지 못해서이다.

지금은 간단히 나무를 꽂아 놓고 헝겊을 감은 형태로 허수아비를 만들고 있지만, 옛날에는 장승 모양의 목우로 깎아 양팔을 벌린 시늉으로 가로 막대를 고정시킨 다음에 옷을 입혀, 사람이 보아도 착각할 만큼 그럴싸한 형상을 했었다. 특히 산간지방의 밭에 세워졌던 허수아비들은 목우에 풀을 엮어 옷을 입힘으로써 화전민의 차림새와 분간키 어려울 정도였다.

옛 문헌 가운데는 많은 허수아비를 세워 적을 놀라게 하여 무찔렀다는 기록도 있어 관심을 갖게 한다.

## 애완물

우리 민족은 사람 형상을 집 안에 들여놓기를 꺼려했던 것으로 전한다. 단적인 예로 연희물로 쓰였던 탈도 쓰고 난 다음에는 거의가 태워 버렸다. 요귀가 서려 있다고 믿은 데서이다. 그러나 어린이들의 놀이 가운데는 '풀각시놀이'라는 것이 있어 애완물로서 놀아졌음을 볼 수가 있다. 그 풀각시의 머리는 때로는 머리 모양의 나무토막을 쓰고, 몸통은 길이가 긴 풀로 묶어 사람 시늉을 만들었다.

그러나 역시 풀각시도 밖에서 가지고 놀았지 방 안으로 가지고 들어가지는 않았다.

이와는 달리 지금처럼 인형이 없던 시절에는 베개를 애기 삼아 업기도 하고 안고 어르기도 했으니, 전혀 사람의 형상이라면 멀리했던 것도 아닌 듯하다

특이한 것으로는 옛날 궁녀나 기녀 또는 남편이 없는 아녀자들이 남몰래 썼던 '각좆'(남근의 형태를 뿔이나 나무로 깎은 것)이라는 것이 있었고, 여름철 사대부가의 남정네들이 시원한 잠자리를 마련하기 위하여 썼던 대나무로 사람의 몸통처럼 엮어 만들었던 '죽부인'도 혹시 이 항목에 들어갈 수 있는 것이 아닐까 한다. 재미있는 얘기지만 아버지가 쓰던 죽부인을 아들이 대물림으로 쓰지는 않았다는 고사가 전한다.

이제까지의 살핌은 앞으로의 수합·정리·분류를 위한 시론에 불과한 것이어서 오류를 범하고 있을 염려도 있음을 시인하는 바이다.

막상 이 글을 쓰면서 해당 부문을 설명할 사진 자료를 구하는 데도 어려움이 따를 지경이니 서둘러 목용, 목우의 사진 자료라도 일차적으로 수합해야 하겠다는 초조감이 앞선다.

## 우리 목우의 표현미

'목우의 표현미'라 하였지만 실제로는 전하는 목우가 희소하고, 또 있다고 하더라도 직접 접할 수가 없어 불과 20여 점의 목우와 그밖의 목우의 사진들을 대상으로 하여 이 글을 엮는 수밖에 없다.

또한 목우보다는 훨씬 많은 자료를 전하는 토용과 도용, 목용도 참조하면서 그 표현미를 짐작해 볼까 한다.

동양 문화권 안에서 우리의 고미술품을 말할 때, 흔히 소박과 간결을 든다.

소박함이란 꾸밈이나 거짓이 없는 생긴 그대로의 모습을 말한다. 그러니까 정직함과 통하는 말이 된다.

간결이란 요령 부리지 않고 간단함을 뜻하니, 군더더기가 없다는 말이다.

## 목우에서 느끼는 소박, 간결미

우리의 목우들에서도 역시 소박과 간결을 먼저 느끼게 된다. 혹자는 소박과 간결을 '무성의'로 해석하기도 하지만, 그것은 성의가 부족한 것이 아니라 최대한으로 표현 의지를 절제하고 있음을 뜻한다.

우리의 목우들은 서양의 신전이나 성당, 그리고 동양의 인도나 중국 또는 일본의 신사(神社), 사찰 등에서 보이는 다양한 조상(彫像)들에 비하여 절제된 표현미를 보여 주고 있다.

어떤 사람은 남미나 아프리카 계열의 조상들과 흡사하지 않으냐 하지만 전혀 그렇지도 않다. 그것들에서는 소박·간결한 한편 과장하는 습성이 있음을 발견한다. 일상의 인물상에서도 괴기성을 내포하는 데 비하여, 우리의 것은 괴물상에서도 인성미(人性美)를 즐겨 담고 있다.

좋은 예로 중국이나 일본의 사찰에서 보이는 사천왕(四天王)에 비하여 우리 것은 역시 '인성미'를 머금고 있다.

## 목우에 나타난 인성미

그러면 현재 온양민속박물관이 소장하고 있는 동자목상(童子木像)과, 일본 도쿄에 있는 일본 민예관 소장의 동녀목상(童女木像)을 보자.

사찰에 비치되었을 동자목상은 치켜 째진 눈썹미만 보면 날카로운 듯하지만 코·입·귀, 그리고 목과 어깨에서 너그러움을 나타내고 있다. 오른손에 들었던 물건은 부서져 알 수 없으나 양손의 쥠새나 몸매가 귀티나게 안정되어 있다. 전체적으로 간결하면서도 너그럽기 그지없다. 15세기의 작품이라 추정하는 이와 같은 동자목상이 수백, 아니 수천 개도 이 땅에 있었음직한데 이제는 다 어느 구석에 가 박혔는지 가슴 아픈 일이 아닐 수 없다. 역시 사찰의 불단(佛壇) 주변에 비치되었던 것으로 보이는 일본 민예관 소장의 동녀목상은 앞의 동자목상과는 또 다른 심성을 머금고 있다.

파격적으로 법도에 어긋나는 옷차림을 했음은 조선왕조에 있어서의 불상 조각의 타락이라 꼬집기도 하지만, 오히려 이와 같은 목우에서 우리의 참 표현미를 읽게 되는 것이다.

## 간결을 통한 절제의 극치

치렁치렁한 옷매무새와 긴 머리를 오히려 아주 절도 있게 처리하고 있음은 바로 간결과 통하는 절제의 극치라 할 만하다.

동녀목상의 얼굴에서 언뜻 슬프디 슬픈 조선 시대의 연약한 여인상을 느낄지도 모른다. 그러나 굳게 다문 입과 멀리 응시하는 눈매, 난초 끝 같은 눈썹, 그리고 반듯한 코에서 우리는 만만치 않은 기개와 의지를 놓칠 수 없다.

18,9세기의 작품으로 추정되는 이 목우는 현재 일본 땅 한 박물관의 보관 창고 속에서 그 매서운 눈초리로 바다 건너의 우리 모두를 원망하고 있는 것이다.

이밖에도 옥랑문화재단이 소장하고 있는 동자목상·동녀목

상 · 나한목상 · 호랑이 · 사자 · 해태 · 말 등을 타고 있는 인물상, 물구나무를 서고 있는 광대상 등도 앞에서와 마찬가지로 간결한 절제미를 맛보게 하는 것들이다.

## 수수함과 무던함

소박 · 간결이란 표현 말고도 수수함을 자주 내세운다. 수수함이란 지나치게 좋지도 나쁘지도 않은 무던함을 뜻한다. 쓸 만하다는 얘기로 통한다. 이제까지 두서없이 펼쳐 놓기만 한 소견들을 마무리해야 할 단계에 이른 것 같다.

자칫 소박 · 간결 · 수수함은 진취성 · 역동성이 희박하다는 결과로 빠지기가 쉽다. 어느 면, 이제껏 우리의 전통미를 논하는 데 있어 후자인 진취성과 역동성에 대해서는 깊이 살핌이 없이 흘려 버린 경향이 없지 않다.

이렇게 된 데는 첫째로, 소박 · 간결 · 수수함을 자칫 연약하고 줏대 약한 것으로 잘못 해석한 데서 비롯되었다고 본다.

소박 · 간결하기 위하여 표현 의지를 절제하는 상황은 우직스런 인고 끝에 얻어지는 것이요, 수수함을 이루려면 그 누구에게도 남의 것이 아닌 자신의 것으로 인식되게 하는 보편성을 획득하는 슬기가 바탕에 깔림으로써 얻어지는 것이니 말이다.

착한 사람과 악한 사람, 연약한 사람과 힘센 사람을 쉽게 겉모양새로 표현하려 하지 않는다.

그것을 단순히 겉으로 나타내려 한다면 오히려 한 문화권의 사람들이 지니는 고정관념을 그대로 흉내내면 간단할 수도 있다.

## 무한한 내일을 향한 진취성

우리의 목우 ─ 그의 형상들이 보이는 표현미는 되도록 심성을 안으로 스미게 하여, 그것을 보는 사람들로 하여금 제 나름의 감흥과 해석을 갖게 해 준다는 데 특징이 있다.

또한 하나같이 선량하고 무던하지만 그 어느 하나도 당차지 않은 것이 없다. 하나를 놓고 볼 때는 언뜻 착하게 보이지만 여러 개를 세워 놓고 보면 무리지어 움직임을 느끼게 한다. 잘 꾸며진 죽은 조상(彫像)이 아니라 생동감을 일단 안으로 하고, 무던한 인간미로 겉을 꾸미고 있는 것이다.

어찌 목우뿐이랴만은 우리의 전통적 표현미가 보여주는 핵심은 절제된 심성을 미금고, 무한한 내일을 응시하는 진취성에 있다는 생각이다.


(1987년, 민속문화론서설)

# 59 허수아비란 무엇인가

'허수아비'를 우리말 사전에서 찾으면 "곡식을 해치는 새, 짐승 따위를 막으려고 논밭에 세우는 사람 모양의 물건"이라 했다.

지방에 따라서는 허시아비, 허숭아비, 허사비, 허재비, 허아비, 허깨비 등으로 부른다. 그런데 그의 연원을 살펴보면 단순히 농사에 해로운 새나 짐승을 쫓기 위한 가작물(假作物)에 그치는 것이 아니라 주술적·신앙적 요소를 함께 발견하게 된다.

특히 원시인들에게 있어 허공을 나르는 새의 존재는 이승만이 아닌 저승 세계를 왕래하는 영적 존재로 인식되었음 직하다.

새는 땅과 하늘을 이어주는 신령스런 존재인가 하면 씨앗을 가져다주는 곡모신(穀母神)으로도 믿어졌기 때문에 더욱 함부로 할 수가 없었으리라.

그러한 흔적의 하나로 지금도 간혹 그 유습이 전하는 볏가릿대(화간: 禾竿 - 지방에 따라 낟가릿대, 유지방, 햇대 등 많은 호칭이 있음)가 있다.

음력 정월 대보름 이른 새벽, 긴 장대 끝에 곡식의 이삭 등을 달아 마당에 세워 놓고 그해의 풍농을 기원하는데, 이때 나무때기로 사방 울타리를 두드리면서 새를 쫓는 시늉을 하니 한편으로 기원하며, 한편으로 쫓는 복합적(複合的) 민속으로 나타난다.

우리 민속학의 선각이신 송석하의 《허수아비 考》 가운데 주목할 대목을 간추려 소개한다.

① 충남 당진 지방에서는 볏가릿대에 늘이는 '외새끼'에 '흰종이쪽'을 달아 놓음으로써 새의 피해를 면하는 속신이 있는데 이것은 '금줄'의 한 형태로 볼 수 있다.

② 경남 울산과 그 인근 해안 지방의 경우는 볏가리 전체를 새의 피해를 면하는 주술적 대상으로 삼고 있다. 농작물에 해를 끼치는 갈새(상상조)가 가장 두려워하는 것이 볏가리라 믿어, 세우고 있다.

③ 위와 같은 깃들은 울안 또는 마을 안에서 행해졌으나 점차로 논밭으로 진출하는, 단순히 해조(害鳥)를 쫓기 위한 조각물로 된 것이다.

역시 역사 민속학의 선각이신 손진태의 《소도고(蘇塗考)》 등에서 보이는 마을 신앙의 신상이기도 한 가릿대[別神竿]의 꼭대기에 올려 놓은 나무로 깎은 새의 형상들도 허수아비의 원초형을 유추할 수 있는 한 단서가 되리라는 생각이다.

그러니까 허수아비의 시원은 특정 장소에 '금줄'을 치는 것과 같은 주술적 동기에서 비롯되었던 것인데 이것이 점차로 새나 짐승을 쫓는 갖가지 형태의 조형물로 변천한 것이라는 의견이다.

허수아비를 만드는 데는 나무막대 · 짚 · 새끼 등으로 +자형 몸체를 엮고 머리 형상을 만든 후에 흰 헝겊으로 얼굴 부분을 씌우고 이목구비를 그려 넣는다. 옛날에는 떨어진 등거리나 도롱이를 입히고 못 쓰게 된 삿갓을 씌웠는데 요즘은 옷도 모자도 서양식으로 바뀌고 있다.

허수아비의 다리가 하나임은 도깨비〔獨脚鬼〕를 닮아서라고도 하지만 실은 쉽게 바람에 흔들리면서 새들로 하여금 속아 놀라게 하기 위함일 것이다.

민속이란 세상의 변화·발전과 함께 가변(可變)하는 것이니 허수아비의 존재 의미와 그의 형태도 바뀌는 것이 당연한 귀결이다. 삿갓과 맥고모자에서 코카콜라 상표가 붙은 운동모자로, 등거리 잠방이에서 알파벳 투성이의 티셔츠로 바뀜은 세상 그대로의 표현이다.

6·25 사변 전까지만 해도 애교스럽게 눈을 부라린 허수아비가 작대기를 들고 서 있었는데 어느 사이 총으로 바뀌었고, 허수아비가 붙잡고 있는 것처럼 길게 늘인 새끼줄에 헝겊 조각과 깡통을 달던 것 대신, 요즘은 길고도긴 나일론 은박지 끈을 이리저리 늘어놓아 번쩍번쩍 하는 것이 새는커녕 사람이 더 정신 차릴 수가 없다.

하긴 옛날에도 죽은 새나, 그 날개를 높은 장대에 매달아 세우거나, 솔개나 매의 형상을 만들어 줄에 연결해 두면 바람을 받아 갑자기 날아오르기도 하고 내려앉기도 하여 미련한 새들이 기겁을 하여 달아났었다.

한편 새와는 천적 관계라 할 뱀이 장대를 타고 기어오르는 형상을 만드는데, 장대에 굵은 새끼줄을 감고, 머리 부분이 되는 끝을 불에 그슬려 놓으면 역시 새들은 멀리서 보고도 질겁하여 날아가 버렸었다. 그런데 요즘은 별별 짓을 다 해도 새들이 허수아비의 머리 위에 앉으려 하니 사람 마음 못지않게 그들도 영악해진 탓이리라.

군산·옥구 지역 비옥한 들판을 지켰던 허수아비 조상님네로부터 어언 1세기 전인 개항 이후, 서양문물의 틈바구니에서 시달리며 연명하고 있는 오늘의 허수아비까지 흉금을 털어놓는 한 자리 가 될 이번 '97군산 허수아비 미술제' 가 허수아비를 통하여 역사를 꿰뚫어 보고 인간 정서를 부드럽게 하는 데 한 구실을 했으면 싶다.

허수아비의 민속학적 살핌을 통하여 그의 현대적 의미를 확인하는 계기가 된다면 어찌 이보다 더한 보람이 있겠는가.

민속이란 바로 오늘을 살아가고 있는 '민중의 습속' 일진대 허수아비의 민속학적 의미도 결국 어제의 바탕 위에 창출되고 있는 오늘의 실상에서 찾아야 하리라는 생각이다.

(1997년, 군산대학 현대미술연구소 강연)

# 60 아버지께서 주신 두 권의 책

동암(東岩) 백남운(白南雲: 1894-1979)의 저서 《조선사회경제사》는 1933년 일본 동경 개조사(改造社)에서 일본어로 간행한 것이며, 《조선 민족의 진로》는 1946년 서울 신건사(新建社)에서 우리말로 간행한 것이다. 이 두 권의 책과 인연을 갖게 된 것은 1948년쯤으로 기억한다.

휘문중학교 1학년 때였다. 일제로부터 해방된 시기였음에도 일본어 소설에 빠져 있는 어린 자식을 걱정한 아버지(素民 沈履錫, 1912-2002)가 이 두 권의 책을 권하셨다.

당시 다난한 세상을 이끌고 계신 두 분의 인물, 몽양(夢陽) 여운형(呂運亨, 1886-1947)과 동암 백남운을 존경하며 자주 만나셨던 아버지가 주신 이 두 권의 책은 지금도 소중히 보관하고 있다.

처음에는 그저 읽는 척만 했는데 1950년 이후 난리가 난 동안에 뜻 깊은 민족사적 깨우침을 얻게 되었다.

오늘날 민속학을 가까이하게 된 기초가 된 것이 아닌가 한다.

'조선경제사 방법론' '단군 신화에 대한 비판적 견해' 등에서 예리한 서론적 경향을 보인다.

'씨족 사회에 관한 학설' '원시 조선의 생산 형태' 등에서는 본론에 해당하는 원시 씨족 사회를 살피고 있다.

'삼한' '부여' '고구려' '동옥저' '예맥'의 촌락공동체의 흔

적, '읍루(挹婁)'의 미개 상태와 대우혼의 흔적 등에서는 원시
부족국가의 형태를 분석하고 있다.

'고구려' '백제' '신라'를 살펴 노예 국가 시대를 분석한다.

마무리하는 '총결론'은 삼국 시대 말기부터 점차 아시아적
봉건제가 발생했음을 지적하며 앞서 논의된 여러 특징에 대하
여 형식론적으로 그릇된 견해가 나타나는 것을 미연에 막아야
할 것으로 마무리하고 있다.

부록으로는 농구도(農具圖)가 있다.

당시 《조선총독부 농사시험장 25주년 기념지》 상권과 《평안
남도의 건답(乾畓)》에서 그대로 옮긴 것이다. 사진 상태가 좋
지 않으나 재래 농구사를 보는 데 소중한 것이어서 그대로 소
개한다.


근년에 아주 반가운 일이 있었다. 동암이 1925년 교수로
부임했던 연세대학(당시 연희전문)에서 '白南雲 敎授 誕辰
百週年 紀念號'를 펴낸 것이다.

연세대학교 경제연구소 간행 《연세 경제 연구》 제1권(1994
년 가을)이다.


方基中 · 白南雲의 學問과 思想
洪性讚 · 일제하 延專商科의 經濟學風과 經濟研究會事件
白南雲 敎授 年譜
白南雲 敎授 主要 論著 目錄


끝으로 동암의 '애국열사능' 사진을 주신 중앙일보사 기자

정창현 님과 《연세 경제 연구》 제1권을 전하신 윤혜경 님, 그리고 서툰 번역물을 잘 정리해 주신 동문선 한인숙 주간에게 감사한다.

애국열사능에 기록된 동암의 출생은 1897년 3월 19일로 되어 있다.

(2004년 12월, 《조선사회경제사》 옮긴이)

# 61 '색동회'와 '어린이날'

'색동회'와 '어린이날' 이야기를 하려다 보니 먼저 소파(小波) 방정환(方定煥, 1899-1931) 선생과 어언 40여 년 전 1965년쯤 나의 민속학 공부에 큰 도움을 주신 윤극영(尹克榮, 1903-1988) 선생 생각이 나는군요.

"윤 선생님께서 일제 강점기에 지으신 동요 〈반달〉이 있지요! 요즘도 저희들은 무척 많이 부르고 있습니다. 옛날 '조선일보' '동아일보' 그리고 '조선중앙일보' 등에 보면 그 무렵 동요 작가로서는 선생님과 방정환 선생님이 많이 나오시더군요. 또 '색동회'가 자주 소개되고 있습니다."

"…음 …방정환 씨는 훌륭한 분이셨어! 나보다 너덧 살 위였지. 그런데 큰 일 많이 하시다가 30 갓 넘어 세상을 떠났으니 참으로 아까운 분이시지…. 나의 〈반달〉보다 소파 선배의 〈형제 별〉이 먼저 생각이 나는군… 허허허… 내 나이 30 전에 먼저 가신 분이셔… 허허…."

이제부터 소개하는 '색동회'와 '어린이날' 이야기는 큰 스승이셨던 윤극영 선생님의 아득한 40년 전 말씀과 방정환 선생님이 문예활동 하시는 데 큰 집이었던 오늘의 '천도교 중앙총부'가 제공한 자료를 바탕으로 한다.

또한 2005년 5월 30일 간행된 이상금 지음 《사랑의 선물 ―

소파 방정환의 생애》(한림 출판사)가 이 글을 쓰는 데 큰 도움이 되었다.

우리나라 '아동 문학가'이자 '사회사업가'로서 선각이셨던 방정환 선생의 자료 수집·정리·연구에 큰 공헌을 한 저서임을 널리 알리고 싶다.

열 살의 어린이 방정환은 이웃 동무들과 함께 뜻을 합하여 한 모임을 만들었다.

'뜻을 세운 소년들의 모임'이라는 '소년 입지회(立志會)'였다. '소년 입지회'는 서로가 뜻을 합하여 공부도 하고, '탈놀이,' '인형놀이'도 했으며 처음 보는 환등기에 1백 장이 넘은 사진판을 비춰 세계 구경을 함으로써 눈을 넓혔다.

경제는 어려웠으나 동무들과 뜻을 합하여 세상 걱정 나라 걱정을 하는 '소년 입지회' 회장으로 방정환은 어느덧 나이 열여덟 살이 됐다.

그 무렵 1917년에 새롭게 꾸린 집단이 '청년 구락부'이다.

힘센 우리 청소년들이 힘을 합하여 빼앗긴 나라를 찾는 데 앞장서자는 모임이었다.

실제적인 운영은 방정환과 뜻을 함께하는 동지 유광렬이 맡았고, 회장 이중각, 부회장 이복원이 선출되었다.

방정환은 이 무렵 결혼했다. 그가 천도교에 입교한 열아홉 살 때였다. 신부는 천도교 제3대 교주 손병희(1861-1922)의 따님 용화였다. 교주의 첫눈에 사위감으로서 방정환이 만족했는가 한다.

당시 '청년 구락부'로 돌아보자. 1918년 '청년 구락부'는 '신

청년'이라는 회지 제1호를 낸다. 창간호의 머리말을 민족 지도자이며 승려 시인인 한용운이 썼다.

같은 해 12월에는 방정환 작·주연 '동원령(動員令)'의 공연을 했는데 관람객도 많았지만 일본 순사의 감시가 철저해진 계기가 되었다.

급기야 큰 불행이 엄습했으니 '청년 구락부'의 많은 회원들이 체포되었으며 잔인한 고통을 받았다.

끝내는 이중각 회장은 종로경찰서에서 고문 끝에 목숨을 잃었으며 이복원 부회장은 서대문 감옥에서 옥사한다.

그러나 1919년 3월 1일 '3·1 독립만세'를 부르면서 민족의 울분은 봇물처럼 터져오른다.

방정환은 한동안 중단되었던 '독립신문'을 다시 펴내어 전국에 뿌린다.

당황한 일제는 잔인하게 온 백성을 총 칼질하니 '3·1 만세운동'은 결국 실패하고야 만다.

'소년 입지회'와 '청년 구락부'를 통하여 어린이와 젊은이들의 바른길을 열고자 했던 방정환은 3·1 운동의 실패 끝에 1920년 봄 일본 유학길에 오른다. 도쿄〔東京〕에 도착 토요〔東洋〕대학 철학과에 입학하는 한편 천도교 청년회 도쿄지부의 회장직을 맡고, 천도교 교단에서 발행하는 《개벽》의 도쿄 특파원도 맡으니 도쿄와 서울을 자주 오가게 된다.

1921년 여름 방학이 되자 방정환은 서울로 돌아와 천도교원 중심으로 '천도교 소년회'를 조직한다. 바로 여기에서 이제껏 생각하지 못했던 '아이들의 인권보호'를 주장한다.

"…아이들을 하인이나 노예처럼 부리지 말자. 아이들에게도 인격이 있으니 존중해 주어야 하나.

아이들에게도 존댓말을 하자. 존댓말을 듣고 자란 아이들은 남을 존대하고 소중히 여길 줄 알 것이다…."

1922년에는 우리나라 최초의 동화집 《사랑의 선물》을 발행하고 '머리말'을 다음과 같이 쓴다.

"…학대받고 짓밟히고 차고 어두운 속에서 우리들처럼 또 자라는 불쌍한 어린 영들을 위하여, 그윽이 동정하고 아끼는 사랑의 첫 선물로 이 책을 엮는다."

위에서 '어린 영'은 바로 어린아이를 뜻하는 말이었다.

'젊은, 젊고, 젊다'에서 '젊은이'라는 이름이 나왔듯이 '어린, 어리고, 어리다'에서 '어린이'라는 말을 지어 낸 것이다.

'애새끼' '애놈' '자식놈' '아이들' 등이 '어린이'로 바뀐 것이다.

다음 해 1923년 3월 역시 우리나라에서 처음으로 '아이들'을 위한 아름다운 이름 '어린이'로 어린이를 위한 잡지가 간행된다.

훌륭한 '어린이' 책을 만들기 위하여 바쁘기만 한 방정환은 어린이 노래를 작사·작곡할 이 방면의 전문가가 꼭 필요했다. 주변의 소개로 만나게 된 사람이 바로 동요작가 '윤극영'이었다. '우에노 음악학원'에 다니는 작곡가로서 두 사람의 마음은 만나자 마자 가깝고도 가까운 사이가 되었다.

다음에 '방정환' '윤극영'이 지은 두 편의 노래를 적는다.

〈형제별〉

날 저무는 하늘에 별이 삼형제
반짝반짝 정답게 지내더니
웬일인지 별 하나 보이지 않고
남은별이 둘이서 눈물 흘린다.

(방정환 지음)


〈반달〉

푸른 하늘 은하수 하얀 쪽배엔
계수나무 한 나무 토끼 한 마리
돛대도 아니 달고 삿대도 없이
가기도 잘도 간다 서쪽 나라로.

(윤극영 지음)


'색동회'가 정식으로 시작된 날, '어린이날'이 시작된 날은 같은 1923년 5월 1일임은 이미 알고 있는 사실이다.

'색동회'란 이름은 '윤극영'이, '어린이날'의 큰 잔치는 방정환을 비롯하여 색동회 회원 '마해송' '진장섭' '정순철' '고한승' '정인섭' '조재호' '최진순' '정병기' '이헌구' '손진태' '윤극영' 등 많은 사람들이 손을 잡았다.

그후 이들은 '신여성' '별건곤' 등의 잡지를 발간하는가 하면 여러 차례의 '동화대회'를 열었다.


〈어린이날 노래〉

기쁘다 오늘날 5월 1일은

우리들 어린이의 명절날일세

복된 목숨 길이 품고 뛰어 노는 날

오늘이 어린이날

만세만세를 같이 부르며

앞으로 앞으로 나아갑시다.

아름다운 목소리와 기쁜 맘으로

노래 부르며 가세.

(방정환 지음)


  1928년 10월 천도교 기념관에서 연 '세계 어린이 예술전람회'는 세계 여러 나라와 우리나라 어린이들이 정성껏 만든 미술품과 여러 가지 예술품이 다양하게 전시되었다.

  그런데 이 전람회를 준비하는데 방정환은 2년 이상 몸을 아끼지 않고 무리를 하다 보니 몹시 심한 병객이 되고 말았다.

  병든 그였지만 불편한 걸음걸이로 오가며 '색동회 모임' '어린이날 큰잔치'를 계속하고 그가 세상을 떠나는 1931년에도 월간 잡지 '혜성'을 발간한다.

  그가 세상을 떠나기 하루 전 7월 22일 저녁 아내 '손용화,' 장남 '운용'과 색동회 회원들이 지켜보는 자리에서

  "…우리 어린이들 …잘…부탁하네…"조용히 흐느꼈다.

  다음 날 저녁 그러니까 1931년 7월 23일 오후 6시 넘어 소파 방정환은 저 세상으로 가고 만다.

  영결식은 7월 25일 오후 1시, 천도교당 앞마당에서 '색동회'와 '개벽사' 공동으로 올렸다.

  다음 날에는 '색동회'의 '소파 추도식'이 있었고, 8월 20일

에 나온 '어린이' 잡지는 '소파 추도호'로 간행되었다.

현재 묘소는 서울 망우리에 안장되어 있어 그를 존경하고 사랑하는 후예들이 지금도 적잖이 찾아뵙고 있다.

1957년 늦었지만 그의 업적을 기리기 위하여 '소파상'을 제정하여 해마다 '어린이날'에 어린이들을 위하여 힘쓴 사람에게 상을 주고 있음은 소망스런 일이다.

끝으로 소파 방정환 선생의 큰 뜻을 기리기 위하여 선생의 큰집이기도 했던 오늘의 '천도교 중앙총부(서울시 종로구 경운동 88번지)' 앞마당에 서 있는 《세계 어린이 운동 발상지》 큰 비석에 쓰여 있는 글을 옮겨 적는다.

"어른이 어린이를
내리 누르지 말자.
30년 40년 뒤진 옛 사람이
3,40년 앞 사람을
잡아끌지 말자.
낡은 사람은 새 사람을 위하고
떠 받쳐서만
그들의 뒤를 따라서만
밝은 데로 나아갈 수 있고
새로워질 수가 있고
무덤을 피할 수 있는 것이다."

1930년 7월 어린이 인권운동가 방정환

글을 마무리하며 방정환, 윤극영, 그리고 모든 먼저 가신 색동회 여러 어른의 명복을 비옵나이다.

부디 평안 하옵소서.

(2006년 11월, 천도교당에 다녀와서)

# 저자 약력

남천(南泉) 심우성(沈雨晟): 1934년생, 민속학자, 1인극 배우.

1954년  서울방송국 아나운서.
1960년  민속극회 남사당 설립 대표.
1963년  국립영화제작소 대한뉴스 아나운서.
1966년  한국민속극연구소 설립(현재).
1970년  서라벌예대, 서울예전, 덕성여대, 중앙대, 한양대 등
　　　　연극사, 인형극 민속학 개론 강의.
1980년  문화재관리국 문화재위원.
1985년  아시아 1인극협회 창립 대료.
1988년  한국민족예술인총연합 지도위원.
1993년  동학농민 전쟁 우금티기념사업회 고문.
1994년  민학회 회장.
1996년  공주민속극박물관 개관.
1999년  한국종합예술학교 전통예술원 객원교수.
2003년  중국 연변대학 민족학연구원 객좌교수.

현재 한국민속극연구소 소장, 문화재 감정위원.

저서　　《무형문화재총람》(민학사), 《남사당패연구》(동문선)
　　　　《마당굿연희본》(깊은샘) 《한국의 민속극》(창작과비평사)
　　　　《민속문화와 민중의식》(대화출판사)
　　　　《우리나라 민속놀이》(동문선)
　　　　《민속문화론서설》(동문선)
　　　　《民俗文化 と民衆(日本 行路社)》외 번역서 12종.

**현대신서**
**203**

## 전통문화를 찾아서

초판발행 : 2007년 12월 20일

**東文選**
제10-64호, 1978. 12. 16 등록
110-300 서울 종로구 관훈동 74번지
전화 : 737-2795

편집설계 : 李姃룻

ISBN 978-89-8038-622-2 04380

306 아이들에게 들려주는 철학 이야기　　R. -P 드루아 / 이창실　　8,000원

**【東文選 文藝新書】**

동문선

《얀 이야기》ⓒ 2000 JUN MACHIDA

| | | |
|---|---|---|
| 3103 《시민 케인》 비평 연구 | J. 루아 / 이용주 | 15,000원 |
| 3104 《센소》 비평 연구 | M. 라니 / 이수원 | 18,000원 |
| 3105 〈경멸〉 비평 연구 | M. 마리 / 이용주 | 18,000원 |

## 【기 타】

| | | |
|---|---|---|
| ▨ 모드의 체계 | R. 바르트 / 이화여대기호학연구소 | 18,000원 |
| ▨ 라신에 관하여 | R. 바르트 / 남수인 | 10,000원 |
| ▨ 說 苑 (上·下) | 林東錫 譯註 | 각권 30,000원 |
| ▨ 晏子春秋 | 林東錫 譯註 | 30,000원 |
| ▨ 西京雜記 | 林東錫 譯註 | 20,000원 |
| ▨ 搜神記 (上·下) | 林東錫 譯註 | 각권 30,000원 |
| ■ 경제적 공포[메디치賞 수상작] | V. 포레스테 / 김주경 | 7,000원 |
| ■ 古陶文字徵 | 高明·葛英會 | 20,000원 |
| ■ 그리하여 어느날 사랑이여 | 이외수 편 | 4,000원 |
| ■ 너무한 당신, 노무현 | 현택수 칼럼집 | 9,000원 |
| ■ 노력을 대신하는 것은 없다 | R. 쉬이 / 유혜련 | 5,000원 |
| ■ 노블레스 오블리주 | 현택수 사회비평집 | 7,500원 |
| ■ 딸에게 들려 주는 작은 지혜 | N. 레흐레이트너 / 양영란 | 6,500원 |
| ■ 떠나고 싶은 나라—사회문화비평집 | 현택수 | 9,000원 |
| ■ 미래를 원한다 | J. D. 로스네 / 문 선·김덕희 | 8,500원 |
| ■ 바람의 자식들—정치시사칼럼집 | 현택수 | 8,000원 |
| ■ 사랑의 존재 | 한용운 | 3,000원 |
| ■ 산이 높으면 마땅히 우러러볼 일이다 | 유 향 / 임동석 | 5,000원 |
| ■ 서기 1000년과 서기 2000년 그 두려움의 흔적들 | J. 뒤비 / 양영란 | 8,000원 |
| ■ 서비스는 유행을 타지 않는다 | B. 바게트 / 정소영 | 5,000원 |
| ■ 선종이야기 | 홍 희 편저 | 8,000원 |
| ■ 섬으로 흐르는 역사 | 김영희 | 10,000원 |
| ■ 세계사상 | 창간호~3호: 각권 10,000원 / 4호: 14,000원 | |
| ■ 손가락 하나의 사랑 1, 2, 3 | D. 글로슈 / 서민원 | 각권 7,500원 |
| ■ 십이속상도안집 | 편집부 | 8,000원 |
| ■ 얀 이야기 ① 얀과 카와카마스 | 마치다 준 / 김은진·한인숙 | 8,000원 |
| ■ 어린이 수묵화의 첫걸음(전6권) | 趙 陽 / 편집부 | 각권 5,000원 |
| ■ 오늘 다 못다한 말은 | 이외수 편 | 7,000원 |
| ■ 오블라디 오블라다, 인생은 브래지어 위를 흐른다 | 무라카미 하루키 / 김난주 | 7,000원 |
| ■ 이젠 다시 유혹하지 않으련다 | P. 쌍소 / 서민원 | 9,000원 |
| ■ 인생은 앞유리를 통해서 보라 | B. 바게트 / 박해순 | 5,000원 |
| ■ 자기를 다스리는 지혜 | 한인숙 편저 | 10,000원 |
| ■ 천연기념물이 된 바보 | 최병식 | 7,800원 |
| ■ 原本 武藝圖譜通志 | 正祖 命撰 | 60,000원 |
| ■ 테오의 여행 (전5권) | C. 클레망 / 양영란 | 각권 6,000원 |
| ■ 한글 설원 (상·중·하) | 임동석 옮김 | 각권 7,000원 |
| ■ 한글 안자춘추 | 임동석 옮김 | 8,000원 |

| ■ 한글 수신기 (상·하) | 임동석 옮김 | 각권 8,000원 |

**【만 화】**

| | | |
|---|---|---|
| ■ 동물학 | C. 세르 | 14,000원 |
| ■ 블랙 유머와 흰 가운의 의료인들 | C. 세르 | 14,000원 |
| ■ 비스 콩프리 | C. 세르 | 14,000원 |
| ■ 세르(평전) | Y. 프레미옹 / 서민원 | 16,000원 |
| ■ 자가 수리공 | C. 세르 | 14,000원 |
| ▨ 못말리는 제임스 | M. 톤라 / 이영주 | 12,000원 |
| ▨ 레드와 로버 | B. 바세트 / 이영주 | 12,000원 |
| ▨ 나탈리의 별난 세계 여행 | S. 살마 / 서민원 | 각권 10,000원 |

**【동문선 주네스】**

| | | |
|---|---|---|
| ■ 고독하지 않은 홀로되기 | P. 들레름·M. 들레름 / 박정오 | 8,000원 |
| ■ 이젠 나도 느껴요! | 이사벨 주니오 그림 | 14,000원 |
| ■ 이젠 나도 알아요! | 도로테 드 몽프리드 그림 | 16,000원 |

**【조병화 작품집】**

| | | |
|---|---|---|
| ■ 공존의 이유 | 제11시집 | 5,000원 |
| ■ 그리운 사람이 있다는 것은 | 제45시집 | 5,000원 |
| ■ 길 | 애송시모음집 | 10,000원 |
| ■ 개구리의 명상 | 제40시집 | 3,000원 |
| ■ 그리움 | 애송시화집 | 7,000원 |
| ■ 꿈 | 고희기념자선시집 | 10,000원 |
| ■ 넘을 수 없는 세월 | 제53시집 | 10,000원 |
| ■ 따뜻한 슬픔 | 제49시집 | 5,000원 |
| ■ 버리고 싶은 유산 | 제1시집 | 3,000원 |
| ■ 사랑의 노숙 | 애송시집 | 4,000원 |
| ■ 사랑의 여백 | 애송시화집 | 5,000원 |
| ■ 사랑이 가기 전에 | 제5시집 | 4,000원 |
| ■ 남은 세월의 이삭 | 제52시집 | 6,000원 |
| ■ 시와 그림 | 애장본시화집 | 30,000원 |
| ■ 아내의 방 | 제44시집 | 4,000원 |
| ■ 잠 잃은 밤에 | 제39시집 | 3,400원 |
| ■ 패각의 침실 | 제3시집 | 3,000원 |
| ■ 하루만의 위안 | 제2시집 | 3,000원 |

東文選 文藝新書 9

# 神의 起源

何 新 지음
洪 熹 옮김

문화란 단층이나 돌연변이를 낳지 않는다. 따라서 중국의 상고시대에 대한 연구는 신화의 바른 해석에서부터 시작되어야 하며, 그 방법은 고고학·인류학·민속학·민족학은 물론 언어학까지 총동원되어야 한다. 그래야만 과학적 접근을 통한 인간 삶의 본연의 모습을 오늘에 적용할 수 있기 때문이다.

중국의 소장학자 何新이 쓴 《神의 起源》은 문자의 훈고와 언어 연구를 기초로 한 실증적 방법과 많은 문헌 고고자료를 토대로 중국 상고의 태양신 숭배를 중심으로 중국의 원시신화, 종교 및 기본적 철학 관념의 기원을 계통적으로 거슬러 올라가 탐구하고 있다.

'뿌리를 찾는 책'이라는 저자의 말처럼 이 책은 중국 고대 신화계통에 대한 심층구조의 탐색을 통하여 중국 전통문화의 뿌리가 되는 곳을 찾아보려 하고 있다. 즉 본래의 모습을 찾되 단절되거나 편린에 그친 현상의 나열이 아님을 강조한 것이다.

이 때문에 그는 이 책의 체제도 우선 총 20여 장으로 나누고 있다. 그 속에는 원시신화 연구의 방법론과 자신의 입장을 밝힌 十字紋樣과 太陽神 부분을 포함하고, 민족문제와 황제, 혼인과 생식, 龍과 鳳에 대한 재해석, 지리와 우주에 대한 인식, 음양논리의 발생, 숫자와 五行의 문제 등을 고대문자와 언어를 과학적으로 분석하여 근거로 제시했으며, 여러 문헌의 기록도 철저히 재조명해 현대적 해석에 이용하고 있다.

그외에도 원시문자와 각종 문양 및 와당의 무늬 등 삽화자료는 물론, 세계 여러 곳의 동굴 벽화까지도 최대한 동원하고 있다. 특히 도표와 도식·지도까지 내세워 신화와 원시사회의 연관관계를 밝힌 점은 아주 새로운 구조적 분석이라 할 수 있다. 이렇게 하여 그는 일반적 서술 위주의 학술문장이 자칫 범하기 쉬운 '가시적 근거의 결핍'을 극복하고 있다.

東文選 文藝新書 11

# 中國古代書史

錢存訓 지음
金允子 옮김

　인쇄술의 발명과 중국의 도서사업에 관해 해외의 학자들이 적지 않은 연구를 하였으나, 인쇄술 발명 전의 중국 서적사에 대해서는 계통적인 논술이 대단히 결여되어 있다. 왜냐하면 인쇄술 발명 전의 중국 서적은 근 2천 년의 역사가 있으나 문자로 기록된 자료가 너무 광범위한데다 잡다하게 흩어져 있고, 중국적 특색을 갖춘 서적의 형식과 제도의 형성이 변천하는 과정이었기 때문이다. 그런 까닭에 잡다한 자료 가운데서 실마리를 찾아내고, 그 발전 규율을 밝히고자 생각하여도 해박한 지식과 정밀한 연구방법이 없으면 사실 손을 대기가 쉽지 않다. 전존훈은 이 문제에 대해 깊이 있는 연구로써 그 방면의 공백을 메웠다. 이 책은 중국 인쇄술 발명 이전의 문자기록과 서적제도를 연구한 전문저작이다.

　그는 먼저 중국 고대 전적의 가치와 그 변천하는 사회 배경 및 학술 요소를 개략적으로 서술하고, 그뒤에 분야별로 갑골·금문·도기·석각·죽각·목독·겸백 그리고 紙卷의 기원과 내용·성질·기재방법·제작형식과 배열·편집의 제도 등을 탐구·토론하였고, 사회생산력과 학술사상의 배경적인 측면에서 그들의 발전·변천 및 전후 계승관계를 분석하였다. 책 속에서 또한 중국 특유의 서사도구인 붓·먹·벼루·書刀 등을 전문적으로 소개하여 그들의 연원·응용·제조와 발전에 대해 논술하였다. 책의 자료가 풍부하고 내용이 충실하며 서술이 상세하고 견해가 정밀하여 중국 고대 서사의 발전 면모를 생동감 있고 깊이 있게 독자들의 눈앞에 펼쳐 보이고 있으며, 중국 문화 연구에 있어 매우 높은 참고 가치를 지닌다.

東文選 文藝新書 29

# 조선해어화사
## (朝鮮解語花史)

李能和 지음 / 李在崑 옮김

일제 식민통치 중엽인 소위 그들의 문화정치 시대에 출간된 이 《朝鮮解語花史》는 여러 종류의 典籍에서 자료를 수집·발췌하여, 고대에서 근대에 이르기까지 주관적인 입장에서 서술한 우리나라 文獻史上 최초의 妓生史로서 풍속·제도사적인 위치에서 그 가치관을 찾을 수 있다.

본서의 특징은 방대한 자료수집이다. 위로는 實錄에서부터 개인의 私撰인 稗官文學에 이르기까지 많은 자료를 발굴하여 紀傳體 형식으로 편찬하였다는 데 있다. 한 가지 아쉬운 점은 논술이 좀 산만하다는 즉, 자료로서의 가치를 더 느낀다는 점이다. 이것은 개화기와 현대화의 중간인 과도기적 학문이기 때문이라는 것으로서 이해가 된다.

본서를 내용면으로 보면 고려와 조선시대의 기생은 賤人 계급에 속하였다. 그러나 이들은 위로는 王候將相에서부터 아래로는 無名의 閑良에 이르기까지 귀천의 차별을 두지 않았다. 국제적 외교 要席이나 국내 政界 要人의 要席에까지 중요한 역할을 하였음을 볼 수 있으며, 특히 詩歌를 비롯해서 전통무용 등은 그 일부가 그들에 의해 계승 발전되었음을 느끼게 한다. 관계 분야에 관심 있는 분들에게는 적잖은 도움이 되리라고 믿는다.

우리나라 민속학의 선구자인 李能和 선생은 漢語學校를 졸업하고 官立 法語學校를 修學하였으며, 여러 학교 교관으로 전전하다가 1912년에 能仁普通學校 校長으로 있으면서 《百敎會通》의 출간을 시작으로 1921년에는 朝鮮史編修委員이 되면서 많은 자료를 접할 수 있는 계기가 마련되었을 것으로 추측된다.

東文選 文藝新書 48

# 만다라의 신들

立川武藏 지음
金龜山 옮김

 살아 있는 종교 현상으로서의 만다라에 대한 총체적 이해.

 만다라는 '聖'을 본질로 하는 종교적 심상을 도형화한 것이다. 불교에서는 예배의 대상으로서 서기 1세기 말경에 불상과 보살상 등이 조성되었는데, 이것은 곧 후기에 만다라를 발생시킨 근원이 되었다.

 불상은 처음에는 단순히 大覺을 이룬 불타의 명상하는 모습을 예술적으로 표현한 影像이었지만 차츰 다양한 양상으로 표현되면서 각각 다른 印相에 의미가 부여되었고, 마침내 밀교의 교리로 발전하였다.

 기도를 하기 위한 신성한 장소로서 토단을 쌓아올리고 호마의 作法을 행하던 힌두교의 의식이 불교에 수용되었는데, 만다라는 처음에 이 토단을 지칭한 것이었다. 그것이 후에는 佛·菩薩들을 모시는 그림으로 표현되었다. 이들을 대상으로 기도가 행해지면서 차츰 의제가 정비되었던 것이다.

 만다라는 단순한 교의학적 도상이 아니라 비시간적·비공간적 우주체험의 시각적 표상이며, 반대로 우주적 체험이 표상화된 만다라의 도상은 종교 의례를 통하여 내면화하면서 우주와의 합일에 도달하게 하는 메커니즘이다. 그러므로 만다라는 살아 숨쉬는 진리의 실천적 국면이다.

 본서에서 저자는 만다라의 구조와 도상학을 해석하고, 종교 체험의 '聖'과 '俗'의 관계를 해설함으로써 불타나 보살의 변형된 형태에 대한 이해를 돕고 있으며, 힌두교의 신들이 불교에 수용된 역사적 배경과 형식을 자세히 논하고 있다. 특히 전문적 지식을 갖지 않은 사람들이 접근하기 어려운 불보살들의 형태의 변형이며, 불타나 보살 및 諸神들이 소지한 持物이며, 혹은 타고 앉은 乘物의 상징성 등을 도상과 함께 해설해 주고 있다.

東文選 文藝新書 40

# 중국고대사회

## —文字와 人類學의 透視

許進雄 지음
洪　熹 옮김

　중국과 그밖의 고대 문명의 문자는 모두 그림에서 기원하고 있다. 상형문자는 고대인의 생활환경, 사용하였던 도구, 생활방식, 심지어는 사물을 처리하는 방법과 사상 관념까지도 반영하고 있다. 이들은 고대인들의 생활상을 이해하는 데 아주 크나큰 도움을 주고 있다. 만일 일상생활과 관련된 古文字의 창제시의 의미를 설명하고, 다시 문헌과 지하에서 발굴된 고고재료를 보충하여 될 수 있는 한 쉽고 간결한 설명과 흥미있는 내용으로 이와 관련된 시대배경을 토론한다면, 아마도 고고나 역사를 전공하지 않은 학생들에게 중국 문화를 배우고자 하는 흥미를 불러일으킬 수 있을 것이다. 더욱이 중국의 고대 문자는 表意를 위주로 창제되었으므로 이 방면의 재료가 훨씬 더 풍부하다.

　본서는 상형문자를 중심으로 고고학 · 인류학 · 민속학 · 역사학 등의 학문과 결부하여 고대인의 생활과 사상의 허다한 실상을 탐색하고 있으며, 인류 문명의 발전과정을 20장으로 나누어 음식 · 의복 · 주거 · 행위 · 교육 · 오락 · 생사 · 공예 · 기후 · 농업 · 의약 · 상업 · 종교 · 전쟁 · 법제 및 고대인의 생활과 밀접하게 관련된 갖가지 사항들을 토론하고 있다.

　이 책은 깊이 있는 내용들을 알기 쉽게 표현하기 위해 많은 도판들을 제공하고 있으며, 상고시대부터 한대 혹은 현대까지 문자의 연속된 발전과정을 계통적으로 소개하였다.

東文選 文藝新書 77

# 권법요결(拳法要訣)

海帆 金光錫 著

## 우리 무예의 체통을 찾는 이론적 지침서

본서는 조선 정조의 명으로 편찬된 《무예도보통지武藝圖譜通志》에 실린 18가지 무예, 즉 〈십팔기十八技〉기 중 〈권법拳法〉 항목을 해제하였다.

흔히 중국무술로 오인받고 있는 〈십팔기〉는 조선 무예의 정형으로서 영조 때 사도세자가 섭정할 때 〈본국검本國劍〉·〈월도月刀〉·〈장창長槍〉·〈기창旗槍〉·〈당파鐺鈀〉·〈협도挾刀〉·〈쌍검雙劍〉……… 등 18가지 무예에 붙인 이름으로 나라의 무예로서, 진정한 의미에서의 〈국기國技〉라 할 수 있다. 본서는 그중에서 모든 무예의 기본이 되는 〈권법〉에 대한 이론과 실기를 동작그림과 함께 상세히 설명하고 있다.

· 주요 내용으로는 〈삼절법三節法〉·〈심법心法〉·〈안법眼法〉·〈수법手法〉·〈신법身法〉·〈보법步法〉·〈오행五行〉·〈경론勁論〉·〈내공內功〉 등에 대한 이론과 수련법이 실려있다.

특히 〈경론勁論〉에서는 〈경勁과 역력의 차이점〉〈경勁의 분류〉〈점경粘勁〉〈화경化勁〉〈나경拿勁〉〈발경發勁〉〈차경借勁〉을 다루고 있는데, 역력과 경勁의 차이점을 들어 연마와 내적 수련의 힘이 어떤 것인가를 설명하고 있다. 무예인들에게는 더할나위 없이 귀중한 이론들이다.

또한 조선시대 기인인 북창北窓 정렴 鄭磏 선생이 남기신 비결서 〈용호비결龍虎秘訣〉의 수행법 전문을 최초로 공개하여 해설하고 있다.